行政は誰のために
あるのか

行政学の課題を探る

真山達志

日本経済評論社

目　　次

序章
学問のありようと本書の特徴

1.　執筆の動機と趣旨

　学術研究では，問題意識を持ち，それに関連する先行研究をレビューし，そこからリサーチクエスチョンを設定する．そのリサーチクエスチョンに対する答えを求め，独自の分析を加えて新たな知見を提示する．昔はそれほどリサーチクエスチョンという言葉を使わなかったが，最近はアメリカ型研究が持てはやされるためかよく目にする．要するに何を明らかにするのかということであるが，リサーチクエスチョンというと，途端に数量的分析によって解明することが重要という意識が強まる傾向があるようだ．

　先行研究で既に検討されていること，主張されていることを改めて研究しても意味がないのは明らかである．また，先行研究の問題点や不十分なところを修正したり補ったりすることで研究を発展させることも重要だろう．ところが，今日ではたいていのテーマについて先行研究が蓄積されており，前者の観点を重視すると，研究はスキマ狙いの陳腐なものになる危険がある．後者の観点を重視すると「批判的」と称してあら探しになる傾向がある．その結果，研究者の集まった研究会（勉強会）は，「私は○○の□□論も◎◎の△△理論も大変興味深く読みました」といった自慢合戦か，「○○の研究は××の視点が欠けている」とか「◎◎は，□□の理論を踏まえていない」といった批判合戦になることも少なくない．社会科学系の研究とはしょせんはそのようなものだと割り切れば，同業者の集まりとしては楽しい時間であ

るが，普通の人が見たら，何が楽しいのか，何の役に立つのかと思うだろう．一応は研究者の端くれである筆者ではあるが，出来がよくないためか勉強不足のためか，研究者の集まりは見る人によっては滑稽に見えるだろうなと思うことがしばしばである．学問や研究が社会にどれだけ貢献しているのか，社会からどれだけ頼りにされているのか，ということは重要な問題である．いわば学問の社会的責任ないし社会的貢献の問題である．

　とくに，行政学を専攻している筆者にとっては，20世紀半ば以降から行政学が「一体性の危機」（端的には「存在理由の喪失」と言い換えてもよい）を指摘される学問であるがゆえに，これらの問題は一層深刻である．実際，政治学とどこが違うのか，行政法学とどこが違うのか，と問われて苦笑いをせざるを得ない経験が少なくない．

　行政学者は，法案の作成，法の解釈，法の適用をしている行政を研究対象としているので，法律についての知識はそれなりに備えている．一般的にはわかりにくいといわれる法律用語や法律概念についても，わからないでは済まされない．しかし，行政法学の授業をしろといわれると，それは無理ではないが無茶な相談である．その意味でも，さすがに法学との違いはそれなりにわかる．

　ところが，政治学との違いとなると，その境界線はきわめて曖昧になる．現代国家が行政国家と呼ばれるようになり，「政治の行政化」とか「行政の政治化」が生じてきたという指摘があるくらいであるから，政治と行政は密接不可分の関係になっているのはたしかだ．したがって，行政の研究と政治の研究との切り分けも困難になったのである．それなら，行政学よりも歴史と伝統があり，研究者も多く，膨大な研究蓄積がある政治学があれば，行政学などの弱小学問に存在の価値はないことになる．実際，日本の学界の実情を眺めると，政治学会の行政研究部会のようなものがあれば，特に行政学会がなくてもよいように思える．逆に行政学会の研究大会の看板が「政治学会会場」となっていても，発表内容からは間違いに気づかないかもしれない．

　それにもかかわらず，日本でも行政学は戦前から存在し，今日でも多くの

法学・政治学・政策学系の学部に科目が設置されている．私も大学で行政学の授業を担当するようになって40年近くになる．けっこうしぶとく生き延びているのだ．おそらく，行政学に対して何らかの必要性が認められ，幾ばくかの社会的貢献が期待されてきたのだろう．その期待は何か，そして行政学は期待に応えているのかを検討することが本書の目的のひとつである．その目的を達成するために，行政学が何に関心を持ち，何を議論してきたのかを検討することになるのだが，そのことによって行政学とはどのようなものかが少しは明らかになるだろう．つまり，行政学の教科書の役割を果たすことも視野に入れている．

　とはいえ，今述べた目的はあくまでも行政学者の視点からの関心に過ぎない．行政学に特別の関心を持っていない人にしてみれば，行政学がどうなろうが関係ない．それにもかかわらず本書を手に取っている人は，おそらく行政学の授業でテキストとして指定されたのでやむなく読んでいるのだろう．典型的には私の行政学の授業を受講している学生さんたちである．したがって，最大の読者層にとってできるだけわかりやすく，退屈しないような内容と記述を心がけることが筆者の義務だと思う．

　40年近く行政学を講義してきた経験から，法学・政治学・政策学系の学生に限れば，20人に1人くらいが行政にそれなりに関心を持つようだ．これは行政に関心を持つのであって，行政学に関心を持つということになると，50人に1人もいないのではないか．それは，行政学が面白くないことに加えて，大学の先生が張り切って本を書くと，往々にして小難しくてわかりにくいものになる．それを教科書だと言われると，その瞬間から行政学が嫌いになり，定価が高いとなると嫌悪感にすらつながる．

　そこで，本書は大学の学部学生の皆さんが，あまり苦労しなくても理解できるような内容と記述を心がける．その結果，学術書としての水準ははっきりいって低い．もし私が若手，中堅の研究者であれば自殺行為かもしれないのだが，幸いもう隠退が近い年齢であるので，今さら学界での評価を気にする必要もない．しかし，行政や行政学に興味や関心を持ってくれる若い人が

増えるとすれば，行政学界に対するこれほど大きな貢献はない．最後のご奉公として執筆しているつもりである．

2. 本書の構成

以上のような趣旨から，本書の構成は次のようになる．

第1章の「行政学における議論を理解するために」では，行政学の中で登場するさまざまな国と地方の政府機構や財政について概説している．実は，政治・行政の仕組みや実態，経済・財政のメカニズムなどについては，義務教育段階や高等学校の授業でかなり詳しく勉強しているので，日本で義務教育を受けた人なら，行政学が対象としている国の統治機構や自治体の仕組みなどは十分に知っているはずである．ただ，普通の人にとってみると，政治や行政に関わることはあまり楽しいテーマではないので，試験が終わったらきれいさっぱり忘れてしまうものである．本当は市民として社会で生活する上では忘れない方がよいのだが，なかなか理想通りにはいかない．しかし，本書を読む人の多くは行政学を学ぶ必要性に迫られていると思われるので，もう一度思い出してもらっておかないと，本書で述べている内容が理解しにくい．そこで，最低限必要な知識をざっとまとめている．第1節から第3節で国と地方の行政に関する制度を概説し，行政学で何を検討しないといけないかを示唆する．第4節では財政の実態や課題をまとめている．

第2章の「行政学の行政との関わり方」では，行政学という名前から想像がつくように行政を研究対象とする学問であると考えられるので，行政学が行政とどのような関わり方をしてきたのかを紹介している．行政を対象に研究を蓄積してきた行政学は，何のために何を明らかにしてきたのかを考える．何のためにというところには，それなりに拘っている．第1節で，そもそも行政とは何かを考えることから始まる．堅くいえば行政の定義である．単に定義をするだけではなく，行政がどのような活動をしているのかを類型化して紹介している．これらの内容は，あとの議論の都合上，最初に持ってきて

いるが，行政学の究極の結論なのかもしれない．

　詳しくは第2章の中で述べるが，行政の特徴として組織的に活動し，組織として業務を遂行していることが挙げられる．また，政策を実施（執行）することを本来的かつ中心的な機能・役割としていることも特徴である．したがって，行政組織の問題と，行政と政策の関係を理解することが重要であるので，組織の研究については第5章で，行政と政策との関係については第8章で詳しく検討する．第2章ではとりあえず行政管理についてのみ触れておくことにする．

　第3章の「行政学の生い立ちと行く末」では，一般的には学説史といわれる内容を扱う．ただ，行政学説史は行政学を履修している学生さんにとってはとりわけ退屈な部分である．したがって，単に学説史を述べるのではなく，その時々の社会状況との関わりで行政学が行政をどのように捉え，どのような知識，情報，アイデアを提供していたかを検討する．第1節では学説史ではしばしば行政学の先祖のようにいわれている官房学から，有名なシュタイン行政学までの流れを紹介し，はたして行政学の源流といえるのかを考えている．第2節では，19世紀末から20世紀初頭以降の「現代行政学」を取り上げている．「現代」という概念は，学術的には「近代」に対比されるのであるが，一般的な用法としては文字通り「今」であろう．その意味では20世紀初頭は大昔なのだが，行政学の系譜を検討する都合上，「現代行政学」と呼ぶことをご容赦願いたい．1930年代後半にアメリカ行政学がひとつの全盛期を迎えるのだが，その背景や意味を考える．第3節では1940年代半ば以降にそれまでのアメリカ行政学を批判するような形で登場し，今の多くの行政学者にも影響を与えている文字通りの「現代」行政学につながる流れを紹介し，第4章以降の検討につないでいる．

　第4章の「官僚制を解明しようとする努力」では，行政を研究する上で避けて通れない官僚制についての研究を紹介する．官僚制自体は政府部門か民間部門かを問わず，巨大組織にはほぼ必然的に発生するシステムと考えられているが，一般に官僚制というと政府部門における行政官僚制を指している．

実際，統治機構（支配機構）を担っている行政官僚制は，社会や経済，人々の暮らしに大きな影響を与えているので，その実態を解明し，暴走を防ぎ，市民のために活動するようにコントロールする方法を見いだすことは，行政学にとって重要な課題である．また，行政の行動様式や組織風土は，官僚制というシステムに影響を受けていると考えられるので，行政の分析には官僚制に関する知見が必要になる．そこで第4章では，社会学や政治学での官僚制研究を紹介した上で，行政学としてはどのように官僚制研究を進めるべきかを検討している．

第5章の「能率的な行政と能率的な行政組織」では，行政学の展開の一時期に大いに議論され検討されてきた「能率」と「行政組織」についての研究をまとめて紹介している．しばしば行政学説史の中で紹介されることがあるが，筆者の認識では，「能率的な行政」という魅力的に思えるフレーズが，実はさまざまな意味や解釈が成り立つ厄介な（場合によっては危険な）概念であることから，独立した章の中で取り上げることにした．また，1930年代から40年代初めに盛んであった行政組織の研究が，今日では必ずしもメジャーの地位を与えられていないことに問題意識を持っているので，能率概念と並んで研究が進められた組織研究についてもこの章で扱っている．すなわち，第1節で能率概念の変遷とさまざまな能率概念について紹介し，今日における使い方について検討している．そして，第2節では組織研究の展開を紹介している．組織研究をここで取り上げるのは，初期の研究から比較的最近の研究に至るまで，「組織の能率」ないし「能率的組織」ということがキーワードになっていたからである．言い換えると，能率をどのように捉えるかによって，組織のありようが変わってくるという側面に注目しているからである．

第6章の「行政責任とその確保」では，本来は市民のために存在する行政が本当にその役割や責任を果たしているのかどうか，もし果たしていないのであればどのように是正したり制御したりするのかといったことに関する行政学の議論を見ることになる．第1節と第2節で，いわゆる行政責任や行政

統制に関する議論を紹介し，検討している．結論を先取りして書いておくと，最近は行政責任が果たされていないのにもかかわらず，行政統制は有効に機能せず，したがって行政学も貢献できていないという惨憺たる状況であると言えよう．それゆえ，行政学はこれからどうするのかが大きな課題である．第3節では行政統制にとって欠くことのできない市民参加についても検討する．

　第7章の「地方自治を確立するための地方分権」では，地方自治や地方分権についての議論や動きを紹介し，検討する．伝統的に行政学には地方自治についての研究が含まれる．もちろん，地方自治に関する研究は行政学だけでなく政治学でも行われる．とはいえ，行政学の教科書にはたいていの場合，地方自治が含まれている．慣例に従うというわけではないが，地方自治の中でも多くの行政活動が行われており，それが自治の本質にも関わると思われるので，行政学の視点から地方自治と地方分権を検討することにした．第1節で地方自治の歴史を概観し，第2節で近年の地方分権の動きを批判的に検討する．第3節では地方自治を確立するために行政学がどのような貢献を果たすべきかについても検討している．法学，政治学，経済学，社会学などのさまざまな学問が協力して地方分権を進め，地方自治を確立する必要があるが，その中で行政学はどのような独自の貢献をすべきかを考えたい．

　第8章の「政策に対する研究アプローチ」では，公共政策の研究における行政学の位置づけや役割を検討する．今日の行政が公共政策に深く関わっていることには異論は出ないであろう．古くから定番として考えられている政策の実施はもとより，決定や評価の諸段階で，行政は政策に大きな影響力を持っている．したがって，今日では行政の研究は必然的に公共政策に視野を広げることになる．むしろ，最近の行政学は公共政策に焦点を合わせることで存在価値をアピールしているのではないかとさえ思える．第1節では，そもそも公共政策をどのように捉えるかについて検討する．政策の多様性を受けて，第2節では，主として政治学で行われてきた政策の類型整理を紹介する．第3節では，公共政策に関する研究で，政策が生まれて（決定されて）

から死ぬ（廃止ないし終結される）までを過程ないし段階として捉えることが多いことから，政策のプロセスを紹介する．第4節では，政策の研究がどのように行われてきたかを検討し，政策の何をどのように研究しているのかを紹介する．それらの研究成果の中でも，政治学や行政学でとりわけ重要であり，古くから研究の蓄積が多い政策決定に関わる研究については節を改めて第5節で解説する．第6節では，本章の検討を踏まえて，政策や政策過程の捉え方を再検討する．そして第7節では，政策を研究する上での行政学の関わりを検討する．

第9章の「危機管理から何を学ぶか」では，自然災害やパンデミックなどの危機に対応する際に，行政がどのように意思決定し，活動をするのかということに注目する．なぜ，危機管理にこだわるのかというと，危機が非日常であり，行政の得意とするルーティン業務や前例に従った業務処理などが役に立たないので，その結果，行政の弱点や問題点が浮かび上がってくるからである．同時に，行政に問題があることを明らかにすることだけを目的にしているのではなく，少しでも有効な危機管理を実現するための課題を探っている．第1節では今述べたような危機管理に注目することの意義を述べている．第2節から第4節では，災害対策を中心に危機管理の制度や仕組みの特徴を行政との関係を中心に紹介する．第5節では，危機管理を検討する際の行政学の課題を整理する．そして最後の第6節で，行政の危機管理能力を高めるための仕組みや体制のあるべき姿を検討する．

第10章の「政策実施研究から見る行政学の可能性」では，とくに政策実施研究に注目して今後の行政学の可能性を探ることにする．筆者にとっては，政策実施研究は行政研究の出発点であり，1970年代の終わり頃から関心を持ってきた．行政の重要かつ主要な役割は，政策を実施することであるのは，今も昔も変わりない．それゆえ，行政を研究するなら政策実施過程を忘れることはできないのである．もっとも，筆者としては，最近では政策実施過程そのものを研究対象にしていることは少なく，たとえば自治体の政策形成過程のように，一見すると政策実施とは異なる研究対象を取り上げている．し

かし，政策形成を議論するときにも，政策実施の視点を忘れたことはない．政策実施からのフィードバックが現行の政策の修正を引き出すことはよく知られていることであるが，まったく新しい政策が生み出される場合であっても，さまざまな政策の実施過程から集まる情報が重要な意味を持っている．それゆえ，行政が政治の世界に深く関わり，政策決定にも関与することが日常化したことを特徴とする行政国家（現代国家）になる以前から，行政は直接・間接に政策の形成に関わっていた．そして，行政が政策決定に関わる際には，自らが実施を担当することを想定しているので，政策実施を考慮に入れた政策を追求することになる．政策形成を検討する際にも，実施過程における行政の実態を理解していないと，現実的で有効な検討は難しいことになるのだ．したがって，行政学が何を研究して明らかにするのか，行政学は社会にとってどのような貢献を果たせるかなどを考えようとするなら，政策実施研究に注目することが有意義なのである．

　そこで第1節で政策実施研究がなぜ登場したのかということと，まずは何を明らかにしようとしたのかということを整理している．それを踏まえて第2節では政策実施研究の意義や役割を論じる．とくに行政学にとってどのような意味を持つのかという視点を重視している．第3節では政策変容，第4節では政策デリバリー・システムを取り上げ，政策実施研究が明らかにしてきたことの中でも，行政学にとってとりわけ重要な要素を抽出して論じている．

　以上のように，行政学の教科書を意識しているので，一般的な教科書に出ていることはできるだけ盛り込んだつもりだ．ただ，網羅しているわけでもない．むしろ，政策研究や危機管理など，特定の項目に偏りがあることは否めない．実際，危機管理や政策実施研究に各1章を割いている行政学の教科書は珍しい．筆者が政策研究や危機管理に興味を持っているからという側面もあるが，行政を解明し，理解し，そして望ましい行政を実現するために，行政学としてとりわけ注目すべきであるという思いがあるからである．伝統的な行政学の基本的な知識はそれなりに得ることが可能で，なおかつ筆者の

考える行政学のあり方を主張するような内容となることをめざしている.

第1章
行政学における議論を理解するために

1. 国と地方の行政に関わる制度

　政府の制度や仕組みの基本的な事柄は，義務教育段階でもかなり詳しく学んでいる．さらに高校の政治経済の教科書を見ると，驚くほど詳しく紹介されているし，生徒として覚えるべきことがたくさんあることがわかる．したがって，大学生であれば，行政学の研究対象である行政そのものはもちろん，行政と密接に関わる議会をはじめとした政治，あるいは経済についても十分な知識を持っているはずである．しかし，人間は必要性がないことはどんどん忘れるものであるので，政治や経済に関する知識は往々にして忘れ去られる．ましてや行政や財政などは，もし試験に出ないのなら，よほど興味関心を持っている人でなければ，覚えようともしないかもしれない．

　しかし，行政学を学んだり，行政学の研究について議論をしたりしようとすると，最低限の知識が必要である．そこで，高校までに学んでいることと重複する内容が多々あるが，行政学を学ぶ上で必要となると思われる国や地方の行政に関わる制度や仕組みについて見ておくことにする．もっとも，高校の政治経済の教科書ではないので，できるだけ行政学の観点からのコメントを付けておく．

　統治機構という場合，一般には憲法でいうところの三権を含めた全体を指している．すなわち，国会（立法），内閣（行政），裁判所（司法）である．行政学の対象が内閣を中心とした行政であることは想像に難くない．しかし，

行政学の対象は必ずしも三権のうちの行政のみに向けられているわけではない．後に詳述するが，行政を統治活動の中で正統性と専門性を持った職員集団による組織的な活動であると考えると，国会や裁判所の事務局にも行政が存在することになる．もちろん，行政は国会が定めた法律の執行を主たる業務としているし，一方で法案の作成にも深く関わっているので，立法と行政の関係も行政学の研究対象になる．同様に，行政は法の執行を行うわけであるから，その適否や効果については常に法的な側面で争いが起こる．それゆえ，司法と行政の関係も無視できない．したがって，行政学の対象は統治機構全てに広がっているといえるが，ここでは主たる関心である内閣（行政）の部分について，知識の確認をしておく．

　また，統治活動は国の機関だけで行われているわけではなく，自治体を通じて行われていることが多い．そして，自治体はその呼称からもわかるように地方ごとでの自治を行っていることから，全国一律の統治をすることを目的とする国との間に一定の緊張関係が存在する．それは日常的に展開される法の執行活動や公共サービスの提供に大きな影響を与える．つまり，行政活動を理解し，望ましい状態を模索するためには，地方の行政制度や自治の仕組みも理解しておかなければならない．そこで，地方制度についてものちに概観する．

　なお，本書では，社会を構成する人々全体を示す用語として原則として「市民」（英語では citizen にあたる）を使うことにする．国の場合は「国民」，地方の場合は「住民」といった用語がよく使われるが，特に区別が必要な場合以外は「市民」とする．また，都道府県と市町村全体を指す法律用語は地方公共団体というが，本書では法令用語などで登場する場合を除いて原則として「自治体」を使うことにする．

2. 国の統治機構

　国の行政機構としては，国家行政組織法によって「国の行政機関」とされ

る 11 省（総務省，法務省，
外務省，財務省，文部科学省，
厚生労働省，農林水産省，経
済産業省，国土交通省，環境
省，防衛省）と同法の適用を
受けない内閣府，復興庁，デ
ジタル庁が置かれており，こ
れらについては国務大臣が長
を務める．省の下には委員会
や庁が設置されている場合も
ある（表 1-1 を参照）．

表 1-1　国家行政組織法別表第一（第三条関係）

省	委員会	庁
総務省	公害等調整委員会	消防庁
法務省	公安審査委員会	出入国在留管理庁 公安調査庁
外務省		
財務省		国税庁
文部科学省		スポーツ庁 文化庁
厚生労働省	中央労働委員会	
農林水産省		林野庁 水産庁
経済産業省		資源エネルギー庁 特許庁 中小企業庁
国土交通省	運輸安全委員会	観光庁 気象庁 海上保安庁
環境省	原子力規制委員会	
防衛省		防衛装備庁

　現在の府省の編成は，行政
改革の一環として 2001 年に
実施された省庁の再編の結果
が基本となっている．中央省
庁等改革基本法に基づき行わ
れた中央省庁再編の目的は，
複雑化する現代社会や国際情勢に対して有効な対応をするために，縦割り行
政による弊害の排除，内閣機能の強化，事務・事業の削減と効率化などにあ
るとされている．しかし，当時の行政改革の基本的な考え方である「小さな
政府」を実現することの方がより大きな目的であったため，それ以前の 1 府
22 省庁を整理統合することが目的化されている．たとえば，厚生省と労働
省の 2 省に分かれていたものを厚生労働省に，建設省と運輸省の 2 省を国土
交通省に統合したのがその典型である．これらは単純に 2 省を合体して 1 省
にしたという印象である．一方，少し複雑でわかりにくいのは，総務省であ
る．総務省は旧自治省，郵政省，総務庁を統合している．大きな比重を占め
ていた郵便業務を民営化したため，郵政省が所管する政策分野は電気通信
（情報通信）と放送を含む電波監理が中心となる．今日の社会情勢からすれば，

これらはかなり重要な政策分野になることから，国の管理統制を強化するという意味では，内政面を中心に政府（内閣）および全国の調整や統制を行う自治省や総務庁と統合した方が好都合である．結果的に，少し統一性に欠けるが，内政面の重要分野を調整・統制する総務省という巨大省が誕生した．

　これらの府省は，いわゆる政策分野ごとに編成されているといえるが，逆の見方をすると，一般に政策分野と考えられている分類は府省の編成を念頭に行われている．鶏と卵の関係のようになるが，少なくとも府省編成が人々の政策分野の捉え方に影響を与えていることはまちがいなさそうである．一般的に政策分野として考えられているものと現行の1府13省庁で対応させるのは少し無理だが，2001年の再編以前の22省庁であればかなり対応する．より対応させるなら，各府省に置かれている局の編成まで広げて見ればよい．府省の下には，政策分野，政策の対象地域・対象集団，主要な政策手段などに基づいて局が編成されている．省庁再編で省庁の組み合わせや名称が変わったものの，この局についてはほとんど変わっていない．省を再編しても，昔からの局は基本単位としてほとんど変化していないといっても過言ではない．昔から，日本では「局あって省なし」といわれることがあったが，政策分野としてさまざまな行政活動やそれに関連する政治勢力や利害関係が局の単位でまとまっているのである．このような局単位くらいの政策分野の「割拠性」が地方にまで及ぶことを縦割り行政といっている．

　近年では，社会が複雑化し，従来とは社会の仕組みや活動が変わってきたため，昔ながらの政策分野や行政組織編成では対応できない問題が増えてきた．たとえば，女性の人権問題は，以前は厚生労働省の分野で扱われていたが，そうなるとどうしても働く女性の権利や雇用環境の改善ということが中心になる．いわゆる「男女雇用機会均等」という視点である．しかし，女性の人権問題は労働（雇用）の場のみにあるのではなく，家庭から地域社会までさまざまな局面で差別的な事象が存在していることから，問題解決のためには厚生労働省だけで対応できなくなるのである．そこで，省庁横断的，政策分野横断的な取り組みが求められることになり，そのような政策は内閣府

が担当することになる．その結果，「男女共同参画社会」という概念が登場して，社会全体で女性の権利保障や活躍の促進を展開するという形に変わってきた．総合調整機能や分野横断的政策の立案・管理を担当する内閣府は，少しずつ機能と規模を拡大してきている．上述の男女共同参画社会の他にも地方分権・地方創生，規制改革，宇宙開発など，伝統的な政策分野の区分では対応できない課題にはとりあえず内閣府が対応することになる．

　政策分野の重要度が高く大きなまとまりのある業務を担当している一部の局には，下部組織として部が設置されている場合もある．また，業務のまとまりがさらに大きく，ひとつの政策分野としても重要性が高い場合には，省の下に庁が設置されている．文部科学省の下の文化庁やスポーツ庁，国土交通省の下の観光庁や気象庁などである．これらの庁は，省からある程度独立した局として位置づけられていることから外局と呼ばれる．これら外局の庁の長官は，大臣ではなく行政職員や民間人が務める．

　個々の政策や法令を担当しているのは局の下にある課であるのが一般的である．そのため，政策の企画・立案・実施を担当する組織の基本単位は課であると考えられている．したがって，新たな課題について政府が政策的対応を始め，一定の継続性が生まれるためには担当する課の存在が必要になる．それゆえ，課の編成，とりわけ新設は政策的にも非常に大きな意味を持つことになる．詳しくは第5章で論じる．

　なお，政策を具体的に実施する役割の多くは自治体が担っているとはいうものの，国が直接実施するものもあるため，府省庁は地方に出先機関（地方支分部局）を設けている．法務省の法務局や出入国在留管理局，厚生労働省の地方厚生局，国税庁の税務署などがその例である．

　ところで，国の統治機構としては，国会と裁判所も含まれ，そこにも行政活動が存在することは前述の通りである．実際，衆議院には1,600人あまり，参議院には1,200人あまりの職員からなる事務局がある．事務総長を筆頭に，事務次長と調査局長が置かれ，事務次長の下には，秘書課，議事部，委員部，記録部，警務部，庶務部，管理部，国際部などがあり，調査局長の下には調

査局が置かれている．また，裁判所には，裁判所事務官と呼ばれる職員が，各裁判所の裁判部や事務局に配属されている．裁判部は各種の裁判事務を担当し，事務局では総務課，人事課，会計課等において司法行政事務全般を処理している．定員は2万人あまりであり，裁判官の3,000人あまりに比べてはるかに大勢の職員が組織として司法を支えている．これらの職員集団は，所属こそ行政部門ではないものの，その業務の形態や手段・手法は，組織管理機能を中心に行政活動そのものである．したがって，行政学としてはこれらの職員集団（組織）や行政活動も研究対象とする必要がある．

3. 地方行政の仕組み

(1) 地方の行政機構

　自治体の行政組織の種類・名称・担当業務等は条例で定めることになっている．したがって，自治体によって組織編成は多様である．従来からの原型といってもよい自治体行政組織の編成は図1-1の通りである．都道府県の場合，基本的には部→課→係という組織体系であるが，東京都・神奈川県・愛知県などのように局→部→係というような局体制を採っているところもある．とはいえ，いずれも国の府省庁の編成に類似しており，国の各府省庁が担当する政策分野と都道府県の各行政組織が担当する政策分野がつながっていることが多い．前述の縦割り行政が背景になっているといえる．

　もっとも，市町村を中心に住民の生活実態や地域の課題に対応した組織編成を採用する例が増えており，組織横断的，総合的行政を展開しようとする試みが見られる．特に近年では，組織名称のバリエーションが増えているだけでなく，ユニークな名称の組織が生まれている．ただ，組織編成に理論や理念があるのかというと，はなはだ疑問である．少子化に伴い子育て支援の充実が叫ばれるようになると「こども課」が生まれ，国の地方創生政策が展開されると「地方創生課」が設置されるというように，少なくとも名称はムードに乗っているだけなのではないか，という疑念が拭えない．「こども

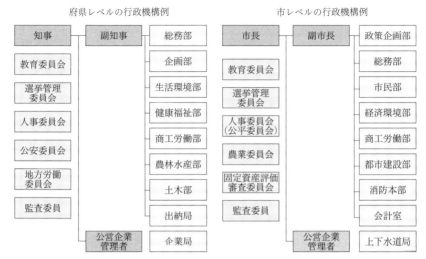

出典：野村陽子・加藤典子編（2022）『保健学講座 5 保健医療福祉行政論』メヂカルフレンド社，14 頁（筆者作成）．

図 1-1　一般的な地方の行政組織例

課」が子育て支援だけでなく，幼児・児童教育や児童福祉などを総合的に行うというのなら意欲的な取り組みであるとも捉えられるが，実際には国の法令の枠組みや縦割りの縛りがあるので，市町村だけで総合的取り組みを行うには限界がある．国のこども家庭庁でさえ，子ども関係の政策をまとめて所管することは不可能である．

(2)　自治体の種類

　一口に自治体といっても，普通地方公共団体と特別地方公共団体とに分けられ，普通地方公共団体には，広域自治体としての都道府県と，住民に最も身近な基礎自治体としての市町村がある．

　広域自治体の都道府県と基礎自治体の市町村との 2 つのレベルがあることから，二層制の地方制度と呼ばれている．基礎自治体は人口規模や機能・権限などを基準に，指定都市，中核市，一般市，町，村に分けられる．なお，東京都の特別区（23 区）は基礎自治体と見なされてはいるが，あくまでも

特別地方公共団体であり，他の市町村に比べて自律性の点で制約を受けている．それぞれの要件や権限の関係をまとめたのが図 1-2 である．補完性の原理という考え方から，住民自治を基礎に，行政が対応すべき地域の公共の問題に対しては基本的には基礎自治体が対応し，基礎自治体でできないことや基礎自治体には不向きな役割・事務を広域自治体が担うことを原則としている．したがって，住民に一番身近な公共サービスの供給や安心・安全の暮らしを維持するためには，基礎自治体の存在とその権限と能力がきわめて重要になる．ところが，近年，その基礎自治体を廃止しようという動きが生まれ，それに対して行政学や地方自治論は有効な対応をしてきたとはいえない事態が生じた．

　2007 年にタレント弁護士から政治家に転身した橋下徹が，2010 年に「大阪市役所をぶっ潰す」ために「大阪都構想」なるものをぶち上げた．「都構想」という俗称からも明らかなように，東京都制度をモデルにしており，市の中で最も権限の大きな政令指定都市を廃止して不完全な基礎自治体である特別区を設置しようという「構想」であった．たしかに，東京は日本で最も繁栄していることは間違いないし，東京一極集中が止まらないことが示しているように，社会的にも経済的にも東京都が人々の憧れの対象になっているといわざるを得ない．しかし，東京都制という大都市制度がそのような繁栄をもたらしているとは考え難い．そもそも都制は，第二次世界大戦（太平洋戦争）中の 1943 年 7 月 1 日に，それまでの東京府と東京市を廃止し東京都を設置したことにはじまったことからもわかるように，戦争遂行のために，首都である東京を国家目的のもとに集権的に管理しようとした制度である．そのため，特別区部に住む人たちにとっては，明確な基礎自治体が存在しない制度なのである．戦時中の軍国主義と全体主義の下で，民主主義や地方自治についての認識がほとんどなかったからこそ成り立っていたといっても過言ではない．それを 21 世紀に改めて設置しようという提案に，学術的にどこまで議論ができたかというと心許ない限りである．大都市制度についての議論はそれなりに蓄積されているとはいえ，唐突な提案が出されたときに，市民に

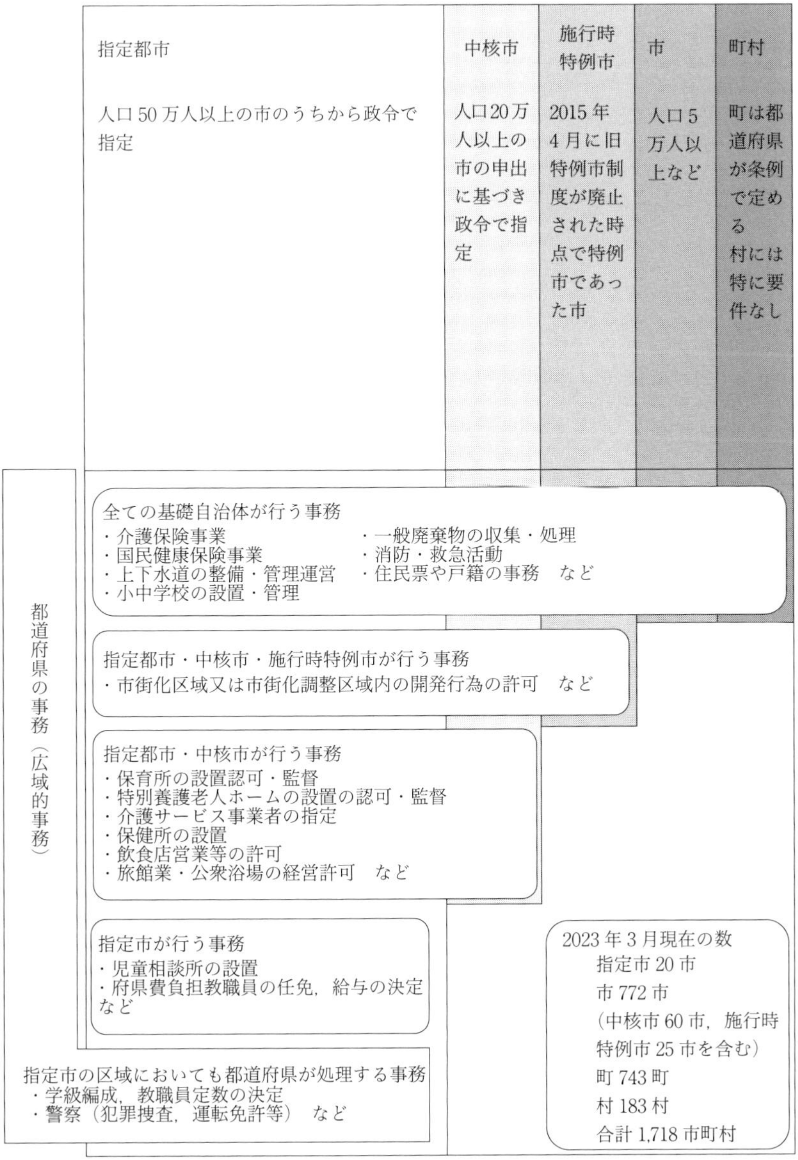

指定都市	中核市	施行時特例市	市	町村
人口 50 万人以上の市のうちから政令で指定	人口20万人以上の市の申出に基づき政令で指定	2015年4月に旧特例市制度が廃止された時点で特例市であった市	人口5万人以上など	町は都道府県が条例で定める村には特に要件なし

都道府県の事務（広域的事務）

全ての基礎自治体が行う事務
・介護保険事業　　　　　　　　・一般廃棄物の収集・処理
・国民健康保険事業　　　　　　・消防・救急活動
・上下水道の整備・管理運営　　・住民票や戸籍の事務　など
・小中学校の設置・管理

指定都市・中核市・施行時特例市が行う事務
・市街化区域又は市街化調整区域内の開発行為の許可　など

指定都市・中核市が行う事務
・保育所の設置認可・監督
・特別養護老人ホームの設置の認可・監督
・介護サービス事業者の指定
・保健所の設置
・飲食店営業等の許可
・旅館業・公衆浴場の経営許可　など

指定市が行う事務
・児童相談所の設置
・府県費負担教職員の任免，給与の決定
など

2023 年 3 月現在の数
　指定市 20 市
　市 772 市
　（中核市 60 市，施行時特例市 25 市を含む）
　町 743 町
　村 183 村
　合計 1,718 市町村

指定市の区域においても都道府県が処理する事務
・学級編成，教職員定数の決定
・警察（犯罪捜査，運転免許等）　など

出典：野村陽子・加藤典子編（2022）『保健学講座 5 保健医療福祉行政論』メヂカルフレンド社，16 頁（筆者作成の図を一部改編）.

図 1-2　基礎自治体の種類とその事務

冷静かつ合理的な判断をしてもらえるような識見を提供できるまでには至っていない．

(3) 議　　会

　議会は議事機関とされており，直接選挙で選ばれた議員で構成されている．議員定数は，条例で定めることになっているので，近年の厳しい財政事情から議員の数を減らしているところが多い．時々，「行政改革」の一環として議員定数の削減を行うというような表現を見るが，あくまでも「議会改革」である．また，議会の以下のような機能を考えたとき，議員を削減することが「改革」であるかどうかは慎重に判断すべきである．

　主な議決事項は，条例の制定・改廃，予算・決算，主要公務員の任命，市町村の廃置分合・境界変更についての知事の決定（都道府県議会の場合）である．その他の権限として，意見書の提出，調査，監査請求，請願の受理等がある．それらの活動を通じて，①行政を監視・チェックする機能，②政策提言・政策立案する機能，そして③住民の意見やニーズを集約し，政策に反映する機能を担っているのである．

　今日の自治体の議会は，その存在や役割について多くの問題を抱えている．小規模自治体では議員のなり手がいなかったり，議員の高齢化が進んでいたりしている．また，女性議員の割合が低い．もちろん，議会のこの状況をただ傍観しているだけではなく，議会改革に取り組んでいる自治体も少なくない．たとえば，従来は非公開にされていることが多かった委員会審議を公開したり，審議の模様をインターネット中継したりして，議会の公開性を高めて市民の関心と信頼を得るための努力をしている．あるいは，議会活動について自己評価や外部評価を実施している例もある．

　地方自治の確立と強化のためには，議会が市民の代表として本来の機能を果たすことを欠くことができない．議会のさらなる活性化の努力が求められるのはいうまでもないが，市民が議会や議員の活動に関心を持つ必要がある．

　ところで，執行機関として行政の長（知事・市町村長）と議会議員は，ど

ちらも直接選挙で選ばれた市民の代表であることから，2種類の市民代表による二元代表制を採っている．そのこと自体は多くの人も知っているだろう．しかし，この制度の下で，執行機関と議会は独立・対等の関係で相互に緊張関係を保ちながら協力して自治体運営にあたる責任を負っていることについての認識は，じつはあまり浸透していないのではないか．議会自身にもその認識と理解が十分とはいえない事例にも遭遇する．たとえば，行政に不祥事やミスが発生したときに，議会が長の責任を追及するのは当然であるが，長に対する「懲戒」として長の給与削減条例を一方的に可決するという事例もある．「懲戒」とは，監督関係や身分関係の下での責任追及手段であるため，一定の上下関係が前提となっているから，二元代表制においては一方が他方を懲戒することなどあり得ない．あるいは，議員が行政職員を呼び出し，特定の行政活動について質問したり，意見を述べたりすること自体はよくある議員活動の一環であるが，時として執拗な面談を要求したり，高圧的な言葉遣いをしたりする議員がいる．行政，議会の関係者はもとより，市民も二元代表制の意義と現状について，一層の理解が必要である．行政学や政治学，法律学はその理解を深めるために何をすべきかを真剣に検討すべきであろう．

（4）　基礎自治体と広域自治体

　市町村と東京23区（特別区）は基礎自治体である．近代的な地方制度が始まった1888（明治21）年には71,314の町村が存在したが，その後は合併の歴史といってもよいほど市町村合併が繰り返された．現在では1,718市町村と23特別区（2023年3月現在）にまで減少している．もっとも，国が積極的に合併を推進した時期を除くと，常に合併が進んでいるわけではない．合併によってまちの名前が消えることに対する喪失感，期待したほどの効果が生まれない失望感，合併後に中心部と周辺部で格差が広がる不公平感などの経験則がかなり蓄積されているので，実際にはなかなか合併は進まないのである．1995年から10年程度の間に国が進めた「平成の大合併」以降は，合併例は減っている．そもそも，基礎自治体は住民自治を進める上で基礎的行

表1-2　自治体の広域連携の仕組み

別法人の設立を要する仕組み	一部事務組合	自治体が，その事務の一部を共同して処理するために設ける特別地方公共団体．ごみ処理，し尿処理，消防・救急業務など．
	広域連合	自治体が，広域にわたり処理することが適当であると認められる事務を処理するために設ける特別地方公共団体．国または都道府県から直接に権限や事務の移譲を受けることができる．後期高齢者医療，介護区分認定審査など．
法人の設立を要しない簡便な仕組み		連携協約・協議会・機関等の共同設置・事務の委託・事務の代替執行

出典：筆者作成．

政体であることから，コスト削減や合理化だけで合併することには問題がある．何のために合併するのか，合併が本当に問題解決になるのかを慎重に検討する必要がある．多くの地方では人口減少や高齢化が進んでいるため，事務・事業によっては広域的な対応が求められるものもあるのは事実であるから，合併を含めてどのような対応がベストなのかを検討する必要がある．

　合併をしないで複数の市町村が共同で行政事務を進める広域行政の仕組みとしては，古くから一部事務組合や広域連合などの制度がある．それらを整理したのが表1-2である．これらの制度は，より高度なサービスを低コストで提供することをめざして，地方自治法に古くから定められたものである．国はこれらの仕組みを自治体が取捨選択して独自に使うことを黙って待つというより，「広域行政圏」，「定住自立圏」，「ふるさと市町村圏」などの構想を打ち出し，自治体に広域化を求めることがしばしばある．最近では，第30次地方制度調査会の「大都市制度の改革及び基礎自治体の行政サービス提供体制に関する答申」を踏まえて「連携中枢都市圏構想」が制度化されている．国は，自治法上の連携協約の仕組みを利用して全国的に広域行政を推進しようとしているので，地方制度調査会が国の方針に権威づけをするという手続きを経て，この構想が生まれたのである．しかし，広域行政は公共サービスに対する責任の所在が曖昧になることや，市民の統制が働きにくくなる恐れもある点に注意が必要である．

　都道府県は，高度なインフラ整備，経済活動の活性化，雇用の確保，国土の保全，広域防災対策，環境の保全，情報通信の高度化などの広域的な課題に対応したり，市町村との連絡調整機能を果たしたりする．したがって，広域自治体と呼ばれる．2019 年末に発生した新型コロナウイルス（COVID-19）感染症対策でよく知られるようになったように，医療や感染症対策では都道府県が中心となる．なお，東京都以外の道・府・県は，名称こそ異なるが権限や機能は同じである．

　地方分権が進み，基礎自治体である市町村の役割が大きくなるにつれて，都道府県の役割が縮小し，存在意義が低下しているとの指摘もある．そのため，複数の府県をまとめた道州制に移行する案も示されている．たしかに，社会・経済が広域化している現代において，都府県の枠組みは小さすぎるというのはもっともな主張である．一方で，上述のように新型コロナウイルス対策では都道府県が中心になり，人の移動（いわゆる「人流」）についても都道府県の範囲を前提とした対策が採られたことからもわかるように，現状では都道府県の存在感は小さくないのも事実である．道州制を含めた都道府県の広域化については，基礎自治体である市町村の機能・役割と，それらを遂行するための能力との関係を考慮しながら慎重に検討する必要がある．

4.　財政の制度と実態

(1)　予算・決算制度

　日本の会計年度は 4 月 1 日から翌年の 3 月 31 日である．内閣が予算案を編成して，国会の議決を経て予算が定まる．予算は 1 年を単位として毎年，国会の議決を要する単年度主義を採っている．したがって，予算編成は毎年の年中行事になっている．通常の予算編成は，8 月に各府省庁から概算要求が出され，12 月に財務省が予算原案を示し，調整を経て 12 月に閣議決定が行われて政府予算案がまとまる．通常，国会で予算が成立するのは 3 月の年度末近くであるので，予算が確定してから次年度の予算要求をするまでには

半年もないことになる．この予算制度や予算編成過程を前提とすると，中長期的な政策展開の発想が生まれにくくなる．それを避けるために行政計画によって複数年度に跨がる取り組みを定める工夫もされているが，行政活動にとって財源はきわめて大きな影響を持つため，まずは次年度の予算獲得に注力する．その結果，どうしても予算獲得に有利な政策を優先することになる．具体的には，喫緊の課題に対応するような政策，すぐに効果が表れる政策（これは翌年度の予算要求にとって好都合である），継続事業ないし後継事業のように実績や継続性がある事業などが好まれる．また，十分な分析・検討の時間を確保できないため，現行年度の予算を基準にした検討や，限られた選択肢や可能性に対する検討に限定される．

　なお，自治体の予算編成は，国の予算に左右される部分が大きいため，国の予算がほぼ固まらないと編成することができない．そのため，国のスケジュールよりやや遅れて，毎年10月頃に予算編成方針（予算編成の基本的な考え方，予算要求基準，予算編成の日程など）が示され，10月下旬から12月にかけて各部局から予算要求書が提出される．12月から1月に財政担当部局による予算査定が行われ，2月には長による査定が行われる．2月末頃に予算案が公表され，3月に議会で審議，決定される．国とは時期こそ違うものの，概ね似たようなプロセスで編成されることから，国の予算にいえる問題点はそのまま自治体の予算にも当てはまるといえよう．

　4月から予算に基づく活動（政策実施）が展開し，会計年度が終了すると財務省が決算を作成して会計検査院の検査を受けた後に国会に提出する．決算は，歳入と歳出に対する国会の事後的監督であることから，予算執行が適正に行われたか否かが判断されることになる．手続的に正当であったかということも大切であるが，予算の執行によって政策目的がどこまで達成されたかをチェックすることが期待されている．ところが実際には，手続的で表面的な合法性や適切さが重視されることが多いため，一般の人にとってはあまり興味が湧かない．そのため，国会の予算審議には注目が集まるが，決算審議はやっていることさえ気付かれていないようである．政策の実施，より具

体的には予算の執行の結果に対する説明責任（アカウンタビリティ）の確保
という観点からも，決算にはもっと関心が寄せられることが期待される．そ
のためにも，決算審議はできるだけ早めに行い，後年度の予算編成にも反映
させた方がよいのだが，実際には収支が確定する（主計簿が閉鎖される）の
が 7 月末であることから，決算が国会に提出されるのは年末近くになる．
2003 年に参議院が決算の提出を会計年度翌年の 11 月 20 日前後にするよう
に政府に要請したことを踏まえ，若干，早められている．前年度の会計処理
が全て終了しない限り決算を作成できないという制約があるものの，時期を
早めることと，決算の活用方法を明示しないと，形式的な決算審議はなくな
らない．

(2)　財政の構造と仕組み

　2022 年度当初予算の国の一般会計歳出総額は 107 兆 5,964 億円であった．
主なものとしては，社会保障（年金，医療，介護，子ども・子育て等のため
の支出）が約 36 兆 2,735 億円で約 3 分の 1 を占めている．次に多いのが，
国債費（国債の償還と利払いを行うための経費）で 22.6％，3 番目に地方交
付税交付金等（全国のどこであっても一定のサービス水準が維持されるよう，
国が調整して自治体に配分する経費）が 14.8％ となっている．これらだけ
で約 71％ を占めている．倍増させることが議論になっている防衛費は，
2022 年度時点では 5 兆 3 千億円である（図 1-3 上のグラフ参照）．

　日本は超高齢社会になり，いわゆる団塊の世代が 2022 年には後期高齢者
（75 歳以上）になりはじめる．75 歳以上になると 1 人当たりの医療や介護の
費用は急増することから，財政に対する負担が増大することが予想されてい
る．また，財源不足を補ったり，公共事業を行ったりするために過去に発行
した公債の償還や利払いも大きな割合を占めている．そのため，新規の政策
に使える財源がわずかになっている．特に新型コロナウイルス対策のために
多くの国債を発行したことから，今後の国債費はさらに増大することになる．

　一方，一般会計歳入を見てみると，もっとも基本となる税収等（所得税，

法人税，消費税等の税による収入）は半分強（51.4％）に過ぎない．多くを公債金（歳入の不足分を賄うため，国債を発行することによって調達される収入）でまかなっている（図1-3下のグラフ参照）．国債は「国の借金」といわれるが，一般家庭のローンや企業の借入金などとは根本的に制度や仕組みが異なることから，ただちに返済に行き詰まって財政が破綻することにはならない．とはいえ，将来の税収等で返済するわけであるから，将来世代に負担をかけることになる．将来の負担という点では，国債のうち「特例公債（赤字国債)」がとくに問題が大きい．これは，今足りない分を借金で補うわけであるから，利益を受けるのは現世代で，負担だけが将来世代に回ることになる．一方，「建設国債」は，道路などの社会的インフラ（公共財）を建設整備するための費用の一部に充てられるものである．したがって，将来世代も一定の恩恵を受けることになるから，利益と負担が平準化できるというメリットがある．

　一般会計において，歳入総額から国債等の発行（借金）による収入を差し引いた金額と，歳出総額から国債費等を差し引いた金額のバランスをプライマリー・バランスという．プライマリー・バランスがプラスなら，借金以外の収入で支出がまかなえることを意味する．逆にマイナスの場合は，国債発行などに頼らないと支出をまかなえないことになる．日本では，マイナスが続いているため，早期にプラス化することが課題とされている．当然，プラスである方がよいのであるが，安易に増税すると経済的弱者にしわ寄せが及ぶことになる．とくに2022年度以降は新型コロナウイルスの影響で疲弊した経済をさらに弱めることにもなるので注意が必要である．

　プライマリー・バランスをプラスにすることを強く求めるのは財務省や財務官僚であることが多い．財務省が国の金庫番の役割を果たしているからだというのがその理由であるが，話はそれほど単純ではない．財務省の主計局が予算査定をする役割を担っているが，財政的に厳しい制約がある方が査定権限を持っている主計局の影響力が大きくなる．主計局の思うように予算編成を方向づけ，主計局を説得できない限り，各省庁は新たな政策展開ができ

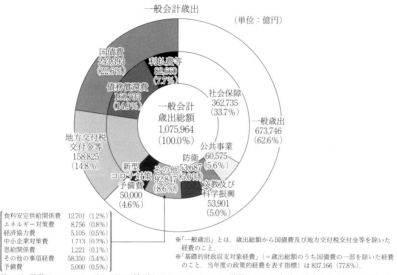

一般会計歳出

（単位：億円）

食料安定供給関係費　12,701（1.2%）
エネルギー対策費　8,756（0.8%）
経済協力費　5,105（0.5%）
中小企業対策費　1,713（0.2%）
恩給関係費　1,221（0.1%）
その他の事項経費　58,350（5.4%）
予備費　5,000（0.5%）

※「一般歳出」とは，歳出総額から国債費及び地方交付税交付金等を除いた
　経費のこと．
※「基礎的財政収支対象経費」（＝歳出総額のうち国債費の一部を除いた経費
　のこと，当年度の政策的経費を表す指標）は 837,166（77.8%）．

注：1）計数については，それぞれ四捨五入によっているので，端数において合計とは合致しないものがある．
　　2）一般歳出における社会保障関係費の割合は53.8%．

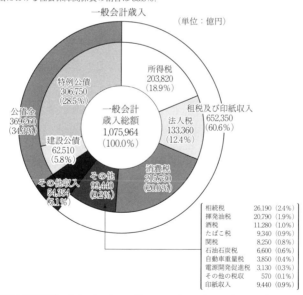

一般会計歳入

（単位：億円）

相続税　　　26,190（2.4%）
揮発油税　　20,790（1.9%）
酒税　　　　11,280（1.0%）
たばこ税　　9,340（0.9%）
関税　　　　8,250（0.8%）
石油石炭税　6,600（0.6%）
自動車重量税　3,850（0.4%）
電源開発促進税　3,130（0.3%）
その他の税収　570（0.1%）
印紙収入　　9,440（0.9%）

出典：財務省『令和4年度予算のポイント』https://www.mof.go.jp/policy/budget/budger_workflow/
　　budget/fy2022/seifuan2022/01.pdf

図1-3　2022年度当初予算の内容

なくなるのである．予算編成はさまざまな利害が錯綜する典型的な政治過程であるが，同時に省庁間のせめぎ合いの過程でもある．つまり，予算編成の仕組みやプロセスが行政の発想，意思決定，行動を特徴づけ，省庁間の序列や影響力の大小を決めることになる．それゆえ，望ましい予算編成のあり方を検討することは，政治学や財政学だけでなく，行政学にとっても重要なテーマなのである．

　なお，上に示したのはあくまでも年度当初の予算であって，実際には不足分や新たな政策課題への対応のために補正予算が組まれている．たとえば，2021 年度では，新型コロナウイルス対策費用がかさんだこともあり 36 兆円近くの補正予算が組まれた．

　さらに，特別会計が存在することにも注意が必要である．特別会計は，財政法 13 条 2 項を根拠として，国が特定の事業を行う場合，あるいは特定の資金を保有してその運用を行う場合などに，特定の歳入をもって特定の歳出に充てる別立ての予算である．一般の歳入歳出と区分して経理する必要がある場合に限り，法律で設置することが認められている例外的な予算である．例外的とはいえ，2021 年度時点で 13 種類も存在し，金額面でも，国債整理基金特別会計の 245.8 兆円，年金特別会計 96.5 兆円，財政投融資特別会計 72.6 兆円，交付税及び譲与税配付特別会計 51.8 兆円など，合計で 493.7 兆円に上る．もっとも，この金額には会計相互の重複計上額などが含まれているので，純計額で見ると 245.3 兆円になる（財務省『令和 3 年度版特別会計ガイドブック』による）．それでも一般会計よりはるかに多いのである．特別会計は，所管する府省庁が強い影響力を発揮できることに加え，世間一般からの注目を集めにくいことから，行政にとっては都合のよい予算であるといえる．その意味では，行政学にとっては一般会計以上に研究対象として解明すべきことが多いといえる．政府の財政規模を見るときに，ついつい一般会計に注目しがちであるが，その補正予算や特別会計予算についても留意しなければならない．

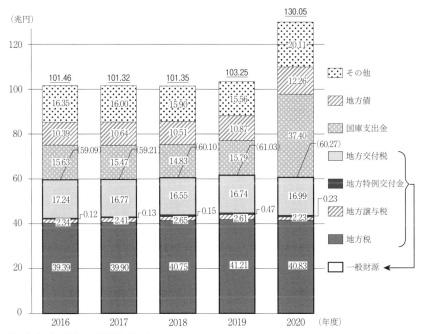

注：(　) 内の数値は一般財源の額である.
出典：総務省『「地方財政の状況」の概要（令和2年度決算）』https://www.soumu.go.jp/main_content/000
　　800254.pdf

図1-4　地方財政の歳入内訳

(3)　地方財政の歳入と歳出の構造

　都道府県と市町村を含む自治体全体の財政規模は，2019年度で99.7兆円あまりであったが，2020年度からは新型コロナウイルス対策のため125.46兆円に上っている（いずれも決算における歳出額，総務省『令和4年度版地方財政白書』による）．国と地方の歳出純計額においては，国が44.0％，地方が56.0％を占めており，地方の方が多くなっている．自治体の財政が経済全体に占める割合や影響力はかなり大きい．それゆえ，地方財政の全体像を知ることも重要であるが，後述のように個々の自治体で財政規模や収支バランスに大きな差があることにも留意しなければならない．

　歳入の構成は図1-4のようになっている．この中で，地方税，地方譲与税，

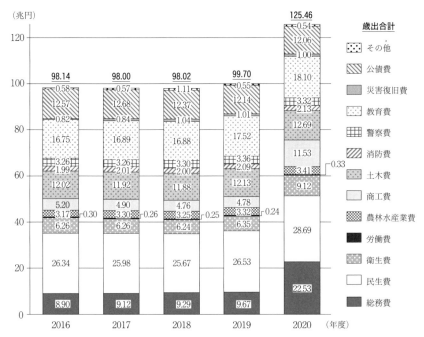

出典：総務省『「地方財政の状況」の概要（令和2年度決算）』https://www.soumu.go.jp/main_content/000
800254.pdf

図1-5　地方財政の目的別歳出の内訳

地方特例交付金，地方交付税は使途が特定されていない一般財源であり，国
庫支出金，地方債，使用料，手数料などは使途が定められている特定財源で
ある．また，地方税のように自治体独自の財源が自主財源であり，地方交付
税や国庫支出金などのように国や他の自治体から交付されたり割り当てられ
たりするものが依存財源となる．

　自治体が自主的，自立的に政策を展開するためには，一般財源の割合が大
きく，かつ自主財源が多い方がよい．しかし，一般財源の割合は60％程度
に過ぎず，自主財源の割合は，地域や地方公共団体の規模などによって異な
るが50％前後のところが多い．つまり，地方の財政は自立性と自由度が低
い状況にある．

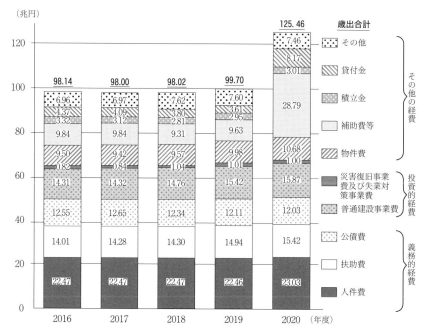

出典：総務省『「地方財政の状況」の概要（令和 2 年度決算）』https://www.soumu.go.jp/main_content/000
800254.pdf

図 1-6　地方財政の性格別歳出の内訳

　歳出については，目的別歳出と性質別歳出の 2 種類の整理の仕方がある．目的別歳出とは，議会費，総務費，民生費，衛生費，労働費，農林水産業費，商工費，土木費，消防費，警察費，教育費，災害復旧費，公債費等に分けられ，政策分野や政策目的ごとの予算を把握することができる．自治体全体では，予算の半分程度が保健・福祉や教育などの市民生活に直接かかわる公共サービスに支出されていることがわかる（図 1-5 参照）．

　一方，性質別歳出として，人件費・扶助費（社会福祉，高齢者福祉，児童福祉，生活保護などの福祉の経費）・公債費などの毎年必ず支出しなければならない①義務的経費，普通建設事業費・災害復旧費・失業対策費などの②投資的経費，そして補助費等の③その他の経費の 3 種類に整理されている．これらは，自治体の財政的な自由度や自立度を見るのに役立つ．たとえば，

表 1-3　地方公共団体の財政状況を表す主な指標

指数の種類	解説
財政力指数	地方公共団体の財政力を示す指数で，基準財政収入額を基準財政需要額で除して得た数値の過去 3 年間の平均値．財政力指数が高いほど，普通交付税算定上の留保財源が大きいことになり，財源に余裕があるといえる．1 以上が望ましい．
経常収支比率	一般財源（経常一般財源）のうち，人件費，扶助費，公債費のように毎年度経常的に支出される経費（経常的経費）に充当されたものが占める割合．75%～80% 未満なら妥当だが，90% 以上になると財政構造が硬直化しているとされている．
実質公債費比率	一般会計等が負担する元利償還金及び準元利償還金の標準財政規模に対する比率の過去 3 年間の平均値で，借入金（地方債）の返済額及びこれに準じる額の大きさを指標化し，資金繰りの程度を表す指標のこと．
将来負担比率	地方公社や損失補償を行っている出資法人等に係るものも含め，当該地方公共団体の一般会計等が将来負担すべき実質的な負債の標準財政規模に対する比率のこと． 地方公共団体の一般会計等の借入金（地方債）や将来支払っていく可能性のある負担等の現時点での残高を指標化し，将来財政を圧迫する可能性の度合いを示す指標ともいえる．
実質赤字比率	翌年度の収入をその年度に繰り上げていたり，その年度に支払うべきものを翌年度に繰り延べたりしているなどして黒字になっていても，実質的には赤字の状態を実質赤字という．一般会計等におけるこの実質赤字が，財政規模に対してどれくらいの割合かを示すもの．
連結実質赤字比率	国民健康保険会計や下水道会計など全ての会計を合計した結果生じている実質赤字が財政規模に対してどれくらいの割合かを示すもの．
ラスパイレス指数	国家公務員行政職俸給表（一）の適用者の俸給月額を 100 とした場合の地方公務員一般行政職の給与水準．各地方公共団体の給与水準を見る際に使われる．

出典：総務省『令和 4 年版　地方財政白書』を基に筆者作成．

義務的経費の割合が高いと自由に使える財源が限られ，新しい政策に向ける予算を確保することが難しいことを意味する．現状では，義務的経費が投資的経費の 3 倍程度になっているのが実情である（図 1-6 参照）．

　自治体の財政状況は，全国的に厳しい状況であるが，それぞれの自治体が置かれた地域，人口規模，地域経済の状態などによって大きな差がある．そこで，自治体の財政状況を評価する指標が設定されている．それらのうちの主要なものを整理すると表 1-3 のようになる．

表1-4　各指標の基準値一覧（上段：市町村，下段：都道府県）

健全化判断基準	早期健全化基準	財政再生基準	経営健全化基準
1. 実質赤字比率	11.25～15%	20%	—
	3.75%	5%	
2. 連結実質赤字比率	16.25～20%	30%	—
	8.75%	15%	
3. 実質公債費比率	25%	35%	
	25%	35%	
4. 将来負担比率	350%	—	
	400%	—	
5. 資金不足比率	—	—	20%

注：1., 2. の基準に幅があるものは，地方公共団体の財政規模により変動するため．
　　5. は地方公営企業に対するものである．
出典：総務省『令和4年版　地方財政白書』を基に筆者作成．

　これらはいずれも指標であるので，そのことがどのような意味を持つのかについては，判断する人の価値観や立場によって異なる．たとえば，ラスパイレス指数は，100を超えると国家公務員より給与水準が高いことを示唆するが，そのことが良いか悪いかは一概に決まらない．また，あくまでも給与の金額に注目しているだけであるので，仕事の種類，量，作業環境などは同一ではない点を考慮してはいない．したがって，行政管理のあり方を検討したり行政改革を進めたりする際に，特定の側面しか表現できない指標（指数）を使った議論になっていないかという点に注意が必要である．

　その意味で，国が自治体財政に対して定めている基準は慎重に検討する必要がある．自治体の普通会計について，表1-4に示す早期健全化基準を超えると，事務事業の見直しや組織の合理化などの取り組みをまとめた財政健全化計画の策定が義務づけられる．さらに財政再生基準を超えると財政再生計画の策定が義務づけられるとともに，地方債の起債（発行）が制限されることもある．同様に，公営企業会計についても経営健全化基準が定められている．自治体が常に財政の安定化と健全化の努力をすべきであることはいうまでもないが，国が一方的に基準を設け，地方に一定の義務づけをすることが許されるのかについて，もっと議論を進めるべきである．赤字が増えている

としても，放漫財政が原因であるのか，必要な公共サービスを提供するための努力の結果なのかで意味合いが全く異なる．また，税源や財源の地方への移譲を積極的に進めて，地方の財政の自立性と安定性を高める努力が必要である．これらの検討課題は財政学のテーマであるが，財政が行政活動に大きな影響を与えることから，行政学のテーマでもある．

第2章
行政学の行政との関わり方

1. 行政とは何か

(1) 行政の特徴

　そもそも行政とは何かということが明確ではないし，共通の合意があるわけでもない．国家の統治機構を立法，司法，行政の三権に分け，行政は統治機構の中から立法と司法を除いたものという捉え方も存在する．行政学の立場からは，さすがにこのような定義は採用できない．なぜなら，自らの研究対象が残り物のように思われるのは大きな問題点であり，学問としてのプライドを傷つけられるからである．もう少し学術的にいえば，行政学の研究対象は行政機関や公務員といった目に見える実体だけではなく，行政現象とか行政機能ということも研究対象としているからである．行政が統治活動に従事していることは誰の目にも明らかである．法律に基づいてさまざまな統治活動（規制や強制の他に公的なサービスの提供なども含む）を行っている．

　しかし，直接的な統治活動だけでなく，公務員の人事管理や行政機関の庁舎管理などの業務はもとより，国会が立法活動を行ったり，裁判所が裁判を行ったりすることを支える事務的な業務を行うことも行政の仕事といってよい．実際，自治体の場合は，議会の活動を支えている議会事務局の職員は，その自治体の一般行政職員であり，たまたま人事異動で議会事務局の仕事に従事しているのであって，行政と議会事務局の境目はほとんどない．

　行政学の教科書ないし教科書的な書籍では，たいてい行政の定義があるの

だが，大半が国家機能との関わりの中で行政が果たしている役割や機能に注目している．しかし，ここでは上述のような行政の特徴に着目して行政の定義をしておく．筆者の認識に最も近い定義をしているのが西尾勝であるので，その定義を参考に行政を次のように定義する．すなわち，行政とは「社会における公正・公平を実現することを目指して公共の問題解決を図るために，あるいは問題解決の活動を支援するために，社会から正統性を付与された一定の専門性を有した職員組織によって行われる一連の活動体系」である．

　この定義には曖昧さが含まれており不十分であるとの誹りを免れない部分もある．それは「公正・公平」の部分である．何をもって「公正・公平」というのかが明確ではない．価値観や立場によってとらえ方が違う．また，時代によっても違うだろうし，その時々の社会・経済・政治情勢によっても変わってくると言わざるを得ない．そのような不確定かつ不安定で観念的な概念を定義に使うことは避けるべきかもしれない．しかし，あえて「公正・公平」を加えている．それは，以下のような認識があるからである．

　現在の先進国と言われる国々は，経済的には資本主義であり，政治的には自由民主主義を標榜している．その結果，経済的な格差が生じ，それが政治的な優劣にも影響を及ぼすことになる．また，地域的な格差も生み出す．それは今の日本を見れば明らかであろう．自由競争を前提とする市場の失敗の結果であるともいえるが，それらを是正するのが政治の本来の役割である．しかし，経済的優勢と政治的優勢に相関があるとすると，政治にだけ依存しているわけにはいかない．とくに，社会的弱者は，政治的圧力をかける手段を持っていないのが一般的である．これでは負の連鎖を止められないおそれもある．

　行政には，国会や議会のように政策を公式に決定する権限はないし，法令に従って活動することが求められていることから，政治家の意図することに反した活動を行うことはできない．一方で，行政の活動のすべてや詳細について政治家が関与しコントロールしているわけでもない．また，行政は政治家の問題意識の形成や優先順位の決定に対して，直接，間接の影響力を持っ

ている．さらに，行政が具体的な政策の案を作成していることが大半である．
それゆえ，政治では，あるいは政治だけでは実現が困難と思われる格差の是
正や社会的弱者への支援に関して，問題意識を醸成し，具体的な解決策を提
案することについて，行政はもっと関わるべきであると考える．その際に，
行政に求められる価値規準を「公正・公平」という用語で表現することにし
た．

　このような定義から導き出される行政の特徴は，第一に公共性を有してい
ることである．公共性の概念は非常に奥が深く，社会学などを中心にさまざ
まな議論が行われている．ここでその検討を始めると公共性論の話になって
しまうので，世間一般に考えられているような「不特定多数を前提とするこ
と」とか「特定の利益や特定の集団だけを対象とするのではなく，社会全体
ないし市民全体を視野に入れて，その公平性とか平等性を重視すること」と
いう意味で考えておく．行政の仕事は，そういった公共性を持っており，常
に公共性を意識しなければならないことになる．したがって，特定の人や組
織のみに利益をもたらすような活動は原則として行わないのである．ある事
業者（企業）に補助金を支給すると，その事業者のみに利益を供与している
ことになるが，行政活動である以上，その事業者を支援することが社会や経
済にとって有意義であり，市民全体に利益をもたらすことを説明できなけれ
ばならない．このことは，上述の「公正・公平」が具体的に発現しているこ
との例である．

　2番目に専門家集団による組織的活動であることが特徴であるが，専門性
とか専門家集団という時の「専門」も，これまた非常に奥の深い意味合いを
持っている．行政の仕事を進めていく上で必要になる具体的な作業には，例
えばパソコンに文字やデータを入力するとか，書類を作成することなどがあ
る．それら自体は特別の専門性を必要とするわけではなく，多くの人々にも
できる作業ではあるが，どういう内容を入力するのか，そして作業相互をど
のように組み合わせるとひとつの業務として成り立つのか，あるいはその根
拠としてどのような法律があるのかということになると，関連する知識を持

っていない人や，訓練を受けていない人は簡単にできない作業になる．これが行政事務一般において必要とされる専門性の中核である．一般的には法令，財務会計などの知識をベースにしていることが多い．もっとも，行政は単純な事務作業ではなく，政治的環境の下で業務を遂行しなければならない．業務の対象となる市民にはさまざまな利害や価値観が存在し，競合，対立している場合もある．また，長や議員は公選の政治家であるため，その価値観や意向を配慮し尊重しなければならない．そのような政治的な要素を敏感に感じ取り，最適な対応をすることも行政にとっては重要な専門性である．このような専門性が求められることは，行政学が政治学と区別しにくくなる大きな原因でもある．

　しかし，行政の仕事の中には，たとえば建設土木の知識や資格がないとできないものとか，保険・医療・看護等の専門性や資格が必要になるとか，あるいは化学の知識，教育の専門性が必要になる仕事など，さまざまなものがある．そういう意味で，行政事務一般の知識に加えて特定の分野の専門性を持った人たちが集まって組織が構成されているのが行政組織なのである．

　そして，3番目の特徴は正統性を与えられていることである．行政に正統性を与えているのは法令である．いわゆる「合法的支配」であるとか「法律による行政」を実現することで，行政には正統性が認められることになる．もっとも，ここで重要なことは，正統性が認められることによって行政の活動に強制力が伴うことになり，権力性が生まれることである．法律に基づいて行政が活動する限りにおいては法律が定める強制力，具体的には市民に対して特定の行為を行うように命令を出したり，逆に特定の行為を行わないように禁止したりする力が認められるのである．

　強制力があるということは，別の言い方をすると，その活動には法令の根拠が必要になってくる．したがって，強制力を行使する時には必ず法律や条例がなければならないのは明らかである．近年の例では，新型コロナウイルスの蔓延に際して，非常事態宣言であるとか，まん延防止等重点措置を発出したのであるが，法律が行政に与える強制権限が弱すぎて有効な対策が行え

なかったという問題の指摘もある．飲食店などに営業時間短縮を要請できても強制できないことに議論が起こった．行政に効果的な活動をさせるために強力な強制力を与えるというのも一理あるが，一方で市民の権利は最大限に保障されなければならないという要請も尊重すべきであろう．もちろん，どこまでの権限を行政に与えるかは立法論であり，行政が自ら判断することではない．しかし，いったん法令によって行政に権限が与えられると，行政には広範な裁量権が発生することが多いので，権限や強制権の行使に対する行政責任の確保や有効な行政統制についての検討が行政学にとって重要な課題となる．この点については第6章で論じる．

　行政が具体的にどのような活動をしているのかの全体像を把握することは困難であるが，行政が法令に基づいて活動するという原則に鑑みれば，法令の分析をすれば行政活動の全体像をある程度まで把握し整理することができるだろう．かつてそのような視点で法令分析に基づく行政活動の整理をした試みがあるので，本章の後半で紹介する．

　なお，定義内に「問題解決の活動を支援するため」を含めているので，行政組織の設立や維持・管理などの活動はもちろん，前述のように国会・議会の立法活動や裁判を支える事務局の活動も行政として捉える．

　これらの特徴を前提にすると，同じように組織によって活動している民間企業の経営や管理とは自ずと異なる部分が多数存在するはずである．しかし，昨今，民間活力の導入とか，民間にできることは民間に，といったことが喧しく主張され，民間委託，民営化，規制緩和などが進められている．行政学を研究する人の中にも，そのような民間化がよいという主張が少なからず見られる．たしかに，現在の行政が理想的だとは思わないし，能率的だとはいえない．だからといって，民間化すればよいといってしまっては，行政学としての立つ瀬がないのではないか．行政の特色を踏まえつつ，行政は何をどこまで，どのように担えるのか，担うべきかを明らかにすることが行政学の義務であろう．そこで，まず，行政と民間の私企業との異同を検討しておこう．

（2） 私企業との共通点と相違点

　民間企業経営や管理を business administration とよび，行政や行政管理を public administration と呼ぶが，どちらも administration の部分は共通している．それなりに似通った部分があることは想像に難くない．一方で，business と public にはかなり性格や価値観に違いがあることも明らかである．上に見たように，行政には「公共」と「権力」がついて回るので，民間企業と違いがあって当たり前だろう．

　また，民間の企業組織は市場組織と言われる．そして，市場は言うまでもなく競争原理で動くことを特徴としている．それに対して，行政組織は非市場組織であり，言い換えれば競争原理が働いていない環境で活動している組織である．行政組織は，いったん権限（役割と責任の範囲）が確定してしまうと，他の組織と競争してそれに勝たなければならないというような性格は持っていない．権限争いで省庁間での争いが起こることもあるのだが，それは行政内部でのお家騒動のようなものであるから，市場での競争とは意味が異なる．

　このような違いが，行政を研究していく上では重要である．あまり違いはないとなると，経営学と行政学は同じ物になってしまい，行政学の存在価値はなくなるかもしれない．したがって，行政学にとってより重要なことは，民間の企業組織や企業経営と，行政組織や行政管理の異同を明らかにしておくことである．そうでないと，民間活力の導入などによって行政が果たしてきた機能を民間に代替させることについて，意味のある見解が示せなくなってしまう．

　そこで，上に述べたことと一部重複するが，辻清明の整理を基に企業組織との違いを明確にするという視点で行政組織の特徴をまとめると次のようになる．

　①目的の外在性：組織が組織である以上，達成すべき組織目的を持っている．そもそも何のために組織があるのか，その組織はどういう役割や機能を果たすのかに関わるものである．その目的を，組織自らが決めるのではなく，

外部から与えられることを指している．通常，行政組織の目的は法令で定められる．組織自身が，自分がこういうことをやりたいとか，このような仕事をしたいと勝手に決めることができないのである．これらの特徴は，近代官僚制の特徴である法律に基づく行政や権限の原則からすれば当然のことである．

　もちろん，現代の行政は法案や政策案を作成し，実質的に内容をコントロールしていることが少なくないので，自ら組織目的を決めている部分もある．しかし，最終的な法令の決定権は議会（国会）にあるため，行政組織だけで独自に，自由に決めるわけにはいかないのである．

　また，行政にはさまざまな裁量が認められていることから，行政組織が活動の内容を独自に決めることができる余地があるとも言える．しかし，その場合でも，裁量は目的を実現するための手段の選択や，目的を実現するための具体的な作業の中での判断が中心である．組織目的を決める段階で，行政組織に裁量が認められているわけではない．

　②供給力の外的制約：組織が活動する時には，ヒト・モノ・カネ・情報などの資源が必要になる．特にヒトとカネは非常に重要である．行政の場合も，行政需要とか行政ニーズを満たすという目的を達成するための活動をしようと思うと，これらの資源が必要になるのだが，行政自らが自由に，あるいは自助努力で確保していくことができないことが特徴となる．

　具体的には，カネについては，行政が予算の原案は示せるが，実際の予算案は政治家との調整を経て編成しなければならない．しかも，最終的には議会（国会）で可決されない限り正式の予算にならないので，議会の同意がない限りカネを自由に使うことができない．議会は行政を統制・監視する役割を持っているので，行政が必要だと考える予算がそのまま認められる保障はない．国においては，幸か不幸か，近年では政権政党が安定多数を確保していることが多いので，内閣の提出した予算案がそのまま認められることが常態化しているが，地方では長と議会の政治勢力が異なる場合があるので，予算案が否決されたり修正されたりすることもある．そして，予算編成上の重

要な要素である歳入（収入）も，行政組織が努力して頑張れば増えるというのではなく，法令に定められた税，手数料，公債（国債や地方債）で賄わなければならない．

　ヒトについても，行政組織の場合は，定員を法令で定められたり，政治的に決定された行政改革方針に基づいて人員を削減させられたりする．また，どのような人を雇うか，どのような人を昇進させるかというような基本的な人事の枠組みや制度は法令によって定められる．もちろん，特定の誰を採用するか，誰を昇進させるかについては，行政組織で独自に決められるが，一部の主要人事案件については議会の承認が必要になってくるものもある．さらに，行政職員の給与や賞与についても法令や予算で枠づけられる．特定の職員が実績を上げたからといって，上司の判断でボーナスを増やすということは簡単にはできない仕組みになっている．

　③アウトプットにおける平等原則：行政組織が何らかの活動をすると，その結果として何らかの変化が生み出される．それが行政活動のアウトプットである．行政においては，特定の誰かのためのアウトプットということは原則として認められない．全ての人に対して平等でなければならない．対象に対する感情，利害，立場において常に禁欲的でなければならないのである．

　民間企業が財やサービスを提供すれば，それに対して対価が支払われる．当然，競争があるので他の競争相手より，よりよいサービスをより安く提供するということを通じて優位に立ち，利益を上げなければならない．それゆえ，民間企業は常に切磋琢磨するということになる．しかし，競争するにあたっては，損してまで争っても意味がないわけだから，利益につながらない活動はしない，売り上げにつながらない顧客は無視をするなど，いろいろな手段で効率的に利益を極大化するだろう．しかし，行政組織の場合は非市場型組織であるので，そもそも競争をしなくてもよいのだが，一方で公正・公平原則を徹底しなければならない．

　行政が行政であることの最後の砦ともいえるのが，公益の追及や公共の福祉の実現を目指すことにあるといっても過言ではない．

④権力性を伴っている：前述のように，行政は法令に基づいて活動するが，法令は人の権利を制限することもあるし，特定の行動を義務づけたり強制したりすることができる．そして，その法令を執行しているのが行政であるため，行政活動には法令に基づく強制力が伴うのである．

　このような強制力は企業を含む民間組織には与えられていない．公権力の行使は公務員でなければならないのである．この点は，民間企業と行政の大きな違いである．もちろん，民間企業でも，大企業が下請け企業に大きな影響力を行使することがあるが，これは経済力，資金力，技術力を背景にした影響力である．下請けは，理屈上は従う必要がない．それでも理不尽な事態が発生すると，独占禁止法や下請法などに基づいて事態を改善する試みが取られる．要するに，民間には公認された強制力はないのである．

　⑤目的の多元性：行政組織は多元的な目的を与えられている．一方，民間企業組織は一元的な目的で活動している．民間企業は，利潤の追求を目的にしており，利潤の拡大に資するかどうかが最も重要な行動基準となっている．会社によってはいろいろな活動の内容や営業形態があるが，あくまでも最終的に利潤を上げなければ存続できない．その意味で，明確かつ単一の目的があってわかりやすい．

　一方で行政の場合は，法令に「国民の福祉の増進」とか「国民経済の健全な発展及び国民生活の向上」といった決まり文句のような目的が記載されていることが少なくなく，究極の目的はこのあたりに集約されるのかもしれない．しかし，具体的な組織目的としてはこれでは抽象的すぎる．そこで，組織が活動する際の目的としては，たとえば，国民の「最低限度の生活を保障するとともに，その自立を助長すること」(生活保護法)，「国民の消費生活の安定及び向上を確保すること」(消費者基本法)，あるいは「国民の文化的向上に資するとともに，世界文化の進歩に貢献すること」（文化財保護法）のように，政策分野（行政組織の担当分野）ごとに定められている．このように目的が多分野にわたり多様であるのは，行政活動が社会のほぼ全ての分野に関与していることが背景になっているのはいうまでもない．しかも，多様で

あるだけでなく，行政組織がそれぞれの目的を追求すると，時として対立や矛盾が生じることがある．経済発展を目指して開発を進めると，環境が破壊されることがあるし，市場の競争性を強化して経済発展を目指すと，社会における格差を拡大することになる場合もある．

2. 行政活動の種類

　繰り返しになるが，行政が公権力を行使し，強制力や正統性を確保するためには，その活動が法令に基づいていることが必須となる．市民の権利を制限したり，市民に義務を課したりする場合に法令が必要であることはすぐに想像がつく．いわゆる行政処分は必ず法令に基づいている．一方，特に強制力を伴わず，むしろ財やサービスを提供するような活動（行政処分ではなく事実行為）であっても，行政が根拠なく活動することはない．事実行為の典型例は行政指導や即時強制である．行政指導については，行政手続法32条が「行政指導にあっては，行政指導に携わる者は，いやしくも当該行政機関の任務又は所掌事務の範囲を逸脱してはならないこと及び行政指導の内容があくまでも相手方の任意の協力によってのみ実現されるものであることに留意しなければならない」と定めていることからわかるように，任務や所掌事務を定めている組織法（行政機関の設置法，設置条例）が根拠となっている．即時強制の例は，泥酔者を警察官が保護するために交番や病院に保護することなどである．これにも法律の根拠があり，警察官職務執行法3条は「警察官は，異常な挙動その他周囲の事情から合理的に判断して次の各号のいずれかに該当することが明らかであり，かつ，応急の救護を要すると信ずるに足りる相当な理由のある者を発見したときは，取りあえず警察署，病院，救護施設等の適当な場所において，これを保護しなければならない」と定めているのである．

　したがって，行政が何に対してどのように関与するかについて，法律がどのように定めているかを体系的に分析すれば，大半の行政活動を知ることが

できる．もちろん，行政活動の中には，市民や行政の外部に対して働きかけるものだけではなく，行政組織そのものを維持管理する活動や，法令・計画・予算などを作成することなど，行政内部で行われる活動もある．このような行政内部で展開される活動は，次節の行政管理との関わりで検討することにし，ここでは行政組織の外部（社会）に向けて行われる行政活動に焦点を合わせて検討する．もっとも，行政活動は社会のほぼ全ての領域に関わっており，その活動の根拠を与えている法律の数も膨大である．しかも，一般に規制といわれる行政活動でも，免許，許可，認可，登録，届出などのさまざまな法律上の手段を使っているが，これらのちがいはわかっているようでわかっていない．同じ「許可」という行政手段を使っていても，対象が社会・経済に大きな影響を与える大企業である場合と個人の場合では，行政活動として同列に論じるわけにはいかない．また，法人や団体の設立を認めるかどうかの許可と，それらの法人・団体の活動内容に対する許可では，同じ許可といってもかなり性格や効果が異なる．したがって，行政活動を知るということは，単に外形的な活動（行動）に着目すればよいのではなく，行政が社会のどの側面に対してどの手段を使って関与するのか，あるいはどのような条件が整うと行政は活動を開始するのかなどを考慮しなければならない．

　かつて，このような難題に挑戦し，社会に向けて行われる行政活動を規定している法律（いわゆる行政作用法）を網羅的に分析する研究が行われた．筆者もその作業に関わり，その成果を参考に行政活動の分類整理を行ったので，それをここで紹介しておく．以下の15の類型と，独自のカテゴリーに入りきらない「その他」の合計16類型からなる．この類型は行政活動に着目したものであって，行政手段の類型ではない．実態としては，ひとつの行政活動の中で，複数の行政手段（許認可，指導・助言，補助金等）が組み合わされている．

　①出動
　　事件，事故，災害などの発生に伴い，訓練された実戦部隊が現場に出向

いて処理に当たるような行政活動である．例：消防，警察の活動，自衛隊の災害出動など．

②規格検査

特定のモノの品質，状態について基準を定め，基準適合性を調べることにより，モノの安全性，品質，公正性を確保しようとする行政活動である．検査という名称になっているが，検査そのものよりは広い概念である．例：車両検査，医薬品の規制など．

③資格検定

特定の業務に関する技能（知識）について基準を定め，試験，検定，認定などにより，その基準を満たす者を有資格者として認定し，一定の保護と特権を与えることをとおして，適切な業務遂行を確保しようとする行政活動である．これも検定という名称であるが，検定そのものよりも広い概念で使っている．例：教員免許，自動車運転免許など．

④監督

一定の社会事象に関して基準を定め，その基準が順守されているかについて，被害者等の通報や行政組織自らの日常的な監視活動によって確認し，違反等を発見した場合には，改善を求め，事態を是正させるような行政活動である．例：公正取引委員会，労働基準監督署の業務，消費者保護行政の一部，交通取締りなど．

⑤業法型監督

法に基づく許認可等が必要な業種に対する監督行政であり，許認可，免許，登録などによって監督対象を特定し，いわゆる「業界」を形成させ，その業界を通じて，また個別の事業者に対して監督をする行政活動である．業法を根拠にした行政指導も行われる．例：電力業界，電気通信事業者等の業界監督など．

⑥組織法型監督

明確な行政作用法の規定がないため，本来は行政が関与できないような民間活動に対して，設置法令等に基づいて特定の業種（業界）を監督す

る行政活動である．この場合，いわゆる「行政指導」や指導・助言が主たる行政手段となる．

⑦土地・資源利用調整

土地（私有地を含む），天然資源，電波，大気などの不特定多数の人々によって利用可能な公共的資源の利用の調整をはかり，資源利用の円滑かつ有効な利用，資源の保護などを実現する行政活動である．例：都市計画，電波（周波数）割り当て，水利権・鉱業権・漁業権の設定，大気汚染物質の総量規制など．

⑧逐次許認可型行為規制

ある一定の行為を行おうとする者に対して，当該行為を行うごとに逐次許認可をすることにより社会活動をコントロールしようとする行政活動である．例：道路占有許可，農地転用許可など．

⑨公共用施設工事

道路，河川管理施設，公園，港湾などの公共目的で利用される施設を建設し，それらを管理（維持，補修等）する行政活動である．高度経済成長期に整備された施設の老朽化が進んでおり，現状では点検，補修，改修が中心となっている．

⑩公共用施設運営

公立の学校，公民館，図書館，スポーツ施設などの公共サービスを提供するための公共施設を運営するために，設備を整え，必要な資格ないし能力を有する職員を配置して，その施設・設備に期待されている公共サービスを提供する行政活動である．近年では，指定管理者による運営の対象になっていることが多いが，その当否が議論されているところである．

⑪研究・開発

行政組織が自ら研究・開発を行い，その成果を広く社会一般の利用に供するような行政活動である．ただし，民間の企業や研究者が行う研究活動に対する補助や援助は，目的においては共通するが，行政活動として

はこの類型には含めないこととする．

⑫経営

　一定の料金を徴収して，財，サービスを提供するもので，一般に独立採算制を原則としている．行政活動の中でも企業性が強いもので，水道事業，地方公営交通などが該当する．国レベルでは，かつての三公社五現業（日本国有鉄道・日本専売公社・日本電信電話公社の三公社と，郵政・造幣・印刷・国有林野・アルコール専売の五事業）の大半が民営化されている．五現業では，公有林野事業を除くと独立行政法人ないし特殊会社になっているため，純粋な行政組織によって経営されているわけではない．

⑬社会保険

　健康保険，年金などの業務全般を行う行政活動である．経営に近いものであるが，社会保障的な機能を持っていること，業務内容が他の行政活動と比較して特殊でありかつ膨大であることから独立して扱う．例：国民健康保険，介護保険など．

⑭助成

　一定の条件を満たす個人ないし組織に対して，原則として補助金の交付，資金の貸付，租税の特例措置などの経済的援助を通じて，好ましい活動を誘導・促進する行政活動である．なお，ほとんどの行政活動には，情報提供や指導・助言がつきものであるが，ここでは金銭的・経済的支援のみに注目している．この行政活動において実際に利用される行政手段は補助金の給付であることが多いので，「補助」と呼ばれることが多いが，行政活動としては「助成」と名付ける．また，助成には必ずしも法律の根拠があるわけではなく，予算措置によって行われる場合も少なくない．予算を法令の一類型と見るか別系統の規範とみるかは議論のあるところであるが，ここでは広い意味での法令と考えておく．例：クリーンエネルギー自動車・インフラ導入促進補助金など．

⑮支給

特定の人の一定の状態を保障するために，金銭，モノ，サービスを直接
支給するような行政活動である．福祉行政の多くや，公衆衛生行政の内
のサービス行政的側面がここに含まれる．

⑯その他

行政活動としてはある程度のまとまりを持っているが，特殊であるもの，
あるいは逆にほとんど全ての行政活動の構成要素の一部として含まれて
いるような活動であるが，例外的に独立した地位が与えられている活動
を「その他」としてまとめている．具体例としては以下の通りである．

・準司法的行政．例：公正取引委員会の審判，海難審判など．
・教育の内容に関する管理．例：教育指導要領．
・文化財の保護．
・下水・廃棄物の処理．
・犯罪捜査．
・交通管制．例：航空管制，制限速度等の決定など．
・観測・情報提供．例：気象観測・天気予報，道路交通情報など．
・啓蒙・普及．例：交通安全運動の実施．

　どのような分類にもいえることであるが，社会事象を完全に分類すること
は不可能である．上述の行政活動の分類も，法律の分析から帰納的に導き出
したものであるため，実際の行政活動はもっと複雑である．たとえば，⑤の
業法型監督の場合は，行政活動の根拠として業法（銀行法，電気通信事業法，
道路運送法など）があり，それらの業法に規定されている行政手段（許認可，
立入調査，報告徴収等）を使って監督するのであるが，行政指導が行われる
こともある．また，業法型監督の対象となっている事業者が同業者間でカル
テルを結ぶと，④の監督の対象となる．つまり，さまざまな行政活動が組み
合わされているのである．

　次に，このような行政活動の類型を作成することが，行政学にとってどの
ような意味があるのかについて触れておく．この類型が単に行政手段に着目

しているのではなく，行政活動の対象，条件，目的などを視野に入れた分類作業の成果であることから，行政活動ごとに望ましい組織編成や行政管理を検討することを可能にする．

　一般に「規制行政」として一括されることが多いが，この類型では規制行政は②規格検査，③資格検定，④監督，⑤業法型監督，⑥組織法型監督，⑦土地・資源利用調整（純粋な規制行政ではない），⑧逐次許認可型行為規制に分けられる．同じ規制をする場合でも，7つのどのタイプの行政活動を通じて行われるかによって，組織の編成や規模，職員に求められる専門性などに明らかな違いがある．規制行政に適した行政組織という大雑把なとらえ方ではなく，たとえば逐次許認可型行為規制に向いた行政組織という視点で，組織編成や管理を検討する方が有益である．

　一方で，実際の行政活動は，複数の類型を組み合わせていることが多いことに着目すると，この類型には次のようなメリットがある．たとえば，建築行政を構成している主な行政活動としては，①規格検査（建築物，資材等の規格），②資格検定（建築士，測量士等の資格），⑤業法型監督（建築業法等による建築業界の監督），⑧逐次許認可型行為規制（建築確認：法律学上は許可ではないが，社会的には許可に近いと認識されている）などである．このように多岐にわたる行政活動の組み合わせで成り立っているが，その性格上，建築工学に関する技術的専門性が共通して必要となることは明らかである．この点は以前からの常識である．ただ，従来はその常識がわざわいしたのか，行政活動の面での専門性が十分に検討されていなかったようである．すなわち，監督や行為規制という規制行政において必要となる職員の専門性を確保する組織編成になっていないことが多いのである．特に監督や行為規制は，自治体によって担われることが多いが，その自治体では職員が少ないため，建築士の資格を持った建築主事が違法建築物の監視や取締りを担当する必要が出てくる．監視やとりわけ違法建築物の是正措置などの実効性を高めるためには，人員（人数）の確保と並んで，取締り活動に慣れた職員を配置する必要がある．どのような行政活動を行うかを整理すると，そこで必要

となる職員の規模や専門性などを検討することが可能になる．

　行政学では，行政組織一般の編成原理を追求したという歴史があるが，複雑多様な社会を対象に，多様な行政活動を展開する行政組織にとって，単純明快でシンプルな編成原理を求めることは不可能である．また，行政管理の研究においても，行政組織一般の管理という視点か，POSDCORB（第3章参照）のように管理者の管理機能というような限定をした議論になっていた．しかし，行政活動に応じた管理方法を開発する必要があるのだ．行政活動を整理することによって，組織編成や管理についての研究や議論がより現実的で有益なものになるだろう．

3.　行政管理をどのように研究するのか

(1)　行政管理とは何か

　これまで検討してきたように，社会における公正・公平の実現を基本に，公共の問題解決に貢献することが行政の大きな特徴であり役割といえるだろうし，その役割を遂行する際に組織的営為を行うことが特徴である．そして，法令に根拠を求めつつさまざまな形態の活動を展開しているということを前提にすると，行政組織がそのような活動を効果的に遂行できるように組織がうまく管理されていなければならない．すなわち，行政管理に注目しておく必要がある．そもそも行政管理とは何か．行政の目的や役割との関わりで考えれば，概ね次のような機能や活動が行政管理ということができるだろう．

　行政が対応する社会は，多くの人々や組織・団体から構成され，相互のつながりはきわめて複雑かつ多元的である．多くの主体が知識・情報を共有しあい，資源の確保において相互依存関係で結びついているという点で，いわゆるネットワークを構成しているといえる．しかも，そのメンバーやつながりかた（関係）は常に変化を続けている．したがって，片岡寛光の定義を参考にすると，行政管理は，「変化する社会で行政活動が円滑かつ効果的に展開できるようにするため，的確な行政組織の編成と運営を行うとともに，行

政資源の効率的な活用・業務の能率的遂行を実現するための組織内活動」で
あるとする．「組織内活動」としたのは，「新しい公共管理（NPM）」などに
見られるような，行政が社会の管理をするという意味合いを，ここではあえ
て排除しているからである．一方で，社会から期待されている役割を果たす
ようにすることが目的であるから，完全に行政組織内部の閉鎖系として行政
管理を捉えているわけではない．つまり，行政組織と外部環境である社会と
の相互作用を前提とした管理過程を考慮に入れなければ，行政管理としての
意味を持たない．

　このような行政管理が有効に機能していないと，行政活動が社会の要請に
対応できない，社会の実態に合っていないなど，行政自体が社会にとっての
障害物になりかねない．もちろん，行政が社会の問題解決に有効に対応でき
ないことの大きな理由としては，そもそも政策に問題があることが挙げられ
る．そして，その政策は必ずしも行政が単独で決定しているわけではなく，
政治の産物であることが多い．一方で，政策自体が社会の実態に合っていな
い場合でも，行政における実施活動を通じて実態に合わせるという調整機能
があることも知られている．また，政策が社会の実態や，市民のニーズを的
確に反映したものになるためには，行政が必要な情報を収集，分析し，政策
決定過程で活用できるようにすることが必要である．その意味で，行政管理
が的確に機能することが政策の善し悪しにも影響を与えるのである．そして，
前述のように，行政全般に共通する管理のあり方のみならず，行政活動の種
類に応じた管理の理論と手法を模索する必要がある．

（2）　行政管理の課題

　上述のように行政管理を理解すると，そこで必要となることは以下のよう
な要素であろう．
　①行政の目的である社会の公正・公平を実現することに有効であるような
　　行政管理にしなければならない．
　②社会の変化（とりわけ行政需要の変化）を読み取るとともに先見性（先

を見通す・将来予測）を高める管理でなければならない.

③限られた資源の有効活用の方法（能率と効率を高めること）を開発しつ
　づけなければならない.

④以上のような能力を最大化できるようにするため, 行政活動に応じた組
　織編成を行い, 人事, 財務などの組織管理を適切に行わなければならな
　い.

　いずれも行政管理にとって必要というだけではなく, 政策形成にとっても
必要な要素であると言えるかもしれない. 実際, 政策は社会の公正・公平を
実現するための手段であるから, 政策には将来を予測して適切な資源配分を
行う役割がある. そのため, 政策形成においては行政が目的とする公正・公
平を追求する上で必要な先見性や行政需要の変化を的確に読み取る力が求め
られる. しかし, ここでは現在および将来の状況の中で行政組織の能力を高
めることに焦点を合わせて検討しておく. たとえば, 行政需要が拡大すると
予想される分野に対して, 人数や専門性において必要な人員を確保すること
が求められるが, 人材確保は一朝一夕にはできないし, 専門性の蓄積や向上
にはもっと時間がかかるから, 人事管理を計画的に進めなければならない.
日本の場合は, 新たな政策がその実施組織（人員）の体制整備とセットで決
められるのではなく, 政策の決定と実施組織の編成や管理は別の枠組みで動
いている. そのため, 政策展開を十分に考慮し, 予測しながら組織編成や人
事管理を進めないと, 政策が決まってもその実施を担当する行政組織に十分
な資源や能力が備わっていないということが起こってしまうのである.

　典型的な例として, 危機管理を挙げることができる. 危機は「想定外」の
ことが起こるからこそ危機なのであるが, 想定できていないために行政組織
の情報収集・伝達がスムーズに行われない, 関係機関同士の連携がとれない,
人員や資材が全く足りないなどの事態が生じる. このようなことが起こらな
いようにするためには, 組織編成, 定員管理, 専門性の向上, 組織内および
組織間のコミュニケーションの確保などを整備しておく必要がある. 目先の
人気取りに血眼になっている政治家が, 数字の削減だけを目指した行政組織

の定員削減をやったり，民間への業務委託を進めすぎて行政内で専門性の継承ができなくなったりしていることを目にする．新型コロナウイルスによるパンデミックや激甚化している災害の多発に際して，行政の資源不足や能力不足が問題になり，行政における冗長性を議論しはじめているが，あまりに後手に回っている．行政学は，このような不幸を阻止できるだけの理論を構築できていなかったという罪を背負っている．それゆえ，行政学が危機管理から学ぶことが多いので第9章で詳しく検討する．

このように，行政管理にはさまざまな課題が存在し，しかも早急に対応する必要がある．しかし，近年の行政改革は，そのような問題意識がほとんど感じられず，ただただ公務員の数を減らしたり，組織を簡素化したりするというコストカットと行政のスリム化（実際には痩せ細らせることであるが）ばかりが強調されてきた．「身を切る改革」という，誰のどの部分を切るのかわからない言葉が多用されたりもしている．改革の一環として，民間委託や指定管理者制度が積極的に活用されるようになったが，その結果として技術やノウハウの伝承が困難になっている職場も増えている．技術や専門知識のない公務員が，委託先の民間企業や指定管理者を的確に管理・監督できるはずがない．専門職を多く採用して，スペシャリストを養成するという方法もあるが，現場を知らないスペシャリストを増やしてもあまり意味がない．また，現場があまりないのにスペシャリストの数だけ増やしても，人事異動の余地がなくなり人事が膠着してしまうおそれがある．今こそ，時代を先取りした行政管理が必要になっているのである．

そこで，本書で取り上げている「組織」，「能率」，「管理」，あるいは「行政需要（ニーズ）」というような，行政学で古色蒼然としていると思われるような概念についての検討が重要になるのである．残念なことに，これらの概念についての議論や研究が盛んだったのは現代行政学の初期の段階で，その後の行政学では必ずしも充分とは言えない．

（3）　行政管理研究の実情

　そのような管理の理論や手法を開発することが，行政学の大きな目的と役割のひとつである．このことは，現代行政学が登場した 19 世紀末から現在に至るまで一貫しているはずである．しかし，第 3 章で詳述する政治行政融合論が主流となった行政学では，このような行政管理の研究は必ずしも主流とは言えない．むしろ，等閑に付されている感がある．とはいえ，行政管理に関する議論は，行政組織の編成・管理，定員や人材養成等の人事管理，財務・予算管理などが，行政改革との関わりの中では検討される．ただ，1980年代以降の行政改革はもっぱら政治的文脈の中で議論されている．

　日本では，高度経済成長が終わり低成長時代に入って「ポスト福祉国家」を模索する中で，政府の規模や機能を縮小しようという動きと，急速に進んでいたグローバル化に対応するための政府の役割の見直しの中で行政改革が進められた．20 世紀を通じて福祉国家化が進んだのは先進国に共通する傾向であるが，日本に限定してみれば福祉国家の拡充に力を入れた旧社会党を中心とする「革新勢力」に対して，自民党を中心とする「保守勢力」の政治的対立があった．そして「革新勢力」の支持母体の主要なものが，国や自治体の公務員労働組合であり，旧国有鉄道や旧電信電話公社の労働組合であった．したがって，行政改革の中で，これらの政府部門の労働組合を骨抜きにするという保守勢力の意図が組み込まれたのである．1980 年代以降の行政改革は，純粋に行政管理を改善するとか高度化するという視点で行われたというより，政治的目的を実現するために利用されたという側面もある．

　政治行政二分論のように政治から切り離された行政が存在するというフィクションのような前提に立つのではなく，しかし政治的な意図や思惑から独立した行政管理の研究がとりあえず必要である．もちろんその際に，行政管理は政治的意図に基づいて行われるという現実を忘れてはならないし，無視してもいけない．行政管理の理論や手法は時の政権や優勢な政治勢力に利用されて初めて日の目を見るのが現実である．時々の政府が利用したいような研究成果を上げれば，その時代に注目される学問となり得る．一方で，政府

が求めるものとは異なる研究成果は当然ながら注目を集めず，競争的研究助成費を受けることすら困難になる場合もある．現代行政学は，19世紀末から20世紀初頭に登場したときには，その時の政治権力や一定の範囲の市民の求めるものを提供していた．それが行政組織の編成に関わる理論であったり，より能率を高めるための行政管理の理論であったりしたのである．その後，公共の問題を解決するための行政管理に関心が移ったため，行政組織と社会との関係を解明したり，行政と政党・政治家とのやりとりを記述したりすることに行政学の関心が集中した．しかし，少なくとも政府や政治家はそのようなことを解明してほしいとは思っていない．行政と政治家の関係などは，研究者がああだこうだと言うより，行政実務家や政治家の方がずっと詳しく実態を知っているのだから当然である．政治家や高級官僚が，現役時代に実態を公表することは難しいかもしれないが，引退後に回顧録としてまとめて発表すると，研究者の業績とは比較にならない注目を集めることがよくある．それでも政治と行政の関係を研究するのだというのなら，行政学がやらなくてもそれは政治学がやっていることである．

　行政学が政府の制度・仕組みや行政運営に影響を与えようと思うなら，時の政治勢力の都合に合わせた御用学問になるしかないのだろうか．また，政治との関係が強い行政の実態を解明するためには，政治学の下請けか二番煎じに甘んじるしか生きる道がなくなるのだろうか．既にそうなっているような気がするが，最後のあがきをしてもよいだろう．そのためには，しっかりとした組織管理としての行政管理の研究を進めるとともに，その行政組織が社会とどのように関わるかを動態的に解明していくしかないのではないか．具体的には，行政が担う統治活動の内容を表す政策と行政の関係を前提に，行政管理（行政組織の編成と管理）のあるべき姿や望ましい手法を追求することである．

第**3**章
行政学の生い立ちと行く末

1. 行政に関する過去の学問

(1) 行政学説史を検討する意義

　行政学説史を知ることは，行政学について専門的に学ぼうとする人か，行政の研究を志すような人でなければあまり意味のないことだろう．行政学の展開を知って何の役に立つのかというと，ほとんど役に立つことはない．その役に立たないことをあえて述べるのは，行政学の展開は，学問だけで勝手に動いたわけではなく，その時々の時代背景や社会情勢・政治情勢を反映していることを理解してもらうためである．日本ではあまり経験がないことだが，アメリカでは行政学が時々の行政や政府の活動に対して一定の影響を与えたこともある．したがって，行政学説史を学ぶことによって，社会や政治経済の変化と，政府や行政がどのような関係にあったのかを知ることができる．その意味では，行政学の学説史を学ぶことにも少しは意義があるだろう．

　公務員試験の行政学の科目では，学説史に関連する出題がけっこう多い．実態としては問題が作りやすいのが理由だと思われるが，公務員になる人は行政と社会の関係の歴史的変遷を知っておいてもらいたいという親心があると考えることもできる．いずれにしても，行政学が試験科目にあるような公務員試験を受ける人の場合は，学説史を勉強しておく必要がある．

　それはともかく，行政学が社会に貢献してきたのか，貢献できるのかを検討することが大きな目的である本書にとっては，上述のように学説史を見る

ことが重要なのである．

(2) 官房学は行政学か

　行政学の起源として官房学が挙げられることが多い．官房学は，後に見るように，16世紀半ばから18世紀にかけてドイツ・オーストリアで発展した学問である．その官房学と今の行政学が本当に関係があるのかというと，全く関係ないと言ってもよい．一方で，今の行政学が研究している政府あるいは行政に近いものを研究対象にしていた学問という点では，似ているといえるかもしれない．ただ，学問的系譜とか流れという点では繋がりはない．そこで，官房学を概観して，今の行政学とどこが違うのかを確認しておく．

　官房学は，ドイツ語でカメラリスムス（Kameralismus）とかカメラルビッセンシャフト（Kameralwissenschaft）と言われているもので，時期的にはおおむね16世紀半ばぐらいから始まり，18世紀の末ぐらいまで続いていた．そういう意味では，かなり長い期間にわたってこの学問は発展してきたということになる．その頃のドイツ・オーストリアを中心とした時代背景を見てみると，神聖ローマ帝国が弱体化していく時期である．それは言い換えれば，精神的基盤になっていた教会が権威を失墜していく時代だったわけである．そしてその結果として，領邦君主がそれぞれ自分の独立主権を主張するようになって，三十年戦争が起こるような混乱した状況であった．その中で新しい秩序の形成が求められていた．そこに絶対主義国家が登場し，形成されていく時期だった．したがって，官房学はこの絶対主義国家の確立・形成に深く関わっている学問だと見ることができる．

　今述べた時代背景からもわかるように，官房学は絶対君主の支配にとって役に立つ学問という意味合いがあることは明確である．つまり，君主の利益に奉仕する官吏（役人）にとって必要となるもの，あるいは官吏にとって有用な知識と技術の全体を扱う学問だった．それゆえ，君主の家政の学問であり，君主の財政にかかわる学問であった．そこでは，君主（国家）の歳入の増大が非常に重要なテーマになっていた．そして，実際に君主の支配の具体

的活動を担うのは官吏であるから，官吏が自分自身のスキルや能力を高める上で必要となる学問という性格を持っていた．君主の歳入歳出や統治活動に関わる業務を統括するところを「官房」と呼んでいたことから官房学という名前がついている．

　以上をまとめると，官房学は，絶対主義的な支配権を基盤にして，国家目的を追求する学問であった．ここでの国家目的とは，「公共の福祉を促進すること」である．「公共の福祉」は現在でも使われている概念だが，現在の民主主義国家における概念との違いは，その背景に「家父長的後見主義」があったことである．家父長（つまり一家の長）が家族全体を保護し面倒を見るという考え方のもとで，国家全体をひとつの家族と考え，その長を君主とするという考え方である．君主は自分の臣民（国民）を家族のように考えて，一家の長が家族の面倒みたり，家族を養ったりするというのである．君主は臣民のために，臣民の必要なことを行うのであるから，君主が豊かになるということは臣民が豊かになることと同じであるという理屈である．臣民の福祉の向上とか，臣民の安全のために，君主にはそれに見合った権力や権限が必要にもなる．このような絶対主義国家の支配を支える学問が官房学であった．

　その結果，国家財政に関することや国営事業（公共事業）の企画・管理，当時の主要産業である農林業，徐々に発達しはじめていた商工業等々に関する事柄，さらには治安維持や教育といったような社会のさまざまな領域に関するものすべてが，君主の財政を豊かにするために必要なこととして官房学に含まれていた．現在のように学問領域が細分化されている時代の常識からは想像もできない，それどころかひとつの学問として成立するとは思えないような分野横断的な学問だったと言える．幸か不幸か，当時はまだ林学とか農学という個別の学問がそれほど発達していなかったため成り立ち得た学問である．

　さて官房学は，非常に長い期間続いたため，時代の変化に応じて前期と後期に分けられることが一般的である．前半の前期官房学は，「公共の福祉」の基盤をキリスト教思想に求めていた．宗教的な色彩が強く，学問的には神

学の影響が大きかった．行政学，財政学，あるいは経済学などの間に違いなどは見いだされない．この時期の代表的な官房学者としては，ゼッケンドルフ（Veit Ludwig von Seckendorff）がいる．1652 年に『ドイツ君公国家論』を著しているが，これが前期官房学を代表する書物だと言われている．

　1700 年代半ば頃の後期官房学の時期になると，徐々に社会が発展し政治経済も制度が確立され整備されたことと，思想や学問的な理論体系も発展したことから，「公共の福祉」の基盤を自然哲学に置くようになっていった．官房学として具体的に扱う内容も，財政学や経済学と区別されるようになる．そして，この時期の官房学に対しては「警察学」という別名も与えられている．この名称は，「警察権」に関する学問であるということから来ている．ここでいう「警察」とは，国家の資源を増大させるための権力的に行われる事務処理といった概念である．今日，一般的に使われている「警察」は，司法，公安，交通などに限定した警察を指しているので意味が異なる．重要なことは，警察権といった場合には，国家の内部事務を行うにあたって強制力を伴った手段が与えられていることである．後期官房学の代表的な学者としてユスティー（Johann Heinrich Gottlob von Justi）が挙げられ，その著書が『警察学の諸原理』（1756 年）であった．前出のゼッケンドルフが 16 世紀半ばであったのに対して，ユスティーは 18 世紀の後半に入っている．

　ユスティーのいう警察には，国家の一切の資源に関わる事務処理が含まれており，議論の範囲が限定されているとは言えないものであった．資源の中には人間も含んでいるため，教育や労働などを対象とした事務も警察権の中に入ってくることになる．したがって，前期であれ後期であれ，官房学は絶対主義君主の国家統治技術に関する学問だということについては全く変わりがない．行政学が国家のための学問，統治のための学問という理解に立てば，官房学が遠い先祖ということもできるかもしれない．行政学の出発点を官房学に求めても間違いではないことになる．しかし，行政学が市民のための学問，市民が統治活動を統制したり，統治活動の内容を定めたりすることに資するための学問，そして市民に貢献する行政を実現するための学問と考える

ならば，官房学の目的や学問的性格は行政学とは異なる．いうまでもなく，筆者は後者の考え方に基づいて行政学を捉えようとしている．したがって，官房学を行政学の出発点として捉えることには反対である．

（3）　シュタイン行政学の位置づけと限界

官房学のあとを受けてヨーロッパ大陸で発展した学問にシュタイン行政学がある．名称に「行政学」が付けられているように，より現代の行政学に近いものになっている．

19世紀に入ってヨーロッパではイギリスやフランスなどで市民革命が起こって近代国家が登場した．ドイツでは近代国家に変わることが遅れていたが，国民国家としての近代国家の形成の動きが出はじめていた．その結果，政治や立法から区別された行政の本質的な機能の追求が始まった．警察活動を議会の定めた法律によって拘束するという公法学概念が定着してきた．これは，イギリスやフランスなどの市民革命の結果であり，国家の統治活動を国民の代表である議会によってコントロールする，具体的には議会の定めた法律によってコントロールするという考え方がドイツでも徐々に広がってきたのである．

そこでシュタインは，従来の絶対主義においてはあらゆるものが含まれていた警察概念（言い換えれば当時の権力とか権限）を「憲政」と「行政」の2つの機能に分けた．この2つの機能は，今日的な概念で言えば「政治」と「行政」に近い．官房学においては一体的に捉えられていた決定と実行を，憲政がさまざまな決定を行い，その決定を実行するのが行政という関係に分けたのである．そうすると，憲政と行政の間で常に考え方や利害が一致するとは限らないため，相互に牽制したり対立したりすることが起こると考えられる．

当時のヨーロッパでは，市民革命の影響を受けて議会が定めた法律によって統治活動全体をコントロールすることが必要と考えられていた．イギリスやフランスなどでは憲政に相当する部分である議会が国民の代表によってし

っかりと決定をすれば，行政はそれを忠実に実行すればよいという楽観的な見方もあったのだが，シュタインの考え方はそれに対して批判的であると言える．国民の代表が国家の意思を決定するということは，市民国家的な民主主義の基本ではあるが，実際にそれを実現するのは行政であるから，行政がどのように動くのかということによっては国家意思が想定通り実現するとは限らないのである．議会の定めた法律の絶対的優位を主張していたのが公法学であるが，シュタインはこの公法学に対しても批判をしたことになる．シュタインは市民国家の影響を受けつつも絶対主義の色合いが残るドイツの実情に合わせた議論を考えていたということができる．

　法律による行政の原理を強調するイギリスやフランスなどの考え方が新しい時代の考え方であるとすれば，官房学の影響を受けているドイツは遅れていた．シュタインは，近代国家における行政の捉え方と官房学における行政の捉え方の中間ぐらいを想定していると見ることができる．つまり，官房学が徐々に公法学的な考え方に変わっていく過程での媒介役を果たしていた．市民革命が起こらず，一気に近代国家になれなかったドイツにおいては，現実的な選択肢であったとも考えられる．しかし，当時のドイツの実情はまだまだ絶対主義時代の官僚制が残っていたため，行政が大きな権力を握っており，それを良しとする認識があった．結果としては，シュタインのようなある意味で中途半端な考え方は，絶対主義時代の官僚制を温存させることになりかねなかった．行政学は統治や国家機能に直接関わる行政という活動を対象としているため，その時々の支配権力に飲み込まれ，支配者の都合に合わせたいわゆる「御用学問」になってしまうおそれがある．このことを踏まえると，実際の政府や行政活動に影響を与えるような学問でありたいという思いを実現するのは容易くないことを肝に銘じなければならない．

　時代の流れの中でドイツも近代国家に変わっていくと，シュタイン行政学の意味がどんどん薄れていってしまい，後の時代の行政研究に大きな影響を与えることにはならなかった．ただ，官房学は行政に特別な焦点を合わせていたというより，国家の資源増大に関わるさまざまな国家機能の中に行政を

含めていたのに対して，シュタインは行政という機能や活動を国家の統治機能として抽出した点は重要である．その点では，行政学にとって大きな意味があった．

2.　現代行政学の誕生

(1)　アメリカ行政学の展開

　今日，多くの国々で「行政学」の名称で展開している学問は，主としてアメリカから始まったと考えられており，アメリカ行政学が世界で主流になっているというのが一般的な理解であると考えてよい．もちろん，国によって統治制度に違いがあり，行政の機構や仕組みも多様であるから，行政学の研究対象に大きな差が出てくる．したがって，大統領制の下でのアメリカ行政学の知見が，そのまま議院内閣制の日本に妥当するとは限らない．とはいえ，概念や理論，あるいは分析手法などにおいて，アメリカで取り上げられたり注目されたりしているものが影響力を持っている．そこで，アメリカ行政学の展開を見ておこう．

　ヨーロッパでは官房学からシュタイン行政学というような形で行政に関係する学問が展開していたのであるが，アメリカはヨーロッパの動きから離れた存在であったため，アメリカ行政学もアメリカという国の政治・経済・社会のいろいろな動きに対応する形で発展してきた．一時ほどではないにしても，現在もアメリカは世界の中で最も強力な覇権を持っていて，政治や経済に大きな影響力を持っていることもあり，行政学においても世界の国々の研究に影響を与えている．

　まずアメリカ行政学がどのような形で展開してきたのかという全体像を確認しておくが，その整理の仕方にもいろいろなバリエーションがある．日本で代表的な整理として長濱政壽の整理がある．これはアメリカ行政学の展開を大きく3つに分けている．第1期を「形成の時期」とし，19世紀末から1915年頃まで，第2期はその1915年頃から1940年頃，そして第3期を

1940 年以降としている．この時期区分がどういう意味を持つのかということは後述するが，誕生後に形成期があって，1935 年から 40 年頃に大きく発展して，40 年を過ぎるといろいろと問題をかかえるようになったという展開である．

　次に，足立忠夫の整理を見てみると，基本的には長浜の整理を前提として，それぞれの時期の名前の付け方が変わっている．第一次世界大戦と第二次世界大戦の間，つまり 1915 年頃から 1940 年頃の時期に対して「正統派行政学の時代」という名前を付けている．1940 年代からを「正統派批判の時代」としている．それ以降は，批判された旧来の正統派に代わる新たな正統派が形成されず，学問的には大きな問題を抱えるようになったということである．そこで，第二次世界大戦以降は「百家争鳴の時代」になっているとしている．

　3 つ目の整理として辻清明の整理を見てみると，基本的には長濱の整理と共通するのだが，もっとシンプルに 1940 年代にひとつの節目を作り，それ以前を「技術的行政学」あるいは「政治行政二分論の行政学」と呼び，それ以降を「機能的行政学」あるいは「政治行政融合論の行政学」に分けている．1940 年代を大きな境目にして，それより前か後かだけでそれ以上に詳しく区分はしていない．

　このように見ると，1940 年代をひとつの節目にする点では，3 者の整理は共通している．つまり，1940 年代にアメリカの行政学が大転換を遂げたということが想像できる．このような代表的な整理を前提に，一般的なアメリカ行政学に対する理解の共通点をまとめると以下のようになる．まず，行政学の草創期の主要な研究者としてウィルソン（W. Wilson）〔「行政の研究（The Study of Administration）」（1887）〕，グッドナウ（F. Goodnow）〔『政治と行政（*Politics and Administration*）』（1900）〕，ホワイト（L. White）〔『行政研究入門（*Introduction to the Study of Public Administration*）』（1926, 1939, 1948, 1954）〕の 3 人，あるいはウィロビー（W. Willoughby）〔『行政の原理（*Principles of Public Administration*）』（1927）〕を加えた 4 人を挙げることが多い．第二に，上述のように 1940 年代以降にそれまでの行政理論に対する批判が

噴出したという認識である．第三に，1940 年代以前の行政学に対して批判
があったことは示されているのだが，40 年代以前の理論それ自体について
はあまり検証されることがなく，行政の実態にどのような影響を与えたのか
についての検討も不十分であることも共通している．そして第四に，1940
年代半ば以降は「百家争鳴の時代」という表現に象徴されるように，いろい
ろな研究やアプローチが乱立しているという認識はあるものの，そもそも行
政学とは何かという点についてはよくわからない状態であるという認識にな
っている．そのような意味で，これら 3 者の整理法には限界ないしは課題が
あると言える．

　このような課題に応えるという点で西尾勝の整理を見てみよう．西尾は，
正統派と呼ばれる 1940 年代半ば以前の行政学については，十分な理解と評
価がなされていないことから改めて検討する必要を指摘している．そして，
アメリカ行政学を 2 段階か 3 段階かはともかく，徐々に発展し変化したこと
は指摘されてきたが，なぜそうなったのか，また行政学が変わったことによ
ってアメリカ政府の行政機能がどのように変わったのか，という学問と現実
の行政の関係をしっかりと結びつけて検討するということが必要ではないか
としている．

　そのような認識の下，西尾は行政理論と組織理論という 2 つの系統がずっ
と続いているのではないかとしている．政治と行政の関係などを検討したり，
社会における行政の役割や機能を検討したりするような行政理論がある．そ
して，行政は組織を通じて活動しているのでその行政組織を研究する理論も，
行政学の誕生から現在に至るまでずっと続いている．このように 2 系統に分
けて整理するのがより現実的で合理的ではないのかという考え方である．

　従来は行政学の展開を時系列で捉え，時期（時代）で分けていたのである
が，それに対して西尾は研究の内容で分けて検討することを提唱するという
発想の転換である．たしかに，1940 年代までの組織論や管理論の華やかさ
に比べると，今日の行政学では行政組織論や行政管理論はあまり人気がある
とはいえず，どちらかというと政治・行政関係や政策決定と行政の関わりな

どの研究が活発である．時代とともに行政学の関心が変わってきたことは実感できる．しかし，行政組織は現に存在し，行政活動の担い手であることに変わりはなく，その編成や管理に関する研究は少ないとはいえ行われているし，実際に行政実務から求められる知見や理論は組織編成や管理に関するものであることが多い．つまり，ある時期を境に研究が全く途絶えてしまったわけではないし，実際に必要されているのは行政組織論や行政管理論の研究成果であることが多いという現実があるのだ．したがって，行政学を専攻する筆者としては，西尾の整理の方に魅力を感じる．

　しかし，本章ではあえて伝統的な整理法に従って検討していくこととする．その中でもとりわけシンプルな1940年代半ば，言い換えれば第二次世界大戦までと大戦後という2区分の整理に基づいて検討していく．その理由は，第一に，本書が行政学の初学者あるいはそもそも行政学にはあまり興味がない人を念頭に置いているため，行政学者としての興味よりも読者にとってわかりやすい方がよいためである．時代区分をして，それに対応して行政学の内容が変わったという説明の方がわかりやすいはずだ．第二に，伝統的，一般的な説明を知ってもらう方が無難であるからである．実際，公務員試験における行政学の出題では，一般的な整理法に基づいた問題が多く見られる．

　アメリカ行政学の展開を2区分で整理すると，次のような特徴が指摘できる．まず，1900年前後に行政学として登場してから1940年代前半までの時期は，政治から切り離された行政というものを想定して，行政独自の理論や方法を研究しようとしたことが特徴である．そのため，この時期の行政学に対しては「政治行政二分論」とか「政治行政分断論」という名称が与えられている．本書ではこれ以降，この時代の行政学を「政治行政二分論」（繰り返し登場するときには「二分論」と略す）と呼ぶことにする．なぜ，政治と行政を分けて見ることが強調されたのかという理由や背景については後に見る．

　次に第二次世界大戦が終わった1940年代半ば以降は，政治と行政は深く関わっており密接不可分であるから一体的に捉える必要があるとの認識から，行政学でも政治の世界から切り離された行政などは存在しえないという前提

の研究が主流となった．したがって，「政治行政融合論」という名称が付けられることになった．本書ではこの呼び名を使う（煩わしさを避けるために「融合論」と略す場合もある）．

　政治行政二分論が，どちらかというと実態を無視して概念上で無理やり政治と行政を分けているので，政治行政融合論の方が実態に即しているといえるから，融合論が登場するのは自然の成り行きかもしれない．とはいえ，二分論がこの時期に融合論に取って代わられるにはそれなりの理由があるので，これについても後述する．

(2)　アメリカ行政学と時代背景

　アメリカ行政学は 19 世紀の末から 20 世紀初頭に登場したのだが，その理由を理解するためには，当時のアメリカの具体的な社会状況を見ておく必要がある．当時は，南北戦争（1861-65 年）が終わり，資本主義が発達しはじめた時期である．それ自体は経済という点では非常に望ましいことなのかもしれないが，さまざまな問題が発生した．人口集中による都市の過密，公衆衛生上の問題，あるいは雇用の問題などの社会不安につながる問題が発生し，政府にその解決が求められるようになっていたのである．いわゆる都市問題，労働問題などの解決に向けて，さまざまな課題が政府には投げかけられるようになったのである．また，資本の海外進出が進み，今でいうところのグローバル化への対応が既に必要となっていた．能率的で安定した行政を確立して，強固な連邦政府を築かなければならない，そういう政府がなければアメリカを安定させ，さらに発展させていくことが難しいという考え方が広がりつつあった．

　アメリカ建国以来の民主主義の基本的な考え方としては，政府に大きな権限を与えない，政府を強力にしないというジャクソニアン・デモクラシーが重視されていたが，資本主義の発展に伴ってさすがにそのようなことをいっていられないという状況であった．20 世紀までのアメリカの政府は，政治による行政のコントロールを重視しており，選挙によって選ばれた政治家が

公務員（行政官）を任命することが有効だと考えられていた．これが日本では猟官制と訳されるスポイルズ・システム（spoils system）である．この仕組みの下では，公務員になるためには，成績や能力よりも，政治家に好まれているとか政党や政治家に貢献することが重要となる．最もわかりやすい貢献は，選挙の時に票を集めるとか選挙資金を提供することである．このような状況では，当時必要とされていた政府の課題に応えるスキルの高い行政を確立することは困難であるのは明白であった．そこで，公務員制度自体を変えるべきではないかという考え方から，公務員制度改革の動きも見られたわけである．その成果として有名なものがペンドルトン法（1883年）の制定である．この法律は成績主義・能力主義に基づいて公務員を任用するメリット・システム（資格任用制）の導入を目指したものである．試験などによって能力があることを証明された人や競争によって能力がより高い人を採用したり昇進させたりすることを求めており，現代的な公務員制度を作っていくきっかけになった法律である．

　また，大都市部では「ニューヨーク市政調査会」活動などが活発に展開されるようになっていた．このニューヨーク市政調査会活動については，後の「能率」概念を検討する第5章で改めて説明するが，当時のニューヨーク市政を改革しようとする実践活動だった．ニューヨーク市でも，選挙に勝った市長が自らの仲間や友人を市行政の要職に任命する方式を採っていたのであるが，その結果としてニューヨークなどの大都市の行政が非常に停滞したり腐敗・堕落したりしていた．その市政を改革しようとしていたのである．

　新たな行政制度を生み出そうとしたり，現行の行政制度を抜本的に改革しようとしたりする場合には，それを正当化する知的・学術的な根拠が必要になる．たとえば，なぜ任命制ではなく成績主義を重視した公務員制度の方がよいのか，それによって何がどう変わるのかを理論的に説明できなければならない．そのような状況の下で，新しい時代の行政のあり方とその行政を確立するための理論的根拠を示す役割を担ったのが行政学だと考えられることが多いようだ．ただ，厳密にいうと，あるべき行政の姿とか，行政と政治の

関係を議論したのはほぼ政治学の範疇である．そこでの議論が収まり，政治とは区別された行政が概念上隔離された後に活発化したのが政治行政二分論に立つ行政学である．

(3)　政治行政二分論の基盤

　以上のような社会背景の中で，政治と行政を切り離して捉えることが政治行政二分論の特徴であるが，次にその基盤をなす考え方を概観しておこう．

　ウィルソンが行政研究の目的として，①政府が適切かつ有効になし得ることは何かを明らかにすること，②それをいかに能率的に実行できるかを明らかにすることの 2 つを指摘したことは有名である．そして，能率的に実行するために行政をビジネスの世界にたとえ，ビジネス界で発展している経営の理論や手法を参考にすることを打ち出したこともよく知られている．しかし，ここでは彼が指摘した次のことに注目しておこう．

　社会が単純であった時代は政府機能も単純でよかったのだが，そのような時代には人々や学者の関心は誰がどのように法律を作るかということに向けられていた．しかし，複雑な社会においては政府の機能が増大し，政府の組織を強化し能率的にその義務を遂行することが求められるため，それを可能にする「行政の科学」が必要となるとしている．これがまさに二分論の基本的な考え方である．政治が意思を決め，行政がそれを実行するということから，行政が政治の忠実な僕（しもべ）になるべきであるという理解が可能である．ただ，ここで忘れてはならないのは，実際には行政は機械的に単純な執行活動をしていると認識しているのではなく，行政は広範な裁量を行い，その際には行政自身が意志を持っていると考えられていることである．また，政治の発展は行政によって支えられているという認識もある．二分論という名称から，単純に分けて，行政の部分にのみ注目したように感じられるが，実は深遠な検討を踏まえているのである．その意味でもウィルソンは「行政学の父」と呼ばれるが，その研究の領域は政治学である．やはり政治学は行政学にとっての「母なる学問（Mother discipline）」なのである．

　ウィルソンと並んでアメリカ行政学の創始者的位置づけを与えられている
グッドナウの場合，より政治学としての議論を展開している．彼も政治と行
政の関係を論じているが，その前提に三権分立という考え方ではなく「二権
論」の考え方がある．すなわち，国家機能には国家の意思の形成とその執行
があり，意思の形成が政治だが，その執行は司法と行政が行っていると考え
るのである．また，国家の意思を詳細かつ具体的に決めることは不可能であ
るので，具体的な内容については執行に委ねられることも指摘されている．
いわゆる委任立法が想定されており，限定的ではあるが執行には立法機能も
含まれると考えられているのである．さらに，行政は集権的であることが望
ましく，行政の上級管理者に組織編成や運営・管理についての権限が与えら
れていることが必要であると考えられている．これは，政治が行政をコント
ロールする場合に，行政全体をくまなくチェックするのではなく，上級管理
者をコントロールすれば足りるようにするためである．

　このような考え方から，政治が行政をコントロールする場合，公平性や中
立性が求められる司法的機能（行政が行う場合は，一般には準司法的機能と
呼ばれる）には，政治は関与すべきでないとされる．また，行政自身がその
組織編成や内部管理などを行うことについても政治が関与することが否定さ
れる．国家の意思が忠実に執行されているかどうかをチェックするのが政治
の役割である．

　以上のようにグッドナウは，行政自体を解明することを目的としているの
ではなく，あくまでも政治と行政の関係を論じている．したがって，行政学
ではなく政治学ないし政治哲学としての議論である．ウィルソンが「行政学
の父」だとすれば，グッドナウは，行政学が誕生する際にいろいろと支援し
てくれた「親戚のおじさん」くらいの位置づけとなろう．

　政治行政二分論の行政学を生み出す上で重要な役割を果たしたウィルソン
やグッドナウは，当時のアメリカにおける新しい国家像，政府像，そして民
主主義のあり方を検討するものであり，政治的・社会的に大きな意味と影響
力を持っていた．学問として社会に対する貢献も大きかったと言える．ただ，

行政学から見ると，あくまでも政治学の中での議論であり，本当の意味での
独立した学問としての行政学は，彼らの後に続く研究者によって確立される
ことになる．とはいえ，二分論の行政学が登場するのは，アメリカの社会
的・政治的状況の中での必然でもあったといえる．

（4）　正統派行政学の確立と隆盛

　政治学の議論から生まれた政治行政二分論に立つアメリカ行政学を成長さ
せて「正統派行政学」と呼ばれる一学問領域として確立させたのはウィロ
ビーとホワイトであり，その絶頂期を担ったのがギューリック（L. Gulick）
であった．

　ウィロビーは，行政学者というより経営学者といった方がよいくらいで，
徹底的に経営学アプローチで行政の研究を行おうとした．彼はその著書『行
政の諸原理』において，最大の課題は政府の行政活動で経済性と能率を確保
することにあると述べ，行政を政治から自立させることが必要だとしている．
そして，行政と私経営には根本的な違いはないと考え，私企業で追求されて
いる経済性と能率と同等のものを行政でも追求できるし追求すべきだとした．
そのために行政の組織と手続きについて科学的な諸原理を確立することを提
唱し，総務，組織，人事，物資・施設，財務の5つに分けて原理を示してい
る．

　そして，ホワイトが行政学最初の体系的な教科書となる『行政研究入門』
を著したことでアメリカ行政学が独立したひとつの科学として成立したと見
なされている．彼は，行政とは国家の目的を実現するために行われる人と物
の管理と捉え，管理は能率的に行われなければならないと考えた．そのため，
行政の研究は法律を基礎とするよりも管理（management）を土台として進
めるべきであるとしている．

　このように，国家の目的の実現や国家意思の執行に関わる活動という政治
から切り離された行政の領域は，ビジネスに近いものであり，行政は政治に
よって左右されるのではなく，自分自身を自己完結的にコントロールするも

のとされた．そして，当時急速に発展していた資本主義の担い手であるビジネスの世界で影響力があった管理の科学の考え方や手法を，行政の世界にも導入しようとしたのが大きな特徴である．そのような考え方は，行政学という学問を何とか独立させようとしたからというより，当時のアメリカ社会がそのような理論体系を求めていたことから生まれた．

(5) 政府の機能の強化と行政学

　行政学が深く関わったニューヨーク市政調査会活動は，都市政治や都市行政の改革を目指した実践活動に結びついていた．このような活動はニューヨーク以外の都市にも広がったが，あくまでも地方の動きであった．しかし，行政学は連邦政府においても政府の改革の動きに関わりを持つようになった．当時のアメリカの連邦政府では，大統領の権限を確立して政府をより能力の高いシステムに変えていくことが求められていた．行政学は，連邦レベルと地方レベルの双方で実践活動と結びついた理論ないし学問という性格を持っていたのである．

　連邦政府での改革に関して辻清明は，連邦行政機能の改革は第 27 代大統領のタフト（W. Taft）以来続いてきたが，その後にもっとも大きな影響を与えたのはローズベルト（F. Roosevelt）大統領の行政機構改革案であるとしている．そして，ローズベルトの改革の理論的基盤になっているのが，行政管理に関する大統領委員会の報告書の資料である「行政科学に関する論文集」であった．その意味で，この改革案が議会に提出された 1937 年頃が，政治行政二分論の絶頂期だと言われている．

　この改革案は，大統領が連邦政府を管理していく上での武器として大統領府を新たに設置するべきだというような提言をし，たしかに連邦政府の改革に非常に大きな影響を与えた．そして，上記の論文集の取りまとめでは行政学者であるギューリックが活躍したのである．彼は，行政研究（行政学）ではなく POSDCORB と称することで，行政学の研究すべき対象が何かが明確になると考えていた．POSDCORB とは，大統領や行政長官などの上級管理

者が果たすべき主要な管理機能の頭文字をとった造語である．具体的には以下の通りである．

P=Planning（企画・計画）

O=Organizing（組織化）

S=Staffing（人事）

D=Directing（指揮）

CO=Co-ordinating（調整）

R=Reporting（報告）

B=Budgeting（財務・予算作成）

　これらの機能を上級管理者が有効に発揮できるようにするための組織編成や管理手法を探求することが行政研究の目的であり役割であると考えたのである．

　このように，政治行政二分論は1930年代の終わり頃から40年代前半に連邦政府や大統領にも影響を与えるほどの大きな学問的成果を上げていた．まさに絶頂期だったのである．絶頂期を迎えたということは，その後は衰退するであろうことは容易に想像がつく．実際，多くの人々は，政治と行政が峻別できるということがいかにフィクションであるかということが明らかになる社会環境を目の当たりにするのである．アメリカではローズベルト大統領が展開したニューディール政策によって，政府による積極的な公共投資が，不景気や失業の問題を解決することに注目が集まった．実のところ，ニューディール政策がどこまで効果的であったかについては意見が分かれているが，政府が社会や経済に対して積極的に働きかける役割を果たしたことは間違いない．そのような政府機能を果たすために，行政は単に政治の決定を待ってそれを実行するという役割にとどまるのではなく，大統領の下で行政が政策を決め，実施するということが日常化した．当然，さまざまな利害調整や政治的交渉を行政が担うことも増えた．また，その後の第二次世界大戦の戦時下では，大統領に大きな権限が集中し，大統領が行政長官としてさまざまな決定を行っていくことが増えていった．

大統領や自治体の長は，選挙で選ばれた政治家であるから，行政の中に政治的要素が完全にないということはそもそもあり得ないのであるが，議会ではなく行政組織において実質的な利害調整や交渉が行われることが多くなったことが特徴である．そのような政治的・社会的環境の変化を受けて，行政学においても政治行政二分論に対する風当たりが強くなってくる．そして，徐々に台頭したのが政治行政融合論である．

3. 行政学の今とこれから

(1) 正統派行政学に対する批判

現代のアメリカ行政学が政治行政二分論から始まったことは前述の通りであるが，それゆえ当初の行政学といえば二分論であり，行政に共通する一般理論や原理の追求こそが行政学の主要な研究テーマであると考えられていた．したがって，そのような行政学こそ正統派であり主流ということになる．それに対して，そもそも政治から切り離された行政を想定すること自体が実態を無視しているとか，およそ原理といえるようなものは解明できていないというような批判が出てきた．これらは，しばしば正統派批判といわれる．以下に，代表的な批判を見ておく．

サイモンの批判

サイモン（H. Simon）は，1946年に「行政のことわざ（The Proverbs of Administration）」と題する論文を発表している．その中で，正統派行政学が打ち出したさまざまな原理は，世間一般で使われている「ことわざ」程度のものに過ぎないと指摘している．彼は，ことわざは既に決定したことや現に行っていることを正当化するときには便利なものであるが，科学的議論の基礎とすることには問題があるという．なぜならば，ことわざには常に相反する意味をもつものが存在しており，常に妥当な正解が示されているわけではないからである．したがって，原理は，代替案の中からどれを選ぶかを決め

るときには何も示してくれないのである．たとえば，学校は，教育機能を発揮するために教育に関連する人と施設・設備を集約した組織であるが，そこにも会計事務担当者がいる．「命令一元化」の原理があるため，この会計事務担当者は，教育者である校長の部下となり，財務会計の専門性を持っていない校長の指揮命令を受けることになる．その結果，行政の財務部門は学校の会計事務担当者に財務会計に関することであっても直接命令することはできなくなる．実態としては，学校の事務部門には校長以外から指示が出ている．組織を編成する原理といいながらも，曖昧さや矛盾をはらんでおり，原理に沿って理想的・合理的な組織が編成できるわけではない．それゆえ，サイモンは，明確に定義された概念を使って事実のみを論理実証的に検討することが必要であるとする．

ダールの批判

　ダール（R. Dahl）は，1947 年に発表した論文「行政の科学（The Science of Public Administration）」の中で，正統派の行政学は価値の問題を無視している，人間が非合理な行動や無意識の行動をとり，社会とさまざまな関係を持っていることを配慮していない，行政には社会との関係が常に存在しているにもかかわらず，行政活動の社会背景には目を向けていないという 3 点を問題とした．それゆえ，ダールは，正統派の時代の行政学が無視ないし軽視してきたこれら 3 つの要素に真正面から取り組むことが行政学の課題であるとした．正統派行政学においては，原理を探求する「科学」となりうるために政治と行政を切り分けたのに対して，ダールは全く逆に，行政が社会規範，価値，あるいは社会にどのように関わりを持つかというきわめて政治的な性格が強い側面に注目してこそ科学化が可能であると主張しているのである．

ワルドーの批判

　ワルドー（D. Waldo）は，『行政国家（*The Administrative State*）』を著したことで知られるが，正統派行政学が追究した能率概念そのものに価値がある

わけではなく，能率という純粋概念を追究することに意味はないとした．そして，何のための能率かということが重要であるとし，機械的能率と規範的能率を示した（第5章の能率についての説明を参照）．また，正統派が追究した「原理」についても，それが原理という「高次の法」に従うことでよい社会が実現するという規範概念となっていることを指摘している．そのことが，行政学が一般的で普遍的な原理を追究することにつながり，結果として，現実社会を直視することを阻害してしまっているとした．そのため，彼は，行政学は母なる学問である政治学に立ち返るべきであると考えていた．

アップルビーの批判

一連の政治行政二分論批判の総仕上げのような位置づけになるのが，アップルビー（P. Appleby）が1949年に出版した『政策と行政（*Policy and Administration*）』である．タイトルからもわかるように，政策と行政の関係に注目し，行政は政策形成を行っており，それは政治過程の一部であることを指摘している．そして，政治と行政の連続性を強調している．このような主張は，アップルビー自身がニューディール政策に関わった行政官としての経験に基づいているので，きわめて現実的である．行政が政策形成の機能を担っていることを指摘しているので，のちの機能的行政学という呼び方を生み出すことになった．前述のように，辻清明は，政治行政二分論を前提とする正統派行政学を「技術的行政学」，正統派批判以降の政治行政融合論に立つ行政学を「機能的行政学」と呼んで整理している．

(2) 現代行政学の模索

世の中には正統派や主流派が批判をうけ，勢いを失ったり中枢から引きずり下ろされたりすることは少なくないが，問題はその後である．新たな勢力が主流派となり，新たな秩序ができれば安定は確立するのであるが，新たな主流が生まれないと混乱・混沌が続いてしまう．現代行政学は，1940年代に正統派が批判を受けたあとに，新たな主流が生まれないまま現在に至って

いる．ワルドーがいうように，母なる学問である政治学に立ち戻ったのはよいが，政治学の中のそれほど大きくない一部分になってしまった感も拭えない．そのため，そもそも行政学とは独自の学問としての存在意義があるのかという疑問が生じ「一体性の危機（Crisis of identity）」が叫ばれることもあった．

　そのような中，行政学の進むべき道を模索する動きもあった．それは1970年代にマリーニ（F. Marini）やフレデリクソン（H. Frederickson）たちによって提唱された「新しい行政学（New Public Administration）」運動である．ワルドーの考え方に影響を受けていることもあり，行政と社会との関係を重視し，行政が社会環境に柔軟に対応すること，ベトナム戦争の影響で経済の疲弊や貧困が大きな問題になっていたことから社会的平等・公正といった価値を重視していたことが特徴である．ただ，行政学としてとりわけ重要なことは，社会を変革していく主体として行政官の役割の重要性を指摘していることである．社会的に有意義な価値を実現することに対して，行政の積極的な関わりが求められることになるのである．

　「新しい行政学」運動については，フレデリクソンの著書が翻訳されたこともあり，1980年代後半に日本国内でも盛り上がるかと思われたが，実際にはそれほどインパクトを与えたとはいえない．「新しい行政学」運動を引き合いに出し，今里滋が自治体職員の役割は世直し・人助けに邁進することだとしているのは，数少ない具体的な参照例である．社会の平等・公正，世直し・人助けの具体的内容については必ずしも自明のことではないので，その議論を深める必要があるものの，行政の実現すべき価値を明確にして，それを実現できるように行政学の基礎概念を再構成することによって，行政学のアイデンティティを見いだす余地があるのではないか．組織編成や行政管理のあり方，能率の向上，政策決定や政策実施のあり方などを考えるときに，行政が社会とどのように関わっているか，社会環境にどのように順応するのか，そして社会の公正・公平を実現するために行政はどうするのかということを念頭に置いた研究を行うのである．

　そのためにも，以下の第 4 章から第 10 章において，これまでの行政学の主要な研究対象を紹介し，行政学は何をどのように研究したのかを検討することを通じて今後の研究の課題を探ることにする．

　一方，行政学における研究がもっぱら政治学的になり，新たな手法や理論が開発されていないわけではない．政治行政二分論の時代とは異なる意味合いで科学的な分析手法を追求しようとする研究も生まれている．経済学の分野には，心理学や実験手法を応用した行動経済学があるが，同様に行政学でも行動行政学という新しい方法論も提起されている．市民の満足を高めることは行政の重要な目的であるが，市民の満足度は何によって決まるのか，市民の満足を高めるために行政はどのようなアプローチ（典型的には行政からの情報提供）をするべきなのか，などについて主として数量分析などを使って解明しようとするものである．行政学の新たなテーマと方法論であると思われるが，日本では野田遊などの数少ない研究者によって取り組みが始まったばかりであるので，今後の展開に注目したい．

第4章
官僚制を解明しようとする努力

1. 現代の官僚制

(1) なぜ官僚制に注目するのか

官僚制は，政府を実質的に支配している巨大な統治機構を指す言葉である．それゆえ，官僚制が市民に直接，間接の影響力を持つことになる．このような重要な意味を持つ官僚制を知り，官僚制が政治や社会・経済で果たしている役割や機能を明らかにすることが重要になる．とりわけ，官僚制が政府内で持っている大きな権力や影響力はいったいどこから生まれているのかを明らかにすることは，官僚制に対する市民の有効なコントロールを探るためにも重要となる．行政学はこれらの明らかにすべきことがらについて，どこまで成果を上げているのだろうか．たしかに，官僚制論は行政学の中で大きな比重を与えられている．行政学の教科書には官僚制について相当数のページが割かれているのが普通である．しかし，その内容をよく見てみると，行政学のオリジナルというより政治学や社会学の研究成果を紹介していることが大半である．行政学独自の貢献や，行政学ならではの官僚制研究はそれほど多くはないが，後に見る公共政策と官僚制の関係についての分析においては，行政学らしさが少し感じられるかもしれない．

今日，官僚制に対する一般的なイメージはあまりよくない．権威的，杓子定規，事務的というのが官僚制に対して多くの人が持っているイメージであろう．それゆえ，批判や改革の対象になることが多い．ただ，官僚制の実態

を十分に理解しないまま批判しても，たまたま気づいた表面的な問題点だけ
を取り上げることになるかもしれない．本当に改革をするためには，官僚制
の構造や機能を知っておく必要がある．したがって，学術的に官僚制を検討
することが重要になるのであるが，その際にはネガティブな先入観を持って
官僚制を見ることにならないように気をつけなければならない．このことは，
行政学に限らず，また官僚制研究に限らず，社会科学として社会の事象を研
究対象とする際に心がけなければならない点である．

　さて，そもそも官僚制とは何かについて検討しておこう．一般にいう官僚
制は，政府を構成する公務員集団を指している．しかし，官僚制研究におい
ては，研究対象を政府の官僚制に限定しているわけではない．巨大な組織で
はピラミッド型（階統制型）の組織が形成されている．この巨大なシステム
を安定的に整然と機能させ，組織の目的を達成するためにそれに合った管
理・統制の機構が必要になるが，その機構が官僚制なのである．その限りで
は，政府も民間企業も基本的には大きな違いはない．アメリカ社会学におけ
る官僚制研究の多くは，民間企業を対象に研究されてきたのが実情である．
つまり，巨大な組織には，必然的に官僚制が登場することになるのである．

(2)　ウェーバーの官僚制論

　官僚制研究を論じるときに忘れることができないのがウェーバー（M. We-
ber）である．前述のように大規模組織であれば官僚制が登場すると考えら
れるのであるが，その中で最も強力で社会に対する影響力の大きさで群を抜
くのが政府組織における官僚制，すなわち行政官僚制である．それゆえ，官
僚制研究では行政官僚制を取り上げる重要性がある．そして，行政官僚制を
検討するのであれば，統治活動の文脈の中で理解する必要が出てくる．

　ウェーバーの官僚制論を理解する上でも，彼の支配についての議論を前提
しなければならない．すなわち，ウェーバーの支配の3類型である．権力者
（支配者）が，軍隊や警察などの物理的強制力を使わなくとも支配を安定的
に継続できるようになる理由として，次の3類型を示した．第一に，家父長

が支配する伝統的支配，第二に法令に基づいて行われる合法的支配，そして第三が特別な才能を持つ人物が支配するカリスマ的支配である．ウェーバーによれば，近代官僚制による支配は，最も典型的な合法的支配の形態である．

ウェーバーの官僚制論においては，2 つの官僚制の類型が示されている．「家産官僚制」と「近代官僚制」である．家産官僚制は，支配の 3 類型における伝統的支配の中で生まれる官僚制である．古代エジプトや古代中国，ローマ帝国，あるいは中世の封建制社会における官僚制も該当するが，典型的には強固な行政機構が整備された絶対王政の下での官僚制が挙げられる．外形上では現代の官僚制の原型となっているといえる．もっとも，この時代の官僚制は，君主の絶対的支配権を背景に支配を行う役割を担う，君主のための支配装置であった．また，官職は原則として世襲で，身分・家柄と官職が連動していた．このように，現代の官僚制とは性格や機能が大きく異なる．したがって，今日の行政学で官僚制を検討するときに意味があるのは，近代官僚制の方である．

ウェーバーが指摘する近代官僚制の特徴は以下のように整理できる．

・権限が規則によって明確に規定されており体系化されている（権限の原則）．

・職務執行は規則に基づいて行われる．

・階統制（ヒエラルヒー）を形成し，上下の命令・服従関係が明確に定められている（階統制の原則）．

・業務は口頭ではなく文書に基づいて処理されなければならない（文書主義の原則）．

・業務遂行の場所，業務に必要な設備や機器・物品と私有物は明確に区別され，それらは所属する組織から支給される（公私分離の原則）．

・訓練によって取得された専門性に基づいて分業して業務が遂行される（専門性の原則）．

・官僚は，専業として業務に従事する（専従の原則）．

・能力に基づいて任命によって職につき，昇進も制度化されている．原則

として終身職である．

・貨幣によって給与が支払われる．退職後も貨幣による所得保障（恩給や年金など）が設けられる．

　これらの特徴は，古いタイプの家産官僚制と大きく異なり，業務遂行において正確性，迅速性，明確性，継続性，慎重性，統一性などが確保されることにつながる．そして，官僚たちは文書や規則に精通しており，厳格な命令服従，摩擦の防止，費用の節約を実現することができるのである．このように，官僚制は技術的な意味で優秀であり，「非人格的」に業務を処理することを可能にする．ここでいう「非人格的」とは，業務に感情や情実を差し挟まず，合理的かつ公平な活動を行うことであり，「非人間的」ということではない．

(3)　近代官僚制論の受け止め方

　以上のような説明からすると，ウェーバーは官僚制を理想と考え，無批判に受け入れているように感じられるが，それは早計である．彼は，多くの書籍を著しているが，その中では官僚制の実態に対する批判を明確に述べている．したがって，ウェーバーの官僚制を理解する上で重要なことは，近代官僚制の諸特徴は理念型として示されていることである．つまり，実在する官僚制を実態的に分析し記述したというよりは，論理的に考える最も典型的な近代官僚制の姿が示されているのである．理念型を明確にすることは，医学系の研究でいえば，通常の健康状態の身体の構造や機能を解明する生理学にあたるものである．生理学が発展しないと，病的な状態を特定し，その原因を解明する病理学が成り立たない．そのような意味で，ウェーバーの官僚制論に注目する価値がある．

　とはいえ，ウェーバーが近代社会にとって必要と考えた形式的合理性を追求すればするほど，実質的には非合理な現実が生み出されてしまうという皮肉な結果になることも事実である．このような，官僚制が持っている実質的な非合理性のことを，官僚制の「病理的側面」とか「逆機能」という．それ

らをまとめると，次の5点が典型であろう．

①訓練された無能力

　官僚制においては，職務の遂行は規則に基づいて行われなければならないため，官僚は規則にしたがった行動を繰り返すことによって職務遂行能力を高めることになる．その結果，通常とは異なる事態に対しては対応能力が低くなり，サイモンがいう「問題解決行動」が十分にできなくなる．このようなよく訓練され，通常のルーティン業務には強いが，それ以外については無能力と言える状況が生じることを「訓練された無能力」という．

②目的の転移

　規則の順守を徹底していくと，規則を守ること，規則通りに行動することが目的になり，本来の組織目的が二の次にされてしまうことを指している．

　権限規定に基づいた職務遂行は，規定からの逸脱を避けなければならない．そのため，定められた通りの手続きで仕事が進められる．また，階統制の原則にしたがえば，個々の官僚は上司の命令に従って行動しなければならない．その結果，官僚個人の人格や好みが入り込む可能性が小さくなること自体は，ウェーバーが指摘するように職務遂行における非人格性が実現できる点で評価できる．しかし，このような職務遂行は，見方をかえれば杓子定規であるし，人間的な温かみに欠けることになる．市民は，官僚制に対して公平性や能率性を要求する一方で，自分に対応する官僚に対しては臨機応変で融通の利いた対応を要求するものである．

　また規則には従うが，規則から外れることや規則に書かれていないことについては対応しようとしなくなることにもつながる．いわゆる「法規万能主義」は，このような規則への同調が生み出していると考えられる．組織の中での不文律の規則になっている前例に従って行動することは「前例踏襲主義」につながる．

③繁文縟礼（red tape）

　「文書主義」に基づく職務では，指令・命令や決定はすべて文書によって行われなければならないため，文書（書類）が増える．それに加えて文書の

重要性が強調されることから，文書の書式や形式が重視されるようになる．その結果，些細な事にも膨大な書類を作成したり保管したりするようになる．英語の「red tape」は，文書を赤い紐で束ねていたことに由来すると言われている．

　新型コロナウイルス感染症がこれまでの常識を変えたことから，役所の手続きにも変化が見られる．それでもなお，役所では何枚もの書類を書かされ，減ってきたとはいうものの押印を求められることもある．企業が許認可を得るために役所に提出する書類になると，厚さが数十センチにもなるということは珍しくない．そのような書類を作成するコストが民間を圧迫しているという批判がしばしばなされている．民間の書類作成のための負担を軽減することもいわゆる規制緩和の一種である．

　④割拠主義（departmentalism）およびセクショナリズム（sectionalism）

　権限の原則に基づいて職務を遂行するため，権限に関わる仕事はするが，権限のないことには関与しない．行政組織相互で相手の権限を尊重し，干渉しないようにする暗黙のルールが存在するが，まれに権限の侵害があると猛烈に抵抗することになる．逆に，新しい分野でまだ権限の所属が確定しない場合には，しばしば権限の争奪戦が生じることにもなる．このような割拠主義は，中央省庁レベルだけにとどまらず，都道府県，市町村に至るまで浸透しているため，縦割行政を助長することにつながる．

　官僚制のもとでは，官僚は身分保障をうけ長期間にわたって職務に従事する．また，厳格な階統制型組織の上下の関係が明確に存在し，その中で順次昇進していく．このような環境は，組織（職場）に仲間意識や共通利益を生む．その結果，組織の利益が優先され，組織に対する忠誠心は高まるが，市民への視点や配慮が弱くなる．このように，所属する組織にばかり目を向け，他からの干渉や侵害を拒むことをセクショナリズムという．日本ではセクショナリズムを割拠主義と訳すのだが，両者は密接に関わっているものの厳密には意味するところに違いがある．

　⑤秘密主義

　大規模化，専門分化した官僚制が職務を遂行するにあたって，一般の素人にいちいち説明し情報を提供することは能率的ではないと感じられる．また，法令に基づいた権力的活動は，そもそも公開になじまないという認識が一般的である．さらに，官僚制の職務遂行の特徴は匿名性（具体的に誰がいつどのように関わったのかが明確にされない）にあるため，職務遂行のプロセスを公開することは，官僚制的職務遂行と根本的に馴染まないと考えられることも少なくない．このようなことを背景として，官僚制には秘密主義が生じる．秘密主義が汚職などの不正や腐敗の温床になることは想像に難くない．そして，そもそも行政の持っている知識や情報が，市民のものであって行政のものではないという基本的な認識の欠如につながることが問題である．

（4）　アメリカ社会学における官僚制論

　上に述べたような官僚制の病理的（逆機能的）側面が生まれるメカニズムを理論的に明らかにしたのがマートン（R. Merton）である．上に示した官僚制の病理的側面の大半は彼が整理したものである．そして，マートンの指導を受けたり影響を受けたりした研究者が多いアメリカ社会学は，ウェーバーの官僚制論（その中の理念型）を批判したといわれることもあるが，実際には単純に批判をしていたわけではない．

　マートンの弟子に当たるグールドナー（A. Gouldner）は，官僚制には上から定められた規則によって組織管理が行われる「懲罰官僚制」と，関係者（当事者）の合意に基づく規則によって組織管理が行われる「代表官僚制」，そして外部の人たち（第三者）によって作成された規則が当事者に無視されているような「疑似官僚制」の3つの形態があるとしている．そして，代表官僚制においては，一定の条件の下では病理的側面を生み出さないこともありうると指摘している．

　同様にマートンの指導を受けたブラウ（P. Blau）によれば，階統制的機構の官僚制の中にもインフォーマルな集団が発生し，その集団が官僚制メンバーの安定した関係を維持するように働く場合には，官僚制の病理的側面が

表出しないこともあるという.

　一般にアメリカ社会学における官僚制論は，たしかに合理性を追求することが実質的非合理性を生み出すことを指摘しているが，官僚制はとにかく非合理な存在になるということを言っているわけではない．また，ウェーバーが理念型としての近代官僚制の合理的側面を指摘したことが間違っているという批判を目的にしているわけでもない．そもそも，ウェーバー自身が，官僚制が必ずしも合理的であるとは限らないことを指摘し，官僚制を批判していることからすれば，アメリカ社会学はウェーバーが取り立てて明らかにしていない官僚制の非合理な部分，つまり逆機能や病理的側面を理論的，体系的に検討したのである．そうだとすると，ウェーバーとアメリカ社会学は対立関係ではなく，むしろ補完関係であると見た方がよい．少なくとも，行政学として官僚制をより正しく深く理解するためには，両方の研究成果を参考にすることが有益である．

2.　現代行政における官僚制

(1)　官僚制と政策の関わり

　主に社会学における官僚制論を概観したが，次に現代行政において官僚制がどのような権力や影響力を持っているのかについて検討する．

　日本では政策を実質的に官僚制が決め，政治家のリーダーシップが機能していないという官僚主導の政治が問題とされることもあるが，それでも官僚制の本来的な役割は，議会や選挙によって選ばれた行政長官たる政治家（大統領，首相，知事，市町村長など）によって公式に決定された政策を実施することである．そのため，官僚制が存在しなければ政策はまったく結果を生み出すことができない．政治家が素晴らしいビジョンを示しても，あるいはカリスマ的な指導者が政策に対する民衆の支持を集めたとしても，官僚制がなければそれらを実現することはできないのである．その結果，官僚制は政策の実施過程で直接，間接に大きな力を発揮することが可能となる．したが

って，官僚制がどのような力や影響力を持つのかを検討するのなら，まず政策の実施過程における官僚制の実態を見る必要がある．

　しかし，今日の官僚制は政策実施を担っているだけではない．現代国家を行政国家と呼ぶことからもわかるように，政治が政策のすべてを決めているのではなく，官僚制が実質的に決めていることが多い．政策決定においても官僚制の役割や影響が大きいのである．前述のように，日本の場合はとりわけ官僚制の力が強いといわれている．制度上は官僚制に最終的な決定権が与えられていないとしても，政策の決定過程における官僚制の実態も検討しなければならない．

　このように，今日の官僚制を実態的かつ動態的に理解しようとするなら，政策と関連づけて検討することが有効である．

(2)　政策決定過程と官僚制

　一般的な政策過程の捉え方では，社会に存在する諸問題の中から政策として対応すべきものを抽出する「政策課題の設定」の段階から始まり，選ばれた政策課題に対してその解決策を作成する「政策形成」ないし「政策代替案の作成」，議会や長による正式の決定手続きとしての「政策決定」の段階があると考えられている（詳しくは第8章を参照）．以下に，これらの政策過程の各段階それぞれにおける官僚制の関わりを見ておくことにする．

政策課題の設定と官僚制

　政府に解決を求められている問題は，社会に無数に存在する．しかし，政府は資源の制約があるため，そのすべてを取り上げるわけにはいかない．実際には，大半の問題は政府によって無視ないし放置されているのであるが，政府によって政策課題とされるものもある．政策課題になるかならないかは，問題に直面する当事者にとっては死活問題である．したがって，政策課題の設定の段階で自らに有利になるような活動が展開されることになる．それはまさに政治過程そのものであるので，主要なアクターは政治家や利益集団な

どの政治的活動をする組織・団体である．しかし，今日ではさまざまな政策が既に展開し，まったく新しい分野の問題というのは珍しいため，既存の政策に深く関わっている官僚制の理解と協力がないと政策課題のリストに載せることは難しい．官僚制は，日常的に政策を扱っているので，関連する知識・情報，経験を蓄積している．このことは大きな強みである．その結果，市民はそもそも何が問題であるのかという問題認識から，問題の原因・背景が何かを知るためにも，官僚制に依存せざるをえなくなっている．近年，マスコミのニュース報道の多くが行政発表情報を伝えているだけになりつつあるため，事態はより深刻である．

　既存の政策が多数存在するということは，その政策をめぐって「政策コミュニティ」が形成されている可能性が高い．政策コミュニティとは，政策分野ごとに官僚，対象集団，政治家などの関係者が日常的に密接な関係を構築した結果，相互依存が強くなり，その分野の政策の決定や実施を実質的に独占したり支配したりしているような小社会をいう．たとえば，規制する側の行政機関と規制される側の業界は，本来なら利害が対立するのだが，実際には共通の利害が生み出されていることが少なくない．両者に影響力を持とうとする一部の政治家も，そこに深く関わってくる．この政策コミュニティを日常的に運営しているのは官僚制であるため，そこで新たな政策課題を設定しようとする場合には，官僚制の認識や価値観が大きく影響することになる．

政策代替案の作成と官僚制

　政策代替案の作成は文字通り政策案の企画・立案の過程である．従来から，政策案を行政が作成していることはよく知られていた．政策案を作成するためには，能率性と有効性を追求する側面と，政治的・行政的実行可能性を考慮する側面との間でうまくバランスを取らないと現実的な案にならない．経済面での合理性を追求する上での専門知識や能力を有しているのはもちろんのこと，政治的支持を集めることができるかとか，政策実施関係者に歓迎されて実際に実施が可能かを判断できる能力も必要となる．経済的に最も安上

がりと考えられる案でも，政治家の理解が得られるか，対象集団の協力が得られるかという面で採用できるとは限らないのである．そこで，政策に関する理論や情報を必要とするだけでなく，多くの経験知が求められる．その点では，官僚制は，政策に長く携わることを通じて得た経験と知識，そして政界や財界との間に築いた人的ネットワークと情報網を持っていることから有利な立場にある．

(3)　政策実施過程と官僚制

官僚制の本来の役割としての政策実施

　官僚制が政策課題の設定や政策代替案の作成段階で大きな力を有していることを述べたが，官僚制の一番中心の役割は政策実施であることはいうまでもない．実際，政策は官僚制によって実施されなければ，具体的な成果や効果を生み出すことができないのであるから，政策過程全体での権力を獲得する上で政策実施過程における官僚制の役割はきわめて重要である．政策実施において必要な能力や資源としては，おおむね次の2点が挙げられる．

　第一に，政策実施には多くの人員を必要とするため，それに対応できるだけの組織力が必要になる．政策は広い範囲の多くの人や組織を対象としていることが一般的である．たとえば，健康保険制度を考えてみると，皆保険を前提とする日本の場合は，すべての人が制度の対象となる．そして，全国の医療機関や薬局なども対象になる．広い範囲に多くの関係者が存在し，大きな額の金の動きを管理しなければならない．これに対応できるだけの組織を有しているのが官僚制である．もっとも，国の官僚制だけが政策実施に対応しているわけではない．実際には自治体に政策実施を依存していることが多く，国民健康保険は市町村が運営している．しかし，国の官僚制は自治体行政をコントロールする体制を構築しているので，本来はひとつの階統制ではないにもかかわらず，あたかも一体的に動けるような体制ができあがっている．国と地方を通じて，擬似的な巨大組織になっている．いわゆる「縦割り行政」はその結果である．真の地方分権を進めると，この体制が崩れるおそ

れがあるので、官僚制が簡単に地方分権を進めようとしないことは容易に想像できるだろう.

　第二に、政策を実施するためには2種類の専門能力が必要である. ひとつは、法令解釈や法令運用能力といわれるものである. 一般に法令用語は難解であるといわれているが、それを理解し使いこなすことが必要である. ただ、用語の理解だけなら、法律の勉強をすれば済むことであるが、座学だけでは対応するのが難しいことがある. 法令の多くはあくまでも枠組みを定めているに過ぎないので、それを具体的な事例に適用する必要がある. これらは、官僚制がもっとも得意とする仕事である. 官僚になるためには法令に関する基礎的な知識を会得していることが求められるので、新人であってもそれなりに専門性が高いといえる. しかし、より重要なことは、官僚制は、長期にわたって法令を運用することで多くの事例に接し、知識と経験を積むことによって専門性を高めることができる点である. 官僚制には、日々、専門性を高めるメカニズムが備わっているのだ.

　もうひとつは、政策分野ごとに必要となる特定の（特別な）専門性である. たとえば、医療に関する政策を展開しようとすると、医学、薬学、看護学などについての専門知識が必要になる. 道路の建設や整備に関わる政策であれば、土木工学、交通工学などの専門知識が求められる. このような専門性は、その政策分野に関わる業務を担当する場合に必要になるので、すべての官僚に等しく要求されるものではない. そのため、医学や工学といった専門教育を受けた者を一定数、採用することで専門性を確保している. 同時に、日常的な業務を通じて実務に必要な知識にさらに磨きをかけている. 実務経験や現場経験は、研究者にはない専門性を高めることも可能にする. その結果、官僚制は組織として学界でも尊敬をされるほどの高い専門性を維持することが可能となっている. これも、官僚制が巨大組織であることが大きく貢献している.

　40年ほど前までは、行政学も政治学もあまり政策実施過程に関心を寄せていなかったため、実施過程における官僚制の影響力が十分に解明されてい

なかった．また，官僚制が実施過程から権力を獲得しているメカニズムも明らかになっていなかった．その意味で，政策実施研究は非常に重要な役割を持っているので，第 10 章で詳しく検討する．

第一線の官僚制

官僚という言葉の持つイメージは人それぞれであるが，中央省庁で政策形成に関わり，有力政治家や財界人とのつながりもあるようないわゆる高級官僚とかエリート官僚としてイメージされていることも少なくないだろう．たしかに，そのような高級官僚が政治に深く入り込み，官僚主導の政治が展開されるようになった面は否定できない．しかし，前述のように官僚制は階統制型の機構であるから，頂点から末端（第一線）までの全体が官僚制なのである．階統制の上の方だけを見て官僚制を論じるのは不十分である．しかも，実際に市民が官僚制と接するのは末端部分で仕事をしている官僚たちである．そこで，官僚制の末端部分に注目すると，官僚制が社会にどのように影響を与えているのか，なぜ官僚制が大きな権力を獲得したのかなどが，より鮮明にわかるようになる．

このような問題意識で官僚制を検討したものとして有名なものが，リプスキー（M. Lipsky）の著書『第一線官僚制（*Street-level Bureaucracy*）』（邦訳書名『行政サービスのディレンマ』）である．リプスキーは階統制の末端に当たる現場で，おもに政策実施活動に携わっている人たちを「ストリートレベル官僚制（street-level bureaucracy）」と名付けた．直訳すると「街頭官僚制」となるが，これではさすがに意味がよくわからないので，「第一線官僚制」または「現場官僚制」などと訳されている．

第一線官僚の具体例としては，公立学校の先生，福祉事務所のケースワーカー，あるいは交番勤務の警察官などが挙げられる．社会一般ではこのような人たちをあまり「官僚」とは認識していないだろう．最近の小学校の先生は，児童と友達のように親しい接し方をしていることも多いので，およそ「官僚」のイメージには合わない．しかし，官僚制という巨大な階統制を想定す

ると，公務員である公立学校の先生たちは，文部官僚制の末端部分に位置づけられていると見ることもできる．もちろん，初等中等学校の大半は自治体が設置運営しており，教員の身分も地方公務員となるため，形式的，表面的には文部科学省の職員で構成される文部官僚制に属しているとはいえない．しかし，実態としては教育制度の枠組みや教育内容については国の統制が行われており，全国一律の制度の下で指導要領に基づいた教育が実施されているのである．それゆえ，文部科学省の教育政策は，全国の公立学校を通じて実施されていると見ることができ，その実施の現場を担っているのが公立学校という現場に立つ先生たちなのである．たとえば戦前，戦中の学校教育では，国の方針に従って軍国主義教育を行っていた．現場の先生たちは，指示や命令に従って忠実に業務を遂行しただけだと考えていたかもしれないが，軍国主義的な国の方針は現場の教員を通じて社会に浸透していったのである．

第一線の官僚たちが大きな権限を持っているわけではないし，個別具体的な事案を扱っているため，社会から見るとあまり重要性が感じられない．ひとりひとりの第一線の官僚が行っていることは些細な事かもしれないが，何千，何万の事例が日々積み重ねられている．また，公共サービスを提供されたり規制を受けたりする市民からすれば，生活や仕事に直接的な影響が生じている．そのような，社会で受け止められる政策の具体的な内容を決めているのは第一線の官僚なのである．

また，第一線の官僚たちは，社会に存在するニーズを把握する上でも大きな役割を担っている．社会にどのようなニーズが実際にどのくらい存在するかを最も知っているのは，実施過程で現場を担当している第一線の官僚たちである．とくに，福祉サービスに対するニーズの量は，サービスの給付を希望する申請数から判断することが多いのだが，福祉の現場で仕事をしている第一線官僚たちが積極的に希望者を掘り起こせばニーズが多くなり，積極的に活動しなければニーズが少ないように見える．つまり，第一線官僚がニーズの量を実質的に決めていることすらあるのだ．そして，いうまでもないが，ニーズの多寡は政策決定において重要な判断材料になる．第一線の官僚の活

動は機械的な実施活動ではく，政策決定に大きな影響を与えることになるのだ．

(4)　官僚制の権力

　以上のように，官僚制と政策の関係を見てみると，政策過程のすべての段階で官僚制の大きな影響力を確認できる．なぜ，そのような力を持つようになったのかについて，ローク（F. Rourke）の指摘を参考にあらためて整理しておこう．

　第一に，官僚制が専門性を有していることである．この専門性は，官僚制が巨大組織であること，特定の職務や業務に継続的な関与をしていること，社会的なステータスが高いことから有能な人材をリクルートしうること，そして政策に関する情報を独占しうる立場にあることなどによって維持，強化されている．

　第二に，官僚制は政治的支持を調達する力を持っていることである．官僚制は，有力政治家とのパイプやネットワークを築き上げており，政治家から直接的な支持を調達することが可能である．また，政策にはそれによって恩恵を受ける顧客集団があり，官僚制はそれらの顧客集団を自らの応援団のように利用することが可能である．たとえば，許認可権に伴う広範な裁量権を背景にして，産業界からの協力を取り付けることが可能になる．

　そして第三に，官僚制は政策実施の中核的主体であることである．既に述べたように，政策実施は官僚制に依存しており，実施に関わる実態的情報は官僚制が独占している．そのため，政治家も官僚制を無視するわけにはいかない．また，政策実施には広範な裁量がつきものであるが，それは官僚制の考え方ひとつでいかようにも政策内容が左右される可能性を示唆しているのである．

　このように，官僚制は政策過程で大きな権力を獲得しているのであるが，形式的には政策決定は官僚制が行っているのではなく，大統領や首相などの政治リーダーである．官僚制は，それらの政治リーダーに対して助言や補佐

をしていることになっている．これは，官僚制に強大な権力を与えず，官僚制の暴走を防ぐための制度上の工夫であるが，反面で官僚制が政策に対して，いつどのように関わったかが不明確になり，責任を曖昧にする問題もある．官僚制のトップに位置する事務次官などごく一部の官僚を除けば，官僚個人の名前が一般社会に登場することはほとんどない．個々の官僚は社会的には匿名で活動している．つまり，官僚制の権力は「匿名性」のベールに覆われており，市民からは見えないのである．

　したがって，現代官僚制の問題を考える時には，官僚制を静態的に捉えるのではなく，政策過程の中で官僚制がどのような役割や機能を果たしているか，どのように行動しているのかといったことを念頭に検討することが必要である．そして，行政が公正・公平を実現し，市民に貢献するようにするためには，行政を担っている官僚制の実態解明が必要であり，それは行政学の大きな課題である．

3.　日本の官僚制

(1)　日本の官僚制の捉え方

　本章では官僚制一般を取り上げて検討してきたが，日本の官僚制に焦点を合わせると，官僚制一般に見られる特徴に加えて，他の国とは異なる特徴があると言われている．明治以降，日本は近代化の過程で西欧型政府システムを模倣したが，藩閥政治によって運営された明治政府であったため，そこに構築された官僚制はきわめて権力的，権威的であった．しかも，官僚は市民に奉仕する公務員ではなく天皇の官吏として位置づけられていた．それゆえ，戦後はさまざまな社会制度や政治制度の民主化と並んで，官僚制の民主化も大きな課題であった．しばらくすると，高度経済成長の時代を迎え，官僚制の役割が注目されるようになる．1990年代頃からは官僚主導の政治からの脱却が主張され，官僚に対する批判が強まった．そのため，政治学などを中心に日本の官僚制の特徴についての研究が多く蓄積されており，日本官僚制

の変遷が整理されている．ここでは，行政学の観点から興味深い宮本融に依拠して整理しておく．

日本官僚制の捉え方として，戦前からの権力的な官僚制は「国士型」といわれる．特定の利害に結びつきやすい政治家とは異なり，官僚は社会から一定の距離を置き，真に国のために働くものであると考え，それゆえ官僚が中心に政策を作っていくという官僚主導が望ましいという官僚像である．その結果，市民からのコントロールを受けず，選挙で選ばれた政治家よりも優位に立つ官僚制ができあがったのである．このような官僚制を民主的なコントロールの下に置くことが，政治的にも，また政治学的にも大きな課題と考えられることが多かった．

1970年代以降は，「調整型」の官僚が多くなったとする研究も登場する．官僚制がさまざまな利害の調整役を担い，政治家たちと協力しながら政策を立案するようになってきたという認識である．このような官僚制は，積極的に社会に関わりを持ち，さまざまな利害とつながりを持つようになる．したがって，最悪の場合は業界との癒着やスキャンダルも起こりうる．また，政治との一体化が強まり「政治型」とも呼ばれる．

官僚の不祥事などが多発したこともあり社会からの官僚批判が強まる1990年代からは「吏員型」という性格が強まるという．これは，あたかも政治行政二分論のようなイメージで，政策判断に官僚が直接かかわることを抑制する状態である．

「国士型」では官僚制が政治に超越し，「調整型」では官僚制と政治が協力関係ないし対等な関係になり，「吏員型」においては官僚制は政治より下の位置づけになる．政治と官僚制の関係の実態はそれほど単純ではないが，少なくとも日本の官僚制は長い歴史の中で性格や特徴が変わっていることは間違いないだろう．

これらの議論や検討は行政学というより政治学である．そして，政治学の特徴として，華々しく権力闘争が展開されたり，重要な政策決定が行われたりする国レベルの官僚制に注目するという限界がある．宮本に注目したのは，

「行政管理型」の官僚というもうひとつの視点を提起している点が行政学独自の研究にとって有意義だと考えられるからである．

　「行政管理型」とは「吏員型」の発展型ないし修正型である．官僚たちは，単に政治の政策形成を裏方として事務的にサポートしたり，決まった政策の実施に専心したりしているというわけではなく，「政策プロセス・マネジメント」を行っていることに注目している．最近は，ほんの数年で退職して政治家や自治体の長へ転身するキャリア官僚が多くなっているが，それでも長く官僚を続ける者の方が数としては圧倒的に多いのである．そのような官僚のモチベーションや仕事のやりがいを考えると，政策そのものを自ら積極的に作っていくというより，政治が進める政策形成のプロセスを管理することにより，誰がどのように検討を進めるのか，どのようなことがらを検討するのかということに間接的に影響を与えるのである．このような官僚制のイメージは，ある意味で官僚制の理念型を思い起こさせるし，自治体の行政の実態でも応用可能である．そして，今日の日本の官僚制が「行政管理型」であるのかどうかを実態的に明らかにすることは，地味かもしれないが行政学の研究課題である．

(2)　官僚制と意思決定：稟議制

　日本の官僚制を特徴づけるもののひとつとして挙げられるのが「稟議制（りんぎせい）」という意思決定方式である．稟議制とは，末端の職員が決定の原案を記した書類（通常これを「稟議書」というが，実務では「起案書」と呼ぶことが多い）を作成し，その書類を関係者に回覧して可否を問うシステムである．このような意思決定のシステムは日本独特と言われることがあるが，最終決定を得るために書類を回覧するような似た仕組みは，日本以外の国々でも大規模な組織では普通に行われている．しいて日本の特徴といえば，書類の内容を確認したことを示すために印鑑（ハンコ）を押すことである．もっとも，新型コロナウイルスの影響で「脱ハンコ社会」の動きが加速したことから，印鑑を押すことは減少している．

　さて，典型的な稟議制については，辻清明の整理が有名であり，通説的理解となってきた．まず，稟議制のメリットとして次の 4 点が指摘されている．

　①末端の職員も稟議書を作成することを通じて意思決定過程に関与することで，モラールの向上につながる．

　②関係者が稟議書に目を通すことによって意思決定過程に関与する機会を保障されているため，いったん，決裁が得られると後からの反対や不満が出にくい．

　③稟議書が必ず作成されるために，意思決定過程が文書として残ることから，官僚制の文書主義の原則に合致している．

　④会議を開催する必要がない．

　たしかに，末端職員も決定に関わっていることは間違いない．ただ，書類を作成することと決定内容を決めることとは全く次元の異なることであるので，末端職員が実質的に関わっているわけではない．また，決定内容や決定過程が文書で残るのは大きなメリットであると考えられるが，最終的な決定内容はわかるとしてもそこに至る検討過程の全体が文書で残ることは保証されていない．このように，メリットとして挙げられているものでも，文字通りに受け止めることはできない．それどころか，デメリットも指摘されている．それは，以下の 3 点である．

　①決定権を持つ者（決裁権者ともいう）のリーダーシップが発揮しにくい．

　②決定過程が長くなり時間がかかる．

　③責任の所在が不明確になる．

　リーダーシップが発揮しにくいというのは，決定権を持つ者は一般には組織や各部門の長であるが，その者に稟議書が回ってくるまでには，全ての部下や関係者が閲覧・了承していることになるので，長が決定内容に意見や要望を盛り込みにくいということである．次の決定に時間がかかるというのは，稟議書を関係者に順番に回覧していくため，関係者が不在で処理が滞ったり，決定内容に納得していないため意図的に稟議書を手元に止めたりすることがあることを指している．最後の責任の所在が不明確になるというのは，関係

者全員が関わっているが，単に書類に目を通したという程度の関わりになっていることも多いため，決定内容に対して責任感が乏しくなることである．また，文書から決定内容はわかるとしても，誰の意見が反映しているのか，どのような議論が行われたかなどは知ることが難しく，決定に大きな影響を与え責任を持っているのが誰であるかがわかりにくくなっていることも含まれる．これ以外にもデメリットとして，割拠主義や縦割り意識を強めることにつながることが指摘されている．

　稟議制にはメリットがあるとはいえ，そのメリットも実際にどの程度まで実現しているのかははっきりしないし，明らかなデメリットもある．いくら前例踏襲意識が強く，現状を変えようとしないといわれる官僚制であっても，そのような稟議制を後生大事に維持しているとは思えない．このような疑問に，行政学は長らく答えを提供できていなかった．従来の行政学者の大半は，行政実務を経験していないため，官僚制の中で日々行われている意思決定の実態を継続的に観察しているわけではないことに原因がある．行政の実態については，研究者より実務家の方が詳しいのは当然である．そこで，少なくとも実態を明らかにするためには，行政学は行政実務家と協力していかなければならないのである．

　稟議制についても，実務家がその実態を紹介したことによって，従来の通説的な理解通りに運用されているわけではないことが明らかになった．農林省（当時）に長らく勤務した井上誠一が，西尾勝の強い勧めに応じて，現職の時代の農林省における稟議制の実態を紹介した．彼は，稟議制は全てが同じ手続きで進められるのではなく，案件に応じてさまざまなバリエーションがあることを示した．あくまでも農林省の例ではあるが，それをまとめたのが表4-1である．

　そもそも稟議制の象徴とも言える稟議書を作成せず，別形式の書類で処理するものもあるが，何らかの書類を作るという点では稟議制の根本原則からは外れていない．完全に外れるのは文書を作らない「口頭型」であるが，これはきわめて軽微な意思決定に限定されるので，特に問題はないだろう．

表4-1　実際の稟議制の例

類型区分			具体例
稟議書型	順次回覧決裁型		法規裁量型行政処分の決定
	持ち回り決裁型		法令案，要綱の決定 便宜裁量型行政処分の決定
非稟議書型	文書型	処理方式特定型	予算の概算要求の決定 国会答弁資料の作成
		処理方式非特定型	重要案件についての決定
	口頭型		会議への出欠席に関する決定

出典：井上誠一（1981）『稟議制批判論についての一考察―わが国行政機関における意思決定過程』（行政管理研究センター），10頁．

　もう少し詳しく見てみると，「順次回覧決裁型」が，従来の通説的理解の稟議制にもっとも合致するものである．具体的には日々の業務の中で繰り返し行われている許認可業務（法規裁量型行政処分）などのいわゆるルーティン業務で使用されている．使われる件数は膨大であるが，ほとんどの場合は特に政治的判断や長の意向の確認が必要になることはない．

　一方，「持ち回り決裁型」では，稟議書を作る点では典型的な稟議制であるが，通説的理解とは異なり，事前に関係者の間で決定内容について十分な協議と合意形成が行われ，実質的な決定がなされた後に稟議書が作られることが特徴である．つまり，末端職員はたしかに稟議書を作成しているが，それは既に合意されたことを書類に落とし込んでいるに過ぎない．この類型が使われるのは，政治家や組織の長の意向を確認し，関係者の利害調整を十分に行ってからでないと決定できない重要な許認可（便宜裁量型行政処分）や，法案などの重要なものの決裁を取る場合である．この方式では，政治家や長は決定前に十分にリーダーシップを発揮できる．重要な決定内容が記されているし，迅速に決定する必要があることから，担当者が各関係者に稟議書を直接持参して決裁を得るようにしていることから「持ち回り」という名称が与えられている．

　予算や国会答弁などのように，定期的に必ず決定しなければならないが，

内容が重要で書類の量が多いものについては，稟議書という形式を取らず，それぞれの目的や機能に即した特定の形式で決定している．また，日常業務（ルーティン）とは異なるが重要案件については，その都度，独自の方式で決定している．

　この表はあくまでも類型を示しているだけで，井上によれば，決定が迅速に行われるようにするためにさまざまな例外措置などが用意されている．たとえば，不在者がいる場合には代わりの者が決裁する「代決」とか，代理が立てられないようなポストの者が不在の場合には「後伺い」という後から了承を取るなどの便法である．詳細は省略するが，稟議制のデメリットとされていた時間がかかるという点については，相当程度まで対応が取られていることがわかる．

　このように，案件の種類，重要度によって，決定方式を使い分け，さまざまな工夫を施すことによって，稟議制の欠点とされていた多くの問題点は解消されているように見える．しかし，官僚制の意思決定の根本的な問題は解消されていないのも事実である．すなわち，第一に，官僚制の意思決定過程の公開性を増すような努力や工夫はどこにもないため，このままでは意思決定における秘密主義が解消される見込みはない．第二に，重要問題については稟議書を作成する前に実質的な決定を内々に行っており，その過程は書類に表れてこないため，最終的な書類を見ても結果だけしかわからない．そして第三に，ほとんどの案件では形式的には稟議書を作成して組織の階統制を順次のぼっていく形で決裁をとることを要求しているため，組織内での形式的な上下関係を日常的に再確認させる効果を持ちつづけている．

　このように，実務家から経験や情報を得ることによって行政学は飛躍的に進歩するが，多くは実態が明らかになるという点での進歩である．実態を踏まえて，行政責任を確保し，法令の枠組みの中で迅速かつ合理的に決定できる仕組みを開発することが求められている．官僚制全般の研究は，政治学や社会学でも扱われるが，意思決定（政策決定）の実態解明と改善策の検討は行政学にとって特色を発揮しうる研究課題である．

第**5**章
能率的な行政と能率的な行政組織

1. 能 率

(1) 身近な行政における能率概念

　能率と効率という2つの言葉は一般的には同じような意味で使われていて，それほど明確に区別されていないことが多いように思われる．行政を研究する上では，西尾勝が指摘するように能率と効率は，本来は区別した方がよい．「能率」は，第3章でも紹介したギューリックが「公理ナンバーワン」だと言ったように，行政学の中で検討し明確にしなければならない一番大事な概念とされてきた．現代行政学が始まった頃を中心に，きわめて重要だということで，さまざまな議論が行われたのである．

　日本でもいろいろな法律の中で「能率」が登場している．国家行政組織法1条では，「この法律は，内閣の統轄の下における行政機関で内閣府及びデジタル庁以外のもの（以下「国の行政機関」という．）の組織の基準を定め，もって国の行政事務の能率的な遂行のために必要な国家行政組織を整えることを目的とする」と規定している．「事務の能率的な遂行のため」という表現は同法のなかで5回登場するくらいであるから，能率が重視されているのは間違いない．ただ，行政全体（総体）の能率ではなく，「事務の能率」という使い方であることが特徴である．

　一方，行政改革の議論の中では「効率」が使われることが一般的である．例えば現在につながる行政改革の流れをつくった2000年の行政改革大綱で

は，「簡素」かつ「効率的」な行政の実現を目標としている．具体的には，電子政府の実現，省庁再編に伴う運営・施策の融合化，行政の組織・事務の減量・効率化等を推進することが謳われており，その意味でも 2000 年のこの行政改革大綱が今の動きにつながっている．それはともかく，ここでは，組織・事務の「減量化」と「効率化」が主要な目標に挙げられていることが重要である．組織の数を減らす，仕事の量を減らす，なにより公務員の数を減らすということが減量化であるが，それと並んで効率化が出てくる．法律名でも「簡素で効率的な政府を実現するための行政改革の推進に関する法律」となっており，国の行政改革では簡素と効率がセットになっている．

　一般的に能率と効率はあまり明確に区別されていないのだが，政府内での使い方は，具体的な事務や作業においては能率を，政府が生み出す政策効果に関する場合には効率を使うようである．市民の期待に応えるような政策の効果を無駄なく迅速に生み出すことが効率的らしい．

(2)　行政学における能率概念の登場

　行政学が能率について研究することを古くから重視していたのは，政府や自治体において能率が重要だという認識があることと深く関わっている．そこで，そもそも能率とは何か，そして能率と効率とはどこがどう違うのかをはっきりさせておかないといけない．しっかり議論して明確に定義し，考え方を整理することが学問としての行政学の重要な役割のひとつである．

　まず能率概念がいつ注目されるようになり，どのように変わっていったかを見てみよう．行政学で能率がクローズアップされるようになったのは，学説史 (第 3 章) で述べたように，ウィルソンの主張であるといってよいだろう．ウィルソンは，行政活動の拡大とその有効性が政治の正統性を支える時代が来たと述べている．政治がいかに立派なことを決めたとしても，あるいは正しい判断をしたとしても，行政が適切に活動しないと決定された内容が実現しないことから，行政活動がしっかりと行われるという保証がない限り，政治は正統性を持てないということになるのである．したがって，有効な政府

活動が実現するための前提条件として，第一に，政治が「能率的」であるべきだと主張した．行政の能率とは視点が違うことをいっているように思えるが，具体的には，なすべき仕事を適切に達成する官僚制を備えた政治が重要だということである．第二に，業務が知的に公平に迅速に摩擦なく処理されることが必要だとしている．そしてそれらの前提として第三に，組織が簡潔かつ体系的で責任の所在が明確であることも挙げている．そのような行政が存在している政治が能率的な政治なのである．したがって，ウィルソンの中では能率（efficiency）と有効性（effectiveness）はかなり近い意味として考えられていた．今日，一般的に使う能率とはかなり意味が違っていたといえよう．

(3)　アメリカ社会での能率概念の定着

19世紀末から20世紀初頭のアメリカにおいては，都市部を中心に政党政治の悪い側面が顕在化した．猟官制がもたらす弊害として，主要な行政上の役職が選挙での論功行賞として使われたり，売買の対象とされたりするようなことが日常茶飯事になって，結果として多くの課題に対応しなければならない都市行政が混乱状態になっていた．大都市の典型であるニューヨークでは，市政を根本的に見直して，市民や地域社会・地域経済にとって貢献するものに変えていくための活動が活発化していた．その例が第3章でも出てきた1906年に設立されたニューヨーク市政調査会（以下，市政調査会と略す）である．

この市政調査会は，コミュニティの福祉は政治に依存しているため，政治がコミュニティの現状と市民のニーズを的確に把握して対策や方策を打ち出していくことが重要だと考えていた．つまり政治が能率的であれば革新的な福祉が実現できるが，能率的な政治がなければ福祉の向上は実現できないのである．このような考え方は，前述のウィルソンの能率の概念にかなり近い．市政調査会活動は，少なくとも早い段階では政治そのものが能率的であるという側面を強調していた．このような基本的な考え方に立つと，政治が能率

的かどうかを点検するときの基準が必要になる．基準としては，5つ挙げられており，サービスの能率，組織の能率，行政手法の能率，職員の能率，そして能率的市民活動である．4つ目までは一般的な能率として考えられているものとそれほど変わらないが，わかりにくいのが5番目の能率的市民活動である．これは，市民が自分たちのニーズを政治に対して的確に表明しそれを実現するための活動をしていることを指している．

　能率的市民活動があることによって能率的な政治が実現するとなると，能率的かどうかを判定するときにもっとも重要な基準は行政サービスの妥当性ではないかということになる．市民や地域にとって本当に必要な行政サービスが提供されていれば市政は能率的だということになる．逆に，コミュニティの要請に対応していない，妥当性を欠いた行政サービスが提供されていると，それこそが非能率な市政だということになる．

　これが市政調査会の活動だったのだが，能率的な市政を実現するためには行政活動の中で，当面の無駄や浪費をなくすことも当然重要になる．市政調査会活動は妥当性を欠いた行政サービスが行われているという意味での無駄を排除しようとしたのであるが，その一環で行われていたコスト（浪費）の排除というむしろ副産物の方に注目が集まった．そもそもコミュニティにとって何が必要で何が必要でないかということについて明確な基準や，市民全体の合意があるわけではないのに対して，コストを削減するというのは結果が金額で明確に出てくるので非常にわかりやすい改革になる．そして，市政調査会の活動は，「能率と節約の運動」だと考えられるようになった．つまり，能率（efficiency）を追求し，同時にそれによって節約を行うことが中心になっていったのである．市政改革運動がある程度落ち着きを見せた1930年代には，もともとは大都市の政治改革だったはずの活動がいつのまにか行政の管理改革に変わっていた．言い換えると，能率概念が政治の能率の実現という視点から能率的な行政の確保に変わっていったということになる．

　その結果，能率運動は，標準化というようなテイラーの科学的管理法の中で重視されていた概念をどんどん取り入れた．つまり，何らかの標準とか基

準を設定し，それと実際に行われたことを比較して能率が上がっているとか
能率が低いとかを判定することが可能になるという考え方である．そして，
比較や評価をする時には，できるだけ客観的である方がよい．数量化されて
いれば測定可能であるので客観性を持つことが可能となる．そのため，客観
性がないとか数量化されていないようなものは本来の能率の議論にはそぐわ
なくなった．ビジネスや経済的合理性を重視するアメリカ社会にとって親和
性の高い能率概念に落ち着いたといえよう．かくして，能率概念は今日一般
に考えられている言葉に近い使い方が定着し，行政学の中でもこのような能
率の追究が重要なテーマとなった．

（4）　行政学における多様な能率概念

　行政学の中で能率が重要な研究テーマになったがゆえに，さまざまな解釈
や使われかたが生まれてきた．そして，能率概念を整理することを目的にし
た研究も蓄積されている．それらを参考に能率の捉え方を見ておこう．

機械的能率と社会的能率

　まず辻清明の整理では，能率概念を「機械的能率」と「社会的能率」の 2
種類に分けている．機械的能率とは，労力・時間・経費の 3 要素で決まると
するものである．そして最小の労力と資材によって最大の効果を上げること
が能率の重要なポイントであり，労力や資材を最小にして効果を最大にする
ことが能率的であるということになる．前述の市政調査会で注目されるよう
になった能率と節約はほぼこの意味である．能率を入力（費用・コスト）と
出力（成果・産出物）の比率をとることによって捉えるものが機械的能率と
いうことになる．

　しかし，機械的能率の捉え方に対しては次のような批判が出てくる．まず，
行政の活動には何らかの目的があるが，そのことについてこの機械的能率は
まったく考慮していない点が問題視される．目的が妥当でないとか，極端な
場合，邪悪な目的を持っているにもかかわらずこの機械的能率を追求するこ

とは，より悪い結果を生み出すということになる．たとえば，人を殺傷する目的に対して機械的能率を追求することは，社会的正義に反することになる．したがって，目的がどのような価値を持つかを無視して単純に能率的であることを追求することは適切ではない．

　次に，行政目的の多元性を軽視している点も批判される．行政は追求すべき目的がひとつだけではなく，時として目的相互が競合対立することもある．よく知られている例では，産業振興を目的とした開発行為と野生動植物の保護を目的とした環境保護の関係がある．ひとつの目的を能率的に達成しても，そのために他の目的が実現しないとか阻害されるということに配慮しなければならないが，機械的能率を追求する時にはそれが見落とされがちになるのである．

　そして3番目の批判は，機械的能率では人間的価値を無視しがちであるということである．機械的能率を手っ取り早く高めようと思えば，働く人の賃金を減らすとか労働密度を高めることになる．実際に働いている人は，能率が高まることによって満足を得られないどころか，不満を募らせることになるだろう．

　そこで考えられるのが，社会的能率という概念である．この能率概念では，行政の社会的有効性を基準に能率を判断・判定しようとするものである．具体的には，職員（公務員）の満足度と相手方（市民）の満足度の双方で能率を捉えようとするのである．そうすると，調整の取れた手続きが採用され，多元的利益が充分に調整されている状態をもって能率が高いと考えることになる．能率は社会目的の達成度合いということになる．社会目的がどこまで達成されたかによって能率が判断されることになるため，能率は民主主義と補完関係になる．能率的であることは民主的であることとほぼ同じ意味になる．

　しかし，社会的能率は能率の過大解釈になったり詭弁の根拠に使われたりするおそれがある．たとえば，行政が無駄なコストをかけているとか，業務に時間がかかっているという場合に，慎重かつ十分な調整と合意形成をして

いるからであるという逃げ道を作ってしまう．しかも，調整が取れているとか，皆が満足しているかを客観的に判断することは困難である．したがって，日本の社会で能率という場合には，どちらかというと機械的能率のイメージが強く，この社会的能率という使いかたをしている例は非常に少ない．

客観的能率と規範的能率

次に，「客観的能率」と「規範的能率」の 2 つの概念に分けたワルドーの整理を見ておく．

ワルドーが能率を考えるときの基本になっていることは，目的を考慮しないような能率概念は存在しないということである．そして，目的が非常に明白で判定の基準となるような場合には，客観的能率が存在するのである．たとえば，東京と大阪の間を移動するために東京駅にいる人が，とにかく早く行きたいと明確に考えるのであれば，新幹線「のぞみ」に乗ることを選択する．少しでも早く着くという明確な目的があるので，到着時間が最も早い列車を選ぶことに迷いは生じないだろう．第三者から見ても合理的で当然の選択だということが容易に判断できる．このような場合は客観的能率概念が成り立つのである．ところが，ゆっくり旅を楽しみたいという人なら各駅停車の「こだま」に乗ることを選択するかもしれない．

つまり，さまざまな目的があり，多様な価値観や基準が存在し，それらの違いによって目的達成度や満足度の判定が異なってくる．行政は目的の多元性が特徴であることを考えると，明白な目的が常にあるとはいえず，さまざまな規範意識に対応する必要がある．その意味では，客観的能率が存在するケースは意外と少ない．特定の価値観や規範をよりよく満たすという意味で能率概念を使うと，それが規範的能率ということになる．

ワルドーが示した 2 つの能率概念が持つ意味は，能率的であり優れているという主張が，客観性を装いながら実は特定の規範に支配されていることに注意を払うべきであることを示していることである．「能率が良い」というと，何となくプラスのイメージになりがちであるが，よく考えてみるとそれは判

断している人の規範意識に左右されていることを認識しておかなければならない。

(5) 行政の能率をどう捉えるのか

　上に見てきたように，能率的な政治という考え方があると思えば，能率的であることは節約や無駄の排除という理解もある．さまざまな能率概念の存在を前提に，機械的能率と社会的能率，あるいは客観的能率と規範的能率という整理の仕方もある．能率と効率を概念的に分けるべきであるという主張もある．行政学として能率の統一的な定義があるわけではなく，結局はいろいろあるとしか言えないのが実情である．ただ，現実の法律や行政改革の中では能率（または効率）という用語が頻繁に使われている．本来，行政学としては，少なくとも行政では能率という用語をどう使うべきかの明確な提案をする必要があるだろう．

　この点では，西尾勝は，能率は入力と出力の比を表す概念とシンプルに捉えている．このような能率の捉え方は行政学独特のものではなく，一般的な概念である．世の中で頻繁に使われている用語を，ことさら特種な意味合いを与えて使うのは，学問が社会的貢献をしようとする際の障害となるからシンプルが最善である．そして，単純に比として理解するなら，少なくとも次の2つのことに留意する必要があるという．

　まず，ひとつのケースについて入力と出力の比をとっても，それ自体は何ら価値判断にはつながらないことである．5の入力に対して10の出力があったら，比は5：10（＝1：2）であってそれ以上の何も示さない．ただ，別のケースで比が1：3となったとしたら，2つのケースを比較してどちらが良いかを判断する余地が出てくる．

　しかし，次にその比較が問題となる．同じ入力なら1：2より1：3の方が良い（能率が高い）ということになるだろうが，そこで入力と出力として何を算入しているのかが問われなければならない．一口に入力と言っても，賃金，時間，労力のいずれか，あるいはそれらの組み合わせかによって意味が

変わってくる．出力はもっと厄介で，作業（活動）の成果をどのような指標で数値化するかは意見が分かれるところである．結局，能率は判断の材料を提供しうるが，ただちに答えを導き出すものではない．客観的能率が成り立つような状況なら，能率の高い（良い）ことが正しいということになるが，行政の世界では客観的能率を使えるような条件はそう簡単にはそろわない．ワルドーが規範的能率として指摘したように，多くの能率は判定者の規範意識（価値観）に左右されていることを常に念頭に置かなければならないのである．

　現実の行政改革の議論では，行政の能率を向上させることが目的のひとつになるが，行政改革が政治家によって進められることを考えると，そこでの能率は特定の価値観に支配された規範的能率であることが普通である．単純にコスト面に注目した能率であると，「安かろう，悪かろう」になることを防ごうという発想はほとんど出てこない．行政の社会における機能や役割を踏まえて行政改革を進めるためには，能率概念ひとつをとっても共通の理解がないと「改革」ではなく「改悪」になる可能性もある．行政学で能率概念を真正面から大議論したのは 1940 年代のことで，その後はあまり俎上に上がっていない．改めて過去からの議論を整理し，現代における行政の能率を検討する必要があろう．

2.　行政組織

　行政が組織的活動によって成り立っていることから，行政が能率的であるということは，行政組織が能率的であるか否かに左右される．どのように組織を編成し，どのように管理運営すると組織が能率的になるのかを検討することは，行政学の中核的研究テーマのひとつであるといってよい．そこで，これまでの行政学における組織研究の現状と課題を探ってみる．

　組織研究においては行政学が主流というより，社会学や経営学での研究が中心である．行政学における組織研究は，他の学問分野での研究成果に大き

く依存しているのだが，これまでの組織の捉え方には大きく３つの種類がある．第一に，組織を権限と職務の体系として捉えるものがある．これは一般に古典的組織論と呼ばれている．第二は，組織を構成するメンバー相互の人間関係を中心に組織を捉えるものである．これに対しては新古典的組織論という名前が与えられている．そして，第三には，組織とは協働体系であるという考え方がある．一般に現代組織論と呼ばれる．これらの組織論について概観し，行政組織研究の展開と，その研究成果が実際の行政組織の編成や管理にどのように貢献しているのかを検討しておく．

(1) 古典的組織論

組織とは，与えられた目的を達成するために，人・資材・用具・作業場（業務遂行場所）などを体系的に組み合わせたものであると捉えることは，今日でもそれほど奇異に感じることはないだろう．むしろ，ごく普通の組織の捉え方であるといってもよい．実は，このような組織の捉え方は，典型的な古典的組織論に見られる組織観である．このような考え方に立つと，組織研究は，まず，やるべき仕事を論理的に配列することが主要な課題になる．言い換えると，合理的な組織編成のあり方を模索することが組織研究の重要な課題である．とくに行政学においては，行政が組織によって活動することを特徴とするため，行政研究にとって組織編成がきわめて重要になる．

実際，行政組織の編成や構造に注目した構造優先主義と呼ばれるものが行政学の中で主流を形成したといっても過言ではない．組織にとって一番重要なことはその組織の構造であり，それをまず明確にすることが重要だという考え方である．したがって，合理的な組織編成の原理を探求することが，初期の段階での行政学で活発に議論されることになったのである．しかし，組織研究は行政学そのものではない．第２章の行政学説史で既に指摘したように，行政学における組織研究は，組織に関する研究を蓄積していた社会学（組織社会学）や心理学（組織心理学），そして経営学からさまざまな理論や概念を借用する形で発展した．特に，現代行政学の登場した時代には，行政

における能率の追求が大きなテーマであったため，当時の企業経営において大きな影響力を持っていたテイラー（F. Taylor）の科学的管理法が注目された．

(2)　科学的管理法

テイラーの時代には，まだしっかりとした管理手法が確立されておらず，管理者の経験と勘，場合によっては好き嫌いなどの感情によって管理が行われていた．能力のあるなしや能率が高いか低いかには関わりなしに給与や昇進が決まるようなことが少なくなかったのである．これでは組織のパフォーマンスが上がらないので，経営者や管理者は，管理をもっと科学的にする必要があるという問題意識を持っていた．このような問題意識に応えることがテイラーの科学的管理法の大きな意義であり役割であった．もっとも，テイラー自身は，ノルマ制が横行して労働が強化されたり，能力や成果が正当に評価されていなかったりしていた労働環境を改善することを目的としていた．しかし，企業においては，従業員をより能率的に仕事させようとする能率増進運動が行われており，科学的管理法はそれらに理論的な裏付けや根拠を与えることになった．能率を増進することにつながることから，科学的管理法は経営者に好まれた．それゆえ産業界に大きな影響力を持つようになったという皮肉な側面がある．

科学的管理法では，管理とは厳格な法則に基づくアート（技術）であって人間の問題ではないという基本認識に立っている．それゆえ，理論に基づいて管理する限り，誰でも管理ができることになるわけであり，その理論がきわめて重要になるのだ．

テイラーは熟練した労働者の作業を時間研究（time study）と動作研究（motion study）という2種類のアプローチを使って観察し，標準的な作業を明らかにする標準化を進めた．標準が定まることにより，それに基づく作業マニュアルを作成すれば，経験や能力を問わず誰であっても標準的な作業が可能になる．また，標準的な成果が定まると，生み出した成果が標準以上か

以下かによって，給与や昇進を決めることが可能になる．

　生産工場のようなやるべき作業が明確で，産出物の質と量が数値で把握できるような場合は，機械的能率が追求できるだろう．そして，その意味での能率を追求する点では，科学的管理法はそれなりに妥当性を持っている．しかし，民間企業においてさえ，工場などのルーティン作業中心の職場以外では，科学的管理法の適用が難しいのではないかと考えられる．実際，テイラーの原著はアメリカ機械学会での発表用のもので，製造分野の技術面の管理者を想定していた．行政組織においては一層，妥当性を欠くのではないかということは想像に難くない．しかし，科学的管理法が注目されていた時代の行政学は，機械的能率の追求に焦点を合わせていたので，科学的管理法とはきわめて親和性があったのである．テイラーは，科学的管理法はあらゆる社会活動においても有効であるとも述べているので，この部分はテイラーの思惑通りであったと言えよう．

(3)　古典的組織論と行政学

　1900年代初頭を代表する行政学者であるギューリックの組織の捉え方を見てみると，組織の存在理由は分業にあることを重視している．分業ができることが組織の持つ最大のメリットである．組織は複数の人が集まって構成するが，それによって組織の最大のメリットであり特徴である分業が可能になる．分業によってごく限られた種類の作業を繰り返し行うことが可能になり，その作業に習熟することができ，作業能率と専門性が高まるメリットがある．しかし，分業が進んだ結果，ひとつの仕事がいくつかに分解・分割されるため，それぞれの進捗状況を管理・調整したり，全体を改めてまとめあげたりすることが必要になる．つまり，作業相互の調整と統合が，分業と同等に重要になるのである．そこで，組織研究では，これら2つの側面についての理論的な最適解を見つけ出すことが重要な目的となるのである．分業のためには目的を細分化して下位目的を設定するとともに，それに対応できる組織編成を実現することが求められる．調整のためには，組織の上下関係や

相互関係を通じた「組織による調整」と，リーダーシップなどによる「観念による調整」の 2 側面があるとした．

　これらの考え方を前提にした場合，組織は次の 3 つの原則に基づいていなければならないと指摘している．

　①命令一元化の原則（Unity of command）：命令は長から末端まで 1 系統で貫通していなければならず，1 人に複数の上司から命令が与えられることがあってはならないという原則．

　②統制範囲の原則（Span of control）：1 人の上司が有効に監督できる部下の数は一定の範囲内に収めなければならないという原則．

　③同質性の原則（Homogeneity）：目的や作業などにおいて共通性のあるものに基づいて組織を編成しなければならないという原則．

　とりわけ，具体的に部門を編成することに直結する同質性の原則を実現するためには，次のような 4 原理が重要であるという．

　・達成すべき重要目的ないし主要機能

　・重要な作業方法ないし作業過程

　・対象となる顧客ないし事物

　・対象とする地域

　このような原則や原理に基づいて組織を編成すれば，うまく分業ができ，しかも調整や統合がスムーズにできるはずなのである．そこで，日本政府の外務省の組織編成を例に取って見てみると，アメリカとカナダの北米を担当する「北米局」は，対象とする地域を基準にしている．ヨーロッパを担当するのは「欧州局」である．一方で，「国際法局」の場合，外交の中で重要な条約の締結や運用，あるいは国際法の解釈などに関する業務は多くの国々を対象とすることから，対象地域ではなく達成すべき重要目的や主要機能ないしは重要な作業過程を基準にしている組織である．外務省というひとつの組織の中の部局には，異なる原理で編成されている組織が並存していることになる．

　いろいろと複雑な原理・原則が並んでいるが，実はギューリックに指摘さ

れなくとも，人が何らかの組織を作ろうとする場合には，自然にこのような
原理に合う部門編成をしているものである．組織論を学んだことのない経営
者が，自分の会社が成長して大きくなってきたら，いくつかの部門を設置す
るだろうが，その結果できた会社の組織編成を見れば，たいていは4原理の
いずれかに基づいていると説明することもできる．ただ，結果として原理に
合っているだけであるから，組織を編成する段階では原理自体は何の役にも
立っていない．実際，4種類の原理があるとはいうものの，ではどの原理に
したがって組織を編成すればよいかについては何ら示唆を与えてくれない．
ここが最大の弱点であり，あとで見るように，古典的組織論はこの弱点が批
判されることにもなるのである．

　民間企業なら原理や原則とは無関係に，経営者（経営陣）が組織編成はこ
うすると言えばよいだろうし，結果的に収益が上がれば誰も文句は言えない．
しかし，行政組織の場合は，組織編成は法令によって定められるため，議会
での審議において編成の根拠を示す必要がある．また，民間企業のように組
織のパフォーマンスを明確に測定したり評価したりすることが難しいので，
現行の組織編成が妥当性を持っていることを何らかの根拠を持って説明する
必要もある．そのような場合は，原理や原則があるのは好都合である．実態
としては適当に作った組織かもしれないし，政治的妥協の下に生まれた組織
かもしれないが，後付けでも妥当性を説明できることには社会的には意味が
あるだろう．残念ながら古典的組織論はそのような使われ方しか可能性がな
いのかもしれない．もっとも，最新の現代組織論が社会でどれだけ活用され
ているのかというと，実は大して貢献していない．それどころか，現代組織
論の系譜で行政組織を検討すること自体が研究として盛んとは言えないのが
日本の行政学の現状である．この点はのちに再検討する．

（4）　人間関係論の意味するもの

　企業経営における生産性向上の欲求はとどまるところを知らず，テイラー
の科学的管理法に基づいて管理されている組織の生産性をさらに高めようと

する研究が展開する．そのひとつに，ハーバード大学のメイヨー（E. Mayo）らによって行われた「ホーソン工場の実験」がある．これはウェスタン・エレクトリック社のホーソンにある工場で，作業環境と生産性の関係に関する実験を行ったもので，あくまでも生産性を向上させるための知見を得ようとしたものである．非常に有名な実験であるので，ここでそのポイントだけ確認しておくと，物理的環境である気温，湿度，照明などのみで生産性が決まるのではなく，労働者相互の人間関係などの目に見えない要素の方がより大きな影響を与えていることを発見したのである．

　古典的組織論が追究していた組織編成原理は，組織（機構）図に書き表すことのできる組織の構造に関わるものである．このような組織を定型組織（フォーマル組織）というが，その定型組織を構成しているのはさまざまな感情を有した生身の人間であるため，組織の中に仲間意識（グループや派閥，同窓，同期，同郷などのつながり）ができあがる．それらは組織図には表れないし，公式に認められているものではないことが多い．そこで，このような人と人のつながりや連帯意識を非定型組織（インフォーマル組織）と呼ぶ．そして，非定型組織に着目した研究は，組織内の人と人との関係に焦点を合わせていることから，人間関係論という名称が与えられている．

　人間を機械の部品のように扱っていた古典的組織論の視点と比べると，人間関係論は人間の感情や意識に着目していることから，一見すると「人間的」である．しかし，組織管理において人間関係に着目する最大の目的が，生産性の向上であることを忘れてはならない．つまり，働いている人の立場や都合ではなく，あくまでも経営者や管理者の利益につながることを目的にしている．今日の「働き方改革」が，生産性の向上を実現して経営者の利益につなげようとしているため実態として「働かせ方改革」になっていることと似たような側面がある．

　組織の生産性を高めるために，古典的組織論の中で議論されてきた組織編成の議論だけでは説明しきれない，あるいは解決できない側面を発見したことの意義は，組織論としては大きいだろう．しかし，組織の生産性を向上さ

せるという目的においては，科学的管理法と共通しており，それゆえ人間関係論は古典的組織論の延長上にあると言えることから新古典的組織論と呼ばれることになる．

　特に日本の場合は，組織の中の「和」を重視し，組織メンバーの中に同調意識が強いことから，組織の生産性に人間関係の影響が大きいことが知られている．また，よい人間関係を作ったり，逆に人間関係を利用して労働者間の相互チェックや牽制を行わせたりするというのは，経験的に行われてきたことである．つまり，ホーソン工場の実験結果も，新たな発見というほどのものではなく，当然そうだろうという程度のものである．ここまで言うと，社会科学における研究や社会実験の大半は，当たり前のことを「発見した」と自己満足になっているだけだと主張している印象を与えるかもしれない．その印象は「当たらずとも遠からず」であるが，前述のように，公的組織の編成や管理を行うときには，組織の外部に向けての説明責任を伴うことから，その説明を根拠付けたり，わかりやすくしたりするための理論や概念を提示することが学術研究にとって必要だと考えている．

　もちろん，組織外部の市民が行政組織を批判する際の理論的根拠としての役割もある．そのためには，理論や概念・用語はできるだけ平易であるべきだ．小難しい専門用語を使って議論したり説明したりするのは，研究者の悪い癖である．わかりづらい理論は，結局は権力者のための理論にしかならないおそれがある．その意味では，古典的組織論や新古典的組織論は，普通の人が組織として見ているもの，考えているものを説明したり原理化したりしようとしていたので比較的わかりやすい．

(5)　現代組織論の始祖としてのバーナード

　古典的あるいは新古典的組織理論が展開している中で新しい組織の捉え方が登場してきた．それらは現代組織論と呼ばれている．その創始者と考えられているのがバーナード（C. Barnard）である．バーナードはもともと経営者であり，その研究業績の多くは経営者としての自分の経験をまとめたもの

である．最も有名な著書のタイトルも『経営者の役割』である．その意味で，学術的な理論というほど精緻なものにはなっていないという指摘もあるが，基本的な認識や捉え方という点で，その後のセルズニックやサイモンといった非常に著名な研究者の組織理論や意思決定論に影響を与えたといわれている．上述のホーソン工場の実験以降に台頭してきた人間関係論の立場の研究者たちにも影響を与えた．

　バーナードによれば，そもそも組織とは2人以上の人々の意識的に調整された活動や諸力の体系ということになる．その組織を検討したバーナードの考えを理解するためには，次の3点が重要になる．すなわち，1点目は，定型組織とその中に生まれている非定型組織の両者の関係がどうなっているかに注目する必要があり，その関係を解明し望ましい関係を構築していくことが重要だということである．

　2点目に，組織の中での貢献と誘因の関係にも注目する必要がある．組織を構成するメンバーは，組織で仕事をすることを通じて組織に貢献している．一方で，組織から何らかの報酬を与えられている．典型的には給与などの金銭的利益であるが，昇進やその結果としての地位（役職），名誉などの金銭以外のものもある．メンバーはいずれも人間であるからいろいろな感情や意識を持っているので，これらの報酬に魅力を感じて組織のなかで頑張って仕事をしようとするわけである．つまり，組織に貢献することになる．これらの報酬が貢献を引き出す誘因になっている．誘因がなければ，人々は組織で仕事をして貢献しようと思わないだろう．一方で組織も，組織に貢献してくれればそれに応じた報酬を与えようとする．

　3点目に，組織における能率についてのバーナードの捉え方が重要である．組織が最も能率的になっているというのは，上に述べた貢献と誘因のバランスが取れている状態だとしている．これは考えてみれば簡単なことである．誘因が非常に多いにもかかわらずメンバーの貢献があまりない場合，例えば給料は高いが社員は仕事をしないような会社は，業績を上げることが難しい．逆に，組織メンバーは非常に頑張っていて多くの貢献をしているにもかかわ

らず，それに見合った報酬（誘因）が提供されていなければ，メンバーのモチベーションが下がり，場合によっては組織から離脱するだろう．仕事がきついが給料が非常に低いというような会社の社員は，仕事の手を抜くか，もっと条件のよい会社に移ってしまうことを考えれば，誰もが知っていることである．

(6)　サイモンの意義

このように見てみると，バーナード理論の重要なエッセンスは，気の利いた経営者なら経験的に知っていることであるので，これを理論的に発展させなければ「経営の知恵」の域を出ない．サイモンは，バーナードを参考に古典的組織論を批判しつつ独自の組織理論や意思決定論を構築することによって，現代組織論を確立する役割を担った．世に知られた彼の著書は多いが，その中でも『経営行動論』（訳書名）がとりわけ有名であろう．原題は *Administrative Behavior*（内容的には「管理行動」くらいになる）であるので，民間企業組織だけでなく行政組織についても当てはまる議論である．

第3章でも触れたように，サイモンは古典的組織論が追究してきた組織編成の原理は「ことわざ」にすぎないと批判した．ことわざは人が生きていく上で参考になるものであるが，常に矛盾する意味のことわざが存在する．たとえば「石橋をたたいて渡る」ということわざがあり，何事にも慎重であるべきだと教えている．しかし，一方で「虎穴に入らずんば虎子を得ず」ということわざもあり，リスクを犯さなければ成果は得られないとも教えている．結局，ことわざだけではどうすればよいかの結論は導き出せない．同様に，組織編成原理も，ひとつひとつを見るともっともな面はあるが，原理間の相互関係は明確ではなく，どの原理に沿って組織を編成すればよいかの答えは見つからない．実際，ギューリック自身も目安に過ぎないと言っているくらいであるから，改めてサイモンに指摘されるまでもないのかもしれないが，原理を並べ立てて満足していてはいけないという点では，サイモンのいうとおりである．原理を追究するというといかにも科学的な研究に思われるが，

実際には科学というにはほど遠い「知恵のリスト化」程度のものに過ぎないという厳しい指摘である．

そこでサイモンは，組織研究をするのであれば論理実証主義に立って，組織の中で個人がどのように決定するかに注目することが重要だという立場に立っている．人々はどのような場合にどのような意思決定をするのかを見ていくことが，組織を見るときに重要な側面なのである．組織は人々の意思決定を有効にサポートするような形で機能している場合に有能な組織であり，能率的な組織であるということになる．要するに，組織を意思決定の側面から把握しようとしているのである．

ここで意思決定というのは，ある目的を達成するために複数の案があって，その中からどれを選ぶかということを指している．したがって，政策決定もひとつの意思決定であるし，昼食の際にメニューの中から料理をひとつ選ぶのも意思決定である．意思決定と一口に言ってもさまざまな種類やレベルがあるわけだが，個人が自分の食べる料理を決める場合の検討すべき要素は，メニューの種類や価格，個人の好みや所持金などに限られ，それほど複雑なものではない．また，食後に十分な満足が得られなかったとしても，社会的にはそれほど大きな問題ではない．しかし，国や自治体の政策決定の場合は，考慮すべき要素は多く，扱う情報も多種多様であったり，真偽の程が曖昧であったりするため，決定過程はきわめて複雑かつ専門的になることが多い．しかも，決定の社会に及ぼす影響が大きいため，慎重かつ適切な決定が求められる．このような意思決定を，一個人が行うことは不可能であるため組織で対応することになる．

（7）　行政組織研究のこれから

古典的組織論が組織の編成という構造面に焦点を合わせていたのに対して，現代組織論は組織の機能に関心を寄せていることになる．経営者や管理者は，組織の機能，より具体的には意思決定の仕組みとプロセスを理解していなければ，組織をうまく管理できないことになる．このように，組織における意

思決定に焦点を合わせると，組織研究と意思決定研究とが一体化していくことになり，両者の違いがわからなくなる．また，定型組織の編成や組織の構造についての関心がともすると旧時代のものと思われがちである．幸いなことに，現代社会では既に多くの組織が存在し，それぞれが確固とした構造を築いているので，管理者の多くは機能面に着目していればよいことが多い．しかし，新たな組織を編成するときには，やはりどのような定型組織を編成するのかを考えなければならない．その時には，意識しているかどうかはともかく，古典的組織論の研究成果を援用しているというのが実情であろう．

　要するに，組織研究は時系列としては古典的→新古典的→現代という流れになるが，過去のものが完全に消滅して新たなものが登場してきたというより，検討対象の不十分なところを補いつつ並列して発展してきたと見るべきである．そして，これらを統合するような理論を構築していかないと，組織の編成自体についても説明責任が求められる行政にとって役に立つ研究とはなり得ないのではないか．残念ながら，現在の行政学は古典的組織論を有効に取り入れて理論を展開しているとは言い難い．むしろ，現代組織論以降の研究動向としては，行政組織を開放系として捉え，外部環境との相互作用に注目することが多い．その結果，組織内部の管理（狭い意味での，そして伝統的な意味での行政管理）よりも，「新しい公共管理（NPM）」のように，社会との関わりの中で行政管理を捉えることが多くなっている．その意義を否定するつもりはないが，一方で組織の編成，人事管理，人材養成，文書管理などについての研究を充実させる必要がある．予算についても，政治過程として見るだけでなく，作業や手続きとしての予算・会計管理について研究をすることも求められる．現状では，これらの研究は，経営学や会計学，法律学に依存しており，行政実務では行政学の必要性を感じていないといえよう．

3.　行政組織研究の応用例

　行政組織一般についての研究を見てきたが，そのような研究が実際の行政組織を理解する上でどのように役立つのだろうか．ひとつの例として，日本の府省庁の組織を検討してみよう．

　国の府省庁は特定の時期を除けば比較的安定している．戦後の大幅な省庁改編以降，50 年以上にわたって大きな変動がなかった．政府組織が変化しにくい原因については，カウフマン（H. Kaufman）が次のように整理している．

　①安定性の持つ集合的利益（collective benefits of stability）

　組織は協働関係で成り立っているため，安定的に活動を維持するため，一定の規則や基準が定められ，組織メンバーがそれらに則って行動することを繰り返す結果，現状維持的，保守的になる．

　②変化に対する計算ずくの抵抗

　変化は往々にして既得利益を侵害することがある．また，組織のアウトプットの品質維持を困難にするリスクもある．そして，心理的コスト（これまで親しんできた概念，方法を捨て去ることに対する心理的苦痛）が生じるため，既存組織は組織変更に抵抗する．

　③変化に対する精神的目隠し（mental blinders）

　a. 行動のプログラム化：一般に組織は，標準作業手続，人事管理，財務会計，指揮命令系統等を通じて組織メンバーの行動をプログラム化する．

　b. 狭隘な視点（tunnel vision）：組織では専門分化が進む傾向があるが，専門性は，ともすると視野を狭くする．

　c.「新世界」現象：小説『すばらしい新世界』（A. ハスクリー作）で描かれたような管理社会の出現を恐れるがため，人々は現状維持指向になる．

　④組織の持つ変化を拒むシステム

a. 資源の有限性：変化に必要な資源の調達ができなければ，そもそも変化を実現できない．

b. 投資資源の埋没性：多くの資源を投下して組織改編をしたとしても，その効果がただちに表れるものではない．

c. 法令の累積性：現代社会には既に膨大な法令が蓄積されており，それらの法令と関連が深い行政組織を簡単には変えることができない．

d. 非公式の制約要因：組織には，慣行，先例などの非公式のルールが存在しているが，これらが公式の法令と同じように組織の変化を阻害する．

e. 組織間合意の制約：組織は単独で活動しているのではなく，相互依存関係，組織間関係のもとで機能している．そのため，組織変更を自己の一存で行えない．

　カウフマンのこれらの指摘は，組織改編全般ではなく，新設と廃止に注目しているため，既存の組織が変化することにそのまま適用することには注意が必要であるが，日本の中央省庁があまり変動しない原因を考える上で参考になる．

　次に，カウフマンの指摘を参考にしつつ，日本の省庁組織が安定している理由を考えてみると，次のようなものが指摘できる．まず，組織法令による縛りが強いことである．各府省は，内閣法，国家行政組織法，各省設置法などの法律に基づいて設置されている．組織を変えるためには法律改正が必要になるため，それ相応の理由や根拠が必要になるし，合意形成を図らなければならない．次に，職員の採用システムが各府省別に行われ，それぞれが独自の昇進のシステムを確立している．したがって，省を再編するということは，人事システム，とりわけ昇進システムに大きな混乱を生み出す可能性があるため，官僚を中心に反対や抵抗が強い．第三に，利益集団の構成や利害関係の構図が省編成を前提に形成されており，そう簡単に組み替えることができなくなっている．一歩まちがえると，利害関係に混乱が生じ，政治的不安定の原因にもなりかねない．第四に，いわゆるキャリア組といわれるエ

リート官僚は政策志向が強いが，多数を占めるノン・キャリア組の官僚（職員）は，政策の実施活動に携わることが中心であるため，大きな改革を行うことより，現状の仕事の枠組みが安定していることの方を望む傾向がある．

　一方，カウフマンは，組織の変化を促進する要因も指摘している．すなわち，

　①組織の硬直化による環境不適応に対する外部からの攻撃・圧力

　政府組織が社会の変化に対応できていないと，マスコミを中心に外部から批判されることがある．近年ではマスコミの政府批判力が低下しているとはいえ，無視し得ない要素である．

　②他組織との競合と対抗

　行政組織は他の組織との間で権限争いを展開することがある．近年では行政におけるDX（デジタル・トランスフォーメーション）のような新しい分野でイニシアティブを取ろうと思うと，それに見合った組織体制を築く必要が出てくる．

　③資源配分の競争関係

　政府内の限られた資源をめぐって獲得競争を展開するために，より有利な組織に変わる必要もある．

　④設立目的の希薄化

　時間の経過により，また，組織自身の努力の成果により，設立目的が希薄化すると，組織の存続自体が危ぶまれるので，新たな目的や機能を追求できるように変わることを検討しなければならない．

　⑤支持者集団の離脱

　組織にとっての支持者集団を逃さないために，組織自身も変わる必要が出てくる．

　⑥政治勢力の変動

　首相や担当大臣の交代，あるいは政権交代など，政治の変化が組織改編を生むことが多い．

⑦組織再編への外圧の存在

　組織自身が変わることを求めていなくても，外部から再編成を求める圧力がかかることがある．行政改革を進めるために省庁の数を減らすという大枠ができると，個々の省庁が反対しても全体として数合わせをせざるを得なくなるような場合である．

　カウフマンが示す組織の変化を阻害する要因と促進する要因を参考に，日本の中央省庁の改編を考えてみよう．

　国の省庁組織は，政府がどのような政策を展開しようとしているのかを示すシンボル性を持っている．すなわち，組織編成や組織名称によって，政策上の優先順位を広く社会や官僚制に表明することが可能になる．一方で，省庁組織が機能を担う側面を持っているのはいうまでもない．組織には組織目的や機能が与えられ，それらを実現することが社会からはもとより政府内部でも期待されている．そのためには，時代や社会の変化に伴って生じる業務の内容や業務量などの変化に対応して組織編成や名称を変更していくことも必要になる．

　もちろん，シンボル性に重点を置いた組織改編であっても，その背景には社会環境や行政需要の変化がある．逆に機能に対応した組織改編であっても，省庁レベルの組織はいうに及ばず局レベルでもかなりシンボリックな効果がある．したがって，シンボル性と機能性はあくまでも概念上の区別であり，実態としては同時に，あるいは区別することなく追求されていることが多い．

　省（庁）→局→課の順にシンボル性が薄れ，逆に機能性が高まる．しかし，課といえども出先，関係機関から見ればシンボリックな面が強い．そして，シンボルの変更は，政策分野内の関係者全体に動揺を生み出すことがある．だからといって，社会環境や行政需要の変化に対応できていなければ，政策分野内での既存の秩序や安定が崩れたり，政策の存在理由が薄れたりするおそれがある．そこで，できるだけシンボル性に影響を及ぼさないように配慮しながら，環境変動に対応することが重要になる．その結果，実施システム

（とくに実施手段，方法が中心）の変更→政策の変更→組織の変動という順序で，機能性の面での一定の対応を常に繰り返すことによって政策分野の安定を確保するのである．

　1990 年代までは，このような環境適応で何とか乗り切れた．しかし，日本経済が低成長の時代に突入したことに加えて，社会・経済のグローバル化，複雑化などの急速な進展によって，旧来の省庁の枠組みの中では対応しきれなくなったのである．その結果，内閣機能の強化，省庁の抜本的な再編成，巨大省の設置，総合調整機能の強化などが叫ばれ，2000 年代に至ってついにシンボリックな省庁再編に踏み切らざるを得なくなったのである．

　とはいえ，組織のシンボル性を組織自らが改編することは非常に難しい．なぜなら，前に見たように組織の自己保存の本能的抵抗が生じるからである．そこで，抜本的な再編には，まず，組織の外部からの強力な政治的リーダーシップが必要となる．同時に，シンボリックな組織を再編することが，どの程度まで機能面での能力向上につながるのかの十分な分析が必要となろう．さもないと，シンボル性を侵害するような大規模な組織変更を行うのに必要となる膨大なエネルギーが無駄になってしまう．シンボル性の高い組織の改編が単なるシンボル操作だけに終わって，機能面ではたいして変化がないこともあり得る．そのような事態を避けるためには，政策実施過程における組織の機能面での社会環境適応のメカニズムとその効果，限界についての一層の研究が必要である．

　そこで，ローズ（R. Rose）のプログラム・アプローチが意味をもつ．ローズは，設置法を根拠にして存在する省庁組織で目に見えるような変化がない場合でも，それより下の組織レベルでは変化が起こっていることを指摘した上で，プログラム（ローズは政策という言葉の使い方が曖昧で混乱していることから，一貫してプログラムを使う）では変化が起こっている場合があることに注意を促している．つまり，組織だけに目を奪われてはならず，政策がどのように変化しているかにも注目しなければならないのである．行政学において，組織研究と政策研究を有機的に結びつける必要性が示唆されてい

るのである．

　また，牧原出は，内閣の各種連絡会議，審議会，私的諮問機関等をも構成要素として含む「省庁体系（departmental system）」として捉える視点を提起している．これは，たとえば若干なりとも調整権限の大きい調整官庁を1つ作ると，他の調整官庁にも影響を与え，調整官庁間で「同型化」や模倣が行われることにより累積的に調整力が強化されるという効果が生まれるような変化を体系的に把握しようとする概念である．改編される個々の組織だけに注目するのではなく，体系として把握する視点として意義のある指摘である．組織改編や行政管理を検討する際に，単一の組織のみに着目するのではなく，組織間関係の中で捉えることの必要性があるのである．とりわけ，行政管理の理論や手法の検討において，府省庁間，部局間，中央－地方間等の組織間関係や政府間関係を視野に入れることは，簡単ではないが重要である．それによって，市民にとって意味のある研究成果が生み出せるだろう．組織や行政システムがどのように変わったか，なぜ変わったかを解明することも重要であるが，それによって市民が受ける公共サービスにどのような変化が生まれたのか，市民が行政を監視したりコントロールしたりすることが容易になったのか，困難になったのかなどを解明することが重要なのである．

第**6**章
行政責任とその確保

1. そもそも責任とは

　1人だけでも「自己責任」という概念が存在しうるが，責任概念は通常は2人以上の関係の中で意味を持つ．特に行政責任を問題にするときは，多数の人や組織の関係が前提である．ここでは説明のためXとYの2人だけに単純化して責任を考えてみる．そうすると，責任とは次のように捉えることができるだろう．すなわち，XがYから与えられた（引き受けた）義務や役割を，Yの意図通りに，誠実に実施し，Yの想定した結果を生み出すことが，XのYに対する責任になる．このXを行政とし，Yを市民とすると，そのまま行政責任の定義と考えてもよい．

　もっとも，これはきわめて単純な責任の捉え方であり，行政責任においては，概念は拡大している．まず，同じ結果を生み出すなら，X（行政）はより公正・公平，民主的，能率的に責務を遂行することが求められている．そして，Y（市民）が期待している結果が出ていないと疑念を持つ場合，その疑念を払拭する責任も求められている．

　このような行政責任の捉え方は，欧米を中心によく使われる本人−代理人（principal-agency）関係を前提としている．言うまでもないが，本人が市民であり，代理人が行政である．近代国家が登場する段階で社会契約説が普及した社会では，本人−代理人関係はスムーズに理解されるだろう．しかし，日本の場合は，市民革命とは言えない明治維新を経て特種な近代国家になっ

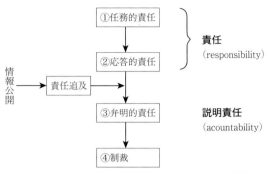

図6-1　本人－代理人関係における責任の構造

　たため，比較的最近まで行政は国家権力の一部として「お上」と捉えられることが少なくなかった．そのような社会では本人－代理人関係に基づく行政責任概念は成り立たない．とはいえ，大正時代の自由民権運動や戦後の民主化を通じて曲がりなりにも民主主義国家となって80年近く経つため，日本でも本人－代理人関係に基づく行政責任概念が理解されるようになったといえよう．

　さまざまな行政責任の概念を足立忠夫の責任論を参考に図に表すと図6-1のように整理できるだろう．この図は，XがYに対して何らかの仕事を依頼し，Yはそれを引き受けたことを前提としている．①の任務的責任は，Yが引き受けた仕事を誠実に遂行する責任であり，責任の一番基本といってもよい．この任務的責任が果たされないということは，何もしないとほぼ同義語になる．ただ，Yとしては仕事を誠実に遂行したと思っていても，Xの意図や期待に合った効果を生み出さなければ無意味である．したがって，YはXの意図や期待に応えるように仕事を進めなければならない．それが②応答的責任である．①と②は社会一般で使っている責任の概念とほぼ一致する．そして，このような責任概念に対応する英語は「responsibility」になる．

　上述の本人－代理人関係を前提にすると，責任はこれでは終わらない．Xが，効果が上がっていないとか，期待とは異なる効果になっていると思ったときには，Yに対して責任追及が可能となる．Xの責任追及が可能になるた

めには，Yの活動内容や活動が生み出した効果について十分な情報がなければならない．Yが行政の場合なら，情報公開が行われることによって市民（X）は初めて責任追及が可能となる．

　責任を追及されたYは，Xの期待に応える活動をしていることや，想定通りの効果を生み出していることをXに対して説明する責任がある．これが③の弁明的責任である．英語で言う「accountability」である．今日では，アカウンタビリティに対して「説明責任」という日本語をあてることが多いが，責任追及に対して自らの正当性や妥当性を説明することからすると「弁明的責任」の方が適している．そして，説明責任とすると，詳しくわかりやすく，包み隠さず説明するくらいの意味に誤用されやすくなってしまい，本来のアカウンタビリティの意味が失せてしまう．用語はともあれ，弁明的責任は今日においては重要な行政責任のひとつであることは間違いない．

　弁明的責任が果たされたというのは，Yの弁明（説明）に対してXが納得した場合である．納得しなかった場合は，④の制裁が生じる．すなわち，XはYに何らかの懲罰を加えたり，そもそも代理人を解任したりすることができる．もっとも，市民は行政の長を選挙で落選させたり，自治体の長の場合であれば解職請求をしたりすることができるが，行政そのものの責任を追及する有効な手段がない．明らかに法令に違反している場合は行政不服審査請求や住民訴訟などを提起することができるし，監査請求も可能である．しかし，訴訟は一般の市民にとってはかなり敷居の高い行動であるし，監査によって行政の問題点が認められることは少ないのが現実である．

　ともあれ，このように今日では，比較的単純な「やるべきことをやる」という責任から始まって，行動の結果について説明する責任まで，行政責任は複雑かつ重層化しているのである．したがって，行政責任を確保することは容易ではなく，いかにして責任を確保するかということと，責任が確保されていない時にどのように対処するのかということが重要な検討課題となる．行政責任を明確にする行政責任論と，行政責任を確保することを検討する行政統制論は，表裏一体ないし車の両輪のような関係で，どちらも古くから行

政学の重要な研究対象である．そこで次に，行政学でもしばしば取り上げられる行政責任や行政統制に関する議論を見ておく．

2. 行政責任の確保・行政統制の考え方

(1) 責任と統制の種類

行政責任論でしばしば紹介されるフィフナー（J. Pfiffner）とプレサス（R. Presthus）は，レスポンシビリティとアカウンタビリティを概念的に区別したことで知られる．そして，レスポンシビリティはすぐれて道徳的，倫理的性格を持つものであるという．のちに述べる「ファイナー・フリードリッヒ論争」においては，ファイナー（H. Finer）が行政に対する制度的，政治的統制手段を重視したのに対して，フリードリッヒ（C. Friedrich）は行政官（行政職員）の専門技術的知識や公衆の感情に対する応答性を重視した．フリードリッヒの主張するような責任を確保するためには，行政官の倫理観に依存する部分が大きいことは言うまでもない．その結果，行政責任の議論や研究は倫理的側面が強くならざるを得ないのである．西尾隆は，行政責任が行政官の内面的な倫理観によって確保されることを認め，行政官の使命感や情熱が重要であることを指摘している．

ところで，筆者は「行政は，市民の意向やニーズに対して的確に応えるような政策を展開し，その政策が実際に市民の期待に応え社会の公正・公平の向上に寄与していることを説明できなければならない」ということが行政責任であると考える．したがって，行政責任には，行政として果たすべき役割を確実に遂行しているというレスポンシビリティと，市民の期待や意図に的確に応えた成果を生み出していることを公式に立証するというアカウンタビリティの両面が含まれている．

どのような政策を展開するか，どのように説明するかを決めるのは職員個人ではない．あくまでも，行政全体として政策を決定・実施し，その結果に対して責任を負っているのである．とりわけ，政策の成果については，個々

の職員に責任が発生するというより，具体的には行政の長（大臣や自治体の長）に責任が生じるのである．

　職員個人の責任が問題となるのは，職員に職務怠慢があったり，故意または過失による不法行為があったりした場合に限定される．換言すれば，職員は法令に基づいて，あるいは組織法令に基づいた上職者の指示・命令に従って業務を遂行しているに過ぎず，法令や各種の行政計画等が市民の意向にそっているか，ニーズを満たしているかどうかということは，職員個人の責任の範囲を超えるものである．たとえば，地方自治法は職員を長の補助機関として位置づけており（地方自治法172条），職員に一義的なアカウンタビリティを課すことを想定していない．したがって，個々の職員に重要となるのはレスポンシビリティであると言えよう．そしてそのレスポンシビリティは，多様な行政責任概念の中では，行政官（行政職員）が職務にあたって有すべき意識や倫理観に関わる限定された部分である．もっとも，レスポンシビリティは多様な概念であり，たとえばギルバート（C. Gilbert）は①応答性，②柔軟性，③一貫性，④安定性，⑤リーダーシップ，⑥正直さ，⑦わかりやすさ，⑧必要な能力，⑨有効性，⑩慎重さ，⑪適正手続き，⑫アカウンタビリティの 12 の価値から成り立つ複合的な概念であるとしている．それらを類型化するために示したものが図 6-2 に示される有名な枠組みである．

　この図において，縦軸は，行政責任を確保する手段が法令等によって定められ制度化された公式のものを「制度的」とし，法的根拠があるわけではなく，したがって公式の制度として存在しているわけではないが，実質的に行政を統制しているものを「非制度的」として示している．横軸は，行政責任を確保する手段や要素が，行政の内部に存在する場合を「内在的」とし，行政の外部にあって外から行政を統制する場合を「外在的」としている．縦横の組み合わせで 4 つの象限ができ，それぞれに該当する典型的な制度や要素を例示している．たとえば，議会や裁判所は憲法や各種法令に根拠を持った制度であり，行政の外部にあって行政を統制しているので第 1 象限（外在的・制度的）に入る．また，行政職員（行政官）が自らの倫理観に基づいて

制度的（formal）

内在的・制度的
階統制による統制
予算統制
人事管理

外在的・制度的
議会による統制
司法による統制

内在的
（internal）

外在的
（external）

内在的・非制度的
倫理観
公務の持つ代表性・
専門性

外在的・非制度的
市民参加・市民活動
圧力団体
（マスコミ）

非制度的（informal）

出典：C.E. Gilbert（1959）"The Framework of Administrative Responsibility," *Journal of Politics*, 21（3），
pp.382-386. を基に筆者作成．

図 6-2　行政責任（Responsibility）の議論の主要関心

行動するとか，専門的な観点から最も合理的な手段を採用する場合，その際に援用された規範意識や基準，あるいは理論が実質的に行政を統制している．しかし，倫理に基づいて行動するということは，個々のケースに法的根拠があるわけではなく，文字通り職員自身の倫理観に依拠しているにすぎない．したがって，このような統制は第3象限（内在的・非制度的）に入る典型ということになる．

(2) ファイナー・フリードリッヒ論争

このような行政責任を確保する手段（言い換えれば行政統制の手段）の整理を念頭におくと，いったいどのような制度や手段が，最も有効に行政責任を確保できるのかの議論が整理しやすくなるだろう．そして，どの象限の行政統制が重要なのかについては，行政学には有名な論争がある．それが，「ファイナー・フリードリッヒ論争」と呼ばれるものである．

ファイナーは，行政が議会に対して弁明的責任（accountability）を負っていることに着目し，議会による伝統的な行政統制の重要性を強調した．一方，

フリードリッヒは，行政が市民の思い（ニーズや意向）に応えなければなら
ない応答的責任（responsibility）と，行政活動が科学的な規準に対応して期
待された役割を遂行しなければならないとする「機能的責任」の重要性を指
摘した．前者が第 1 象限の統制手段に着目しているのに対して，後者は第 3
象限の統制手段を重視している．

　「論争」として紹介されるので，どうしても二者択一の視点でどちらの主
張を支持すべきかと考えがちであるが，現実にはどちらか一方では行政責任
を確保することは不可能である．時代や具体的な政治・行政の状況に応じて
有効な組み合わせを考えるのが合理的である．しかし，近年では 4 つの象限
の統制手段が全て機能不全になっているという事態が生じることも珍しくな
い．たとえば，官僚が首相に「忖度」して，政治家にとって都合の悪い行政
文書を改ざんするという事件が起こったが，このケースでは官僚自身の倫理
観が欠けていたのは言うまでもない．また，与党が多数を占める国会では実
態の解明や責任追及が十分にできない．さらに，上司が部下に改ざんを命じ
るということは，階統制による統制が機能するどころか，不正を命令すると
いう逆機能を起こしている．最後の砦である外在的・非制度的な統制はどう
かというと，マスコミの追及は迫力を欠き，徹底した取材による実態解明に
はほど遠い報道であった．市民の多くが政治的無関心に陥り，政治や行政に
関する正確な情報に基づいて行動することをしなくなっている．選挙の際に
は嘘を言ってもよいと公言するような政治家（政党）に票が集まる状況では，
有効な行政統制は期待できない．

　国であれ自治体であれ，行政が無責任状態に陥っており，市民の利益を害
するような活動をしていることを明らかにできないとか，行政責任を有効に
確保する方法を提示することができないような行政学では，社会に貢献して
いるとは言えない．クーパー（T. Cooper）は，行政職員の責任感は，①個人
の特性，②組織構造，③組織文化，そして④社会の期待によって影響を受け
ていると指摘しているが，このような視点に立って行政責任を議論するとす
れば，行政学が蓄積してきたさまざまな知見や理論が大いに役立つだろう．

行政責任とは何か，その責任を確保するにはどうすべきかを研究することは，行政学にとってはこれまでになく重要な課題となっている．

3. 行政統制と市民参加

(1) さまざまな市民参加

ギルバートの整理からもわかるように行政を統制する手段はさまざまあるが，行政が市民の負託を受けて活動しているという観点からすれば，市民による直接のコントロールが重要であるのはいうまでもない．そして，市民参加はその統制手段の典型である．もっとも，国のレベルで一般市民が参加するというのはあまり現実的ではない．市民参加を通じた行政統制は自治体においてこそ意味を持つ．したがって，以下では自治体を前提にした市民参加に関わる行政統制を検討する．

自治体に限定したとしても，市民参加の制度や仕組み，手段・方法は多様であるので，行政統制の実効性という点ではかなりの幅がある．また，必ずしも市民参加という名称が使われるわけではない．最近では参画が使われることが多くなっているし，パートナーシップとか協働という表現も少なくない．それぞれに違いはあるものの，自治体などの行政実務では定義もなく，明確な使い分けも行われていないのが実態である．

さまざまな市民参加がどこまで実効性があるのかを理解する上で有益な整理としてはアーンスタイン（S. Arnstein）の「市民参加の梯子」がよく知られている（表6-1参照）．

行政が公共事業を実施するにあたって地元住民に対して事業計画の説明会を行うのも，広い意味では市民参加と捉えられなくはないが，梯子でいえば1段目かせいぜい2段目である．なぜなら，住民説明会はあくまでも行政の考え方や決定内容の説明であって，たいていの場合は既に計画内容は決まっているからである．説明会では行政は質問には答えるが，意見を聴いてそれを取り入れて案を修正することはあまり想定していない．反対があまりに激

表6-1　アーンスタインの市民参加の梯子

市民の力が活かせる市民参加 （権利としての参加）	8段	市民によるコントロール
	7段	委任されたパワー
	6段	パートナーシップ
形だけの市民参加 （形式的参加）	5段	懐　柔
	4段	意見聴取
	3段	お知らせ
市民参加とは言えない （実質民意無視）	2段	セラピー
	1段	操　り

出典：S.R. Arnstein（1969）"A Ladder of Citizen Participation",
Journal of the American Institute of Planners, 35（4）, pp.216-224.

しい場合には，例外的に説明会で出た意見や質問を反映した微修正が行われ
ることもまれにはある．

　事業計画を策定している段階で意見聴取をする場合もあるが，意見が反映
されて計画内容が変わるということは極めて少ないので，これも4段目か5
段目ということになる．近年，条例制定や計画策定の際に行われるようにな
ったパブリック・コメントがその例といえる．パブリック・コメントは
2005年の行政手続法改正により法制化されたもので，国の行政機関が政令
や省令等を定めようとする際に一般から意見を聴取する制度である（行政手
続法39条1項）．自治体に対しては努力義務が規定されている（同法42条）が，
条例を制定するなどして実施している自治体も半数を超えている（表6-2参
照）．しかし，そもそもあまりコメントが出てこないことが多いという問題
もあるが，パブリック・コメントは案が固まった段階で実施されているため，
いろいろな意見が出たとしても実際にはあまり反映されない点で，制度は形
骸化している．

　その意味で，現状の多くの市民参加は「市民参加の梯子」でいう「実質的
民意無視」か「形式的参加」になっている．行政統制としての本来の市民参
加は6〜8段目にあたるが，この段階に至ると，今日の表現では参加より協
働（co-production）の概念がよく当てはまるだろう．

　既に公式に決定された政策を実施する段階での市民参加は，当然，市民の

表 6-2　自治体における意見公募手続制度の制定状況

	都道府県 (47 団体)		指定都市 (20 団体)		中核市 (48 団体)		施行時特例市 (36 団体)	
	団体数	構成比	団体数	構成比	団体数	構成比	団体数	構成比
制定済み	46 (46)	97.9% (97.9%)	20 (20)	100.0% (100.0%)	48 (43)	100.0% (100.0%)	35 (40)	97.2% (97.5%)
検討中	0 (0)	0.0% (0.0%)	0 (0)	0.0% (0.0%)	0 (0)	0.0% (0.0%)	0 (0)	0.0% (0.0%)
予定なし	1 (1)	2.1% (2.1%)	0 (0)	0.0% (0.0%)	0 (0)	0.0% (0.0%)	1 (1)	2.8% (2.5%)

注：括弧内は前回 2015 年 1 月調査時の数値である．
出典：総務省「意見公募手続制度の制定状況に関する調査」．

主体性や自主性に制限がある．もちろん，実施段階でも一定の裁量は認められるし，とくに市民参加方式で実施する場合は，市民の創意工夫の余地を残しているのが一般的である．しかし，そもそもどのような課題に取り組むのか，どのような成果を生み出そうとするのかを決める段階で市民の意見が反映されなければ，行政統制としては効果的とはいえない．市民と行政が政策形成の早い段階から意見交換をしながら行動し，決定，実施，評価の政策過程に市民が関与することが本来の市民参加である．

(2)　市民参加と政策過程

　自治体における政策形成から決定，実施に至るプロセスについて，現状と将来像を図にまとめると図 6-3 から 6-5 のようになる．従来，自治体としてどのような問題を取り上げ対応していくかの基本的な合意から始まって，具体的な対応策（政策）を決定するまでの過程は，長（知事・市町村長）と有力な政治家，一部の影響力が強い利害関係者（いわゆる有力者など），そして幹部行政職員などによって担われており，一般市民からはブラックボックスになっていた．市民は決定後に初めて知らされ，合意をするように強要されることも少なくないのである．その結果，実施段階では市民と行政の対立が見られることになりがちである（図 6-3）．

（2017 年 10 月調査）

その他の市区町村 （1,637 団体）		合計 （1,788 団体）	
団体数	構成比	団体数	構成比
892 (854)	54.5% (52.1%)	1,041 (1,002)	58.2% (56.0%)
41 (130)	2.5% (7.9%)	41 (130)	2.3% (7.3%)
704 (654)	43.0% (39.9%)	706 (656)	39.5% (36.7%)

それに対して，市民参加が唱えられるようになり，今や全ての自治体で何らかの市民参加（参画）の仕組みを持っている状況になっている（図 6-4）．政策形成やその実施の基本的な構造は変わっていないが，政策形成過程に市民参加が設定されている．ただ，政策形成過程の比較的後半（図では右側）で市民参加が行われるのが一般的である．つまり，基本的な枠組や方策（政策）の概要は決まってからの市民参加になっていることが多いのである．このような市民参加であっても，実施段階で市民の協力が得られる可能性が高まり，従来の対立だけではなく市民と行政が共同（協働ではない）して政策を実施することもある．

　市民参加をより実質化すると，図 6-5 のようになる．政策形成過程のメンバー構成が変わり，政策形成に市民代表が加わり，行政内部でも幹部職員だけでなく関係する一般職員も政策形成に積極的に関わるようになることが期待される．これにより，自治体が対応すべき問題の選定や政策課題の設定の段階から，市民や現場の行政職員の意見や知見が反映されるようになる．このように参加メンバーが変わることによって，従来はブラックボックスであった政策形成過程の透明性が高まることも期待できる．ただ，政策形成に参加しているのはあくまでも一部の市民であり，どの程度まで地域全体の市民を代表しているかについては疑問や不信が生じることもある．それゆえ，このような政策形成過程であっても，市民からのチェック体制が必要になる．そして，政策形成過程が変わることによって，政策の実施段階も変化が期待される．一緒に決めたことを一緒に実施するという視点から，多くの市民と行政が相互依存や相互補完の関係を結んで政策を実現するようになる．このような状況が生まれれば，市民と行政の協働が実現しているといえる．

　ただ，このような状況は現在の制度や仕組みが前提としていないため，検

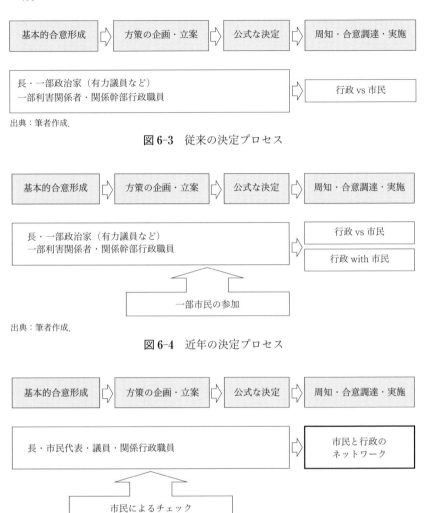

出典：筆者作成.

図 6-3　従来の決定プロセス

出典：筆者作成.

図 6-4　近年の決定プロセス

出典：筆者作成.

図 6-5　将来の決定プロセス

討すべき課題も残されている．たとえば，政策形成に市民が直接関わるとしても，一般市民に決定権を与えるのか，選挙で選ばれた長や議員との関係はどうなるのか，実施段階での行政の担うべき役割や機能は何か，あるいは行

政の責任の範囲はどこまでなのかなどを検討する必要がある．これらの検討
は，理念や理想論ではなく，現在の実務の実態や法制度などを踏まえた現実
的な検討でなければならない．

　現状の自治体行政の発想は，法令規則を遵守することに偏っているため，
市民の提案の内容を判断する基準が法令適合性にある．その適合性の判断も，
国の指針や基準に従うことが多い．そのため，市民の自由な発想を生かした
政策を自治体独自に生み出すことには大きな壁があるのだ．しかも，次の第
7 章でも検討するように，近年，国は自治体の法令解釈権や条例制定権を侵
害するようなことを平気でするようになっている．たとえば，2023 年 4 月
に施行される改正「個人情報の保護に関する法律（個人情報保護法）」に関
しては，国の個人情報保護委員会が自治体等に向けてガイドラインや Q&A
を一方的に示し，個人情報保護委員会の考えに沿わない内容の条例は制定さ
せないと露骨にいってくる現実がある．図 6-5 のような自治体の政策システ
ムが理想だとしても，それを実現するには自治体の行政がそれに見合った組
織編成と専門性を備えなければならない．つまり，市民にとって意味のある
行政責任を確保するためには，単に責任確保のための制度や仕組みだけを検
討すればよいのではなく，行政組織の編成や管理の仕方，あるいは専門性の
確保や向上などについての検討も必要になるのである．その点では，行政に
おける政策形成，政策実施など行政の実務や実態はもとより，行政組織の編
成・管理やその意思決定の特徴，さらには行政活動全般を研究してきた行政
学の貢献すべき余地は大きい．

第7章
地方自治を確立するための地方分権

1. 日本の地方制度の歴史

　近代国家の建設が最優先課題であった明治政府にとって，統治システムの主要部分である地方制度の整備はきわめて重要であった．そして，日本の地方制度については，明治時代に廃藩置県（1871年）によって現在の都道府県の基本枠組みができ，市制町村制（1888年）によって市町村の原型ができた．もっとも，府県や市町村という名称こそは同じであっても，今日の地方制度とは実態は大きく変わっているのはいうまでもない．しかし，日本の地方制度においてしばしば問題になる中央集権的な性格が色濃く残っていることや，国が地方に対して後見的に関与することが多いことには，明治時代から続く風土や文化が大きく影響していることは忘れてはならない．

　第二次世界大戦後に今の地方制度の枠組みが確立された．憲法92条で「地方公共団体の組織及び運営に関する事項は，地方自治の本旨に基いて，法律でこれを定める．」と定められたことを受けて，1947年に地方自治法が施行された．憲法では地方自治の基本原則を「地方自治の本旨」と定めているだけで，その具体的な内容は条文から読み取れない．憲法学を中心に，一般には「住民自治」と「団体自治」の2つの原則からなるものと考えられている．もっとも，大森彌と大杉覚がいうように，「地方自治の本旨」にあたる英語が「the principle of local autonomy」であることが象徴しているように，文字通り地方の「自律」であり，意思決定における自主性と捉える方が「本旨」

にふさわしい.

　とはいえ，地方自治法も住民自治と団体自治を基本としており，住民自治を保証するための制度や仕組みを定めるとともに，団体自治を実現するために地方公共団体について規定している．制定段階では，戦前の地方制度が軍国主義と全体主義に支配された，きわめて集権的な制度になっていたことの反省から，かなり民主的で分権的な制度に改められた．ところが，これまでに度重なる改正を受け，分権化と集権化の間で揺れ動いている.

　1950年の改正では，内閣総理大臣・都道府県知事に勧告権を付与し，あるいは特別区（東京23区）長の公選制を廃止し，1956年改正で議会の定例会回数と常任委員会数の制限，都道府県の部局の制限，内閣総理大臣による都道府県知事の適正な事務処理の確保措置に関する規定を設けたことなどは露骨な集権化である．一方，1998年の改正では，特別区を「基礎的な地方公共団体」として位置づけ，特別区の自主性・自立性を強化し，都から特別区へ事務（清掃事務等）を移譲したが，これは分権化を指向している．そして，近年，最も分権を推進したのが1999年の改正である．このときには，戦前からの中央集権的地方制度の典型と言われていた「機関委任事務」が廃止され，国の地方への関与についても大幅な見直しが加えられた.

　このような動きは，地方の事情や都合というより，国の方針の変化にともなう中央−地方関係の変更という色彩が強い．戦後まもなくの分権化の流れが数年後に見直されたのは，朝鮮戦争に伴うアメリカの東アジアにおける安全保障政策の変更を受けて，日本を自由で民主的な国にするより，中央統制がとれたコントロールしやすい国にすることが求められたことが背景になっている．戦前からの支配権力は戦前回帰を目指していたので，アメリカの方針転換を「渡りに船」のように利用して，集権的な地方制度に変えていった．その後，1960年代に入ると，国が高度経済成長を推し進めたために，国の権限や役割を強化する傾向が強まった．経済的な豊かさが実現することを目の当たりにすると，人々が地方自治の必要性より経済成長に価値を認めるようになるのも無理からぬことである.

　このように，日本の地方制度は国の方針転換に翻弄されつづけており，その結果，本当に地方からの動きで地方分権を勝ち取ったという経験があまりないといえる．そのため，分権的な制度が導入されたとしても，自治体の方でその制度を活用して自治政策を展開するという動きがあまり生まれなくなってしまった．そして，その傾向は 1990 年代半ばから大いに盛り上がったと考えられている地方分権の動きの中に見て取れるのである．

2.　地方分権の進展

　1990 年代に入ると地方分権の機運が高まってくる．低成長の時代に入った日本では，1980 年代以降は国と地方ともに財政事情が悪化し，福祉を中心とした民生部門の支出を削減することを目指した「ポスト福祉国家」の模索が始まった．同時に，急速に進む少子高齢化の進展や東京一極集中の影響で疲弊する地方の再生と活性化が喫緊の課題となった．高度経済成長に対応した集権的地方制度が，今日的な諸問題を解決するには不適切であるだけでなく，問題を深刻化させる一因だと考えられるようになったのである．

　地方分権が進められる理由としては，地方分権を進めるために国が設置した地方分権推進委員会の中間報告に示されていた以下の 5 点を挙げることが多い．

①中央集権型行政システムの制度疲労

　1947 年にできた地方制度は，たびたび修正を受けてきたが，これからの時代に対応するためには旧式になってしまっており，根本的に新しい制度に変えていく必要があるとしている．国が適切に修正を加えていれば制度疲労は生じなかったのかもしれないが，実態としては中央集権的な制度に変えてきたのであるから，地方分権の視点からすれば困った制度になっている．これは制度疲労というより，集権化を進めたことにより制度が地方自治にとって不適合になってしまっていたというべきだろう．

②変動する国際社会への対応

　グローバル化やボーダレス化が社会・経済・政治のあらゆる側面で進展しているため，国（中央政府）の役割は外交・安全保障などに集中し，地方の問題は地方に任せる必要が出てくるとする見解である．地方の問題解決は国の手に余るから，地方に任せるということだと理解すれば，国が能力の限界を認めて自治体に統治機能の一定部分を依存することを宣言したことになる．しかし，国は自らの誤りや無能を認めるはずがないので，地方のことは地方に「やらせる」ということになりがちである．その結果，実施業務は地方に任せるが，何をどのようにやるかという政策決定の部分は国が手放さないことになる．

③東京一極集中の是正

　東京一極集中を是正する試みがどれも失敗している中で，政治・行政上の決定権を地方に分散（移譲）すれば，社会・経済の東京指向を解消することができるのではないかという希望的観測である．たしかに，地方の行政は国の顔色を常にうかがっているし，足繁く陳情することは昔とそれほど変わっていないので，本当に権限や財源が地方に移譲されれば一極集中のごく一部は解消するかもしれない．しかし，そもそも権限移譲がどこまで進むのか，財源は伴うのかという問題がある上に，地方の民間主体は権限や財源を意識して活動していることは少ない．毎日，行政に対して許認可申請をするような人はいない．また，社会や経済に対する影響力が大きい大企業の場合は，全国規模の事業活動を展開することが多いので，権限は国に集中している方が手続き的にも政治的にも好都合である．一極集中の根本的原因の解明と解消から目を逸らせるだけの議論になりかねないことに留意が必要だ．

④個性豊かな地域社会の形成

　高度経済成長期には全国一律横並びの価値観が支配的であったが，これからは個性，ゆとりを実現するために，地方固有の自然・歴史・文化を活かした地域を地方が自律的に作っていく必要があるという考え方である．個性についての定義や枠付けはないので，「田舎」のよさを活かすか，「都会」を目

指すかは自由ではあるが，現実問題として地方がこれから「都会」になることはあまり考えられない．つまり，そこでの個性は「田舎」的なものが前提になっている．田舎に住む人は少々不便でも自然豊かな環境で暮らすことを求めているというような固定観念があるように思える．たしかに，一昔前に比べて個性，多様性，ゆとり，いやしなどのキーワードが多用されるようになり，都市部から「田舎」への移住やＩターン，Ｊターンの件数も増えている．しかし，「個性豊かな地域社会」が自立できるだけの人口規模や経済力を身につけるという点では，現在の移住者数は焼け石に水である．そして，既に「田舎」に住む人には，現状を受け入れるべしといわんばかりである．地方が経済的に自立可能であり，その地域の個性を自由に設定できるようにすることが課題である．したがって，個性豊かな地域社会の創出は地方分権を進める理由や目的ではなく，本当に地方分権が進んで地方自治が実現した結果であろう．

　⑤高齢社会・少子化社会への対応

　少子高齢化の時代には，保健・医療・福祉・教育・子育てなどの対人サービスの重要性が高まるが，これらのサービスを適切かつ効率的に提供するためには，住民に身近な基礎自治体（市町村）が自律的に活動できることが必要であるという認識である．介護保険制度がまさにこの考え方を体現している．保険制度のように規模が大きいほど安定するものを市町村単位で実施するという冒険をあえて選択したのは，介護サービスの質・量は，サービスの受け手である高齢者自身やその家族，地域社会などの実情や実態によって変わってくるからである．住民に身近な基礎自治体でなければ実態に合ったサービスを提供できないことから，負担とのバランスを考えながら最適解を見出せるのは基礎自治体なのである．これももっともなことであるが，地方には保険制度を維持したり，介護サービスに対する必要な財源確保をしたりする経済力や財政力が備わっていないという大問題が未解決であると，結局は制度が維持しきれなくなる．地方分権の美名の下に，少子高齢化や人口減少の解決を地方に押し付けてしまうおそれがある．

　以上のように，いずれももっともなことをいっているので，地方分権推進委員会の中間報告それ自体を批判するつもりはないが，国の設置した委員会にいわれると疑問を持つ部分もある．このような怪しげな地方分権になってしまったのは，1990年代に地方分権が登場した背景にある．前述のように，1980年代からの行政改革において「ポスト福祉国家」を模索する中で，あくまでも国（中央政府）と自治体（地方政府）を合わせた政府全体の規模の縮小を目的とし，国主導で地方分権が進められたのである．もっぱら地方自治の確立と強化を目指したというわけではないし，地方からの強い要請が発端になった動きであるとは言い切れない．このような状況であるから，地方にとって意味のある地方分権が順調に進むことは最初からほとんど想像できなかったし，近年は完全に足踏み状態である．

　とはいえ，1990年代以降の地方分権によって地方制度や仕組みが変わったことも事実である．1995年の地方分権推進法から99年の地方分権一括法の制定に至るいわゆる「第1次地方分権改革」では，「上下・主従」となっていた国と地方の関係を「対等・協力」の関係に見直すことが目指された．具体的には，機関委任事務制度の廃止と事務の再構成，国の関与の抜本的見直しと新しいルールの創設，権限移譲，条例による事務処理特例制度の創設などが行われた．また，その後の「第2次地方分権改革」では，地方に対する規制緩和（義務付け・枠付けの見直し），事務・権限の移譲，国と地方の協議の場の創設などが行われた（表7-1参照）．

　真の地方自治を確立するための地方分権を進めていく上では，必要条件（前提条件）と十分条件の双方を満たす必要がある．国に権限や財源が集中した集権的制度のもとで自律的な地方自治を実現するのはそもそも不可能である．したがって，地方自治が可能な制度に変えなければならないが，それが必要条件である．90年代の地方分権改革といわれるものは，必要条件を満たすための取り組みであった．一方，新たな地方制度のもとで，自治体の自律性が高まり，それぞれの地方の実態や市民の意向に沿った政策が生まれるなどの実体的変化が生まれることで満たされるのが十分条件である．しか

表7-1　地方分権改革の主な内容

第1次地方分権改革	第2次地方分権改革
1. 機関委任事務制度の廃止と事務の再構成 (1) 知事や市町村長を国の下部機関と構成して国の事務を執行させる仕組みである機関委任事務制度を廃止（351法律改正） (2) これに伴い主務大臣の包括的な指揮監督権等も廃止（通達行政の廃止） **2. 国の関与の抜本的見直し，新しいルールの創設** (1) 機関委任事務に伴う包括的指揮監督権を廃止 (2) 国の関与の新しいルールを創設 ・関与は個別の法令の根拠を要すること ・関与は必要最小限のものとすること ・関与の基本類型を定め，原則としてこれによること等 (3) 個別法に基づく関与を整理縮小（138法律） **3. 権限移譲** (1) 個別法の改正により，国の権限を都道府県に，都道府県の権限を市町村に移譲（35法律） (2) 特例市制度を創設し，20万人以上の市に権限をまとめて移譲 **4. 条例による事務処理特例制度の創設** それぞれの地域の実情に応じ，都道府県の条例により，都道府県から市町村に権限を移譲することを可能とする制度 **5. その他** (1) 必置規制の見直し（38法律） (2) 市町村合併特例法の改正	**1. 地方に対する規制緩和（義務付け・枠付けの見直し）（第1次・第2次・第3次一括法等）** 第2次地方分権改革で見直すべきとされた1,316条項に対し，975条項の見直しを実施 **2. 事務・権限の移譲等** 検討対象（地方が取り下げた事項を除く）とされた96事項に対し，66事項を見直し方針で措置（69%） 国から地方 ・移譲する事務・権限（48事項） ・移譲以外の見直しを行う事務・権限（18事項） 都道府県から市町村 勧告事項である82項目に地方からの提案等を含めた105項目に対し，72項目の移譲を実施（69%） 都道府県から指定都市 検討対象とされた64事項に対し，41事項（現行法で処理できるもの（8事項）を含む）を見直し方針で措置（64%） ・移譲する事務・権限（29事項） ・移譲以外の見直しを行う事務・権限（4事項） **3. 国と地方の協議の場** 国と地方の協議の場に関する法律（H23.4.28） 地方に関わる重要政策課題について，地方と連携して対処していくため，同法に基づき引き続き運営

出典：筆者作成.

し，十分条件を満たすために重要な役割を担うべき自治体側に，地方分権を通じて自律性を高めなければならないという自覚があまりなく，主体的に政策を生み出していこうという意欲と能力が十分にあるとはいえない.

　地方分権の十分条件を満たして，地方分権によって目指された理想の姿を

実現する上で，自治体の役割が大きいことはいうまでもない．期待されている役割を果たすためには，自治体にはどのような課題があるのか，そしてその課題に対して行政学は何をすべきかを次節で整理しておこう．

3.　自治体の課題と行政学

(1)　地方分権と逆行する国の動き

　前述のように地方分権が国主導のような形で進められたことに加えて，分権化の取り組みが20年経過する頃から「地方創生」なる概念にすり替えられてしまい，自治体の自立性を高めることとは正反対の動きが強まる．地方創生政策では，「自律的で持続的な社会」を「創生」するとしているが，国のお荷物にならないように地域経済を立て直し，地方を自立させることを目指しているといえる．曖昧な新語で政策の新鮮味を出そうとしているが，実態は旧態依然の交付金や補助金を使った地域（経済）振興を目指すような手法が中心になっている．しかし，地方自治の確立にとって決定的に問題となるのは，地方創生政策の決定過程と実施過程にある．

　2014年5月に日本生産性本部の日本創成会議・人口減少問題検討分科会（座長・増田寛也元総務相）が「消滅可能性都市」を発表する．2040年には全国896の市町村が「消滅可能性都市」に該当し，そのうち523市町村は人口が1万人未満となって消滅の可能性が一層高いことをセンセーショナルに公表したのである．人々に不安を植え付け，緊急の対応が必要であるというイメージを作った上で地方創生政策を打ち出し，自治体には有無をいわせず政策を実施させるという手法であった．国の政策に従って，国の示した事業案を参考に事業を展開する自治体に対しては交付金など金銭面で大盤振る舞いをして，いわば金で釣るという手法でもある．財政が厳しく，事業の展開が困難である自治体にしてみれば，交付金ほしさにいわれるがまま「総合戦略」を作成し，それに基づく事業を展開することになったのである．地方がじっくり現状を分析し，これまでの取り組みを評価した上で新たな取り組みを検

討するような余裕も機会も与えなかった．その結果，自治体の政策形成能力を低下させてしまい，それが10年近く続いているのである．幸い，地方創生を打ち出した安倍晋三内閣の終焉とともに地方創生自体が先細りになっているので，最悪の事態は若干改善されつつある．

　しかし，事情はそれほど単純ではない．地方創生以外にも地方の自律性を高めることを阻害する要素がある．内閣府ですら問題にしていることであるが，国が法律によって地方に計画策定を求める件数がきわめて多いことは，地方の自律性を阻害する要素の典型例である．

　法律によって地方に計画策定を義務づけているもの，計画策定を努力義務としているもの，計画策定ができるとしているもの，それぞれを都道府県と市町村に分けて集計した結果が図7-1のa（市町村分）とb（都道府県分）である．いずれも計画策定に関する条項数であるため，計画数を示しているわけではない．1つの計画について複数の条項が関わることがある．全体的な傾向として，鈍化しているとはいうものの総数は増加傾向にある．

　この数字の何が問題かというと，法律によって計画策定を求められた自治体は，多くの場合，計画の必要性や必然性を検討することもなく，国の定める中央計画に従って計画を策定してしまっていることである．計画策定が義務づけられている場合は特に問題であるのはいうまでもない．しかし，努力義務や「できる」という表現など，一見すると自治体の判断に委ねられている場合でも，実際には国の意向に沿った計画策定が行われることが少なくない．なぜなら，計画を策定することで国からの財政的支援が受けられるからである．少しくらい地域の実態や必要性に合わないものであっても，補助金などをもらって実施できるのであれば，何もしないよりはよい．財政難の自治体は自主財源ではほとんど新規事業ができず，市街地の再開発や施設の更新などもできない状態である．そのような自治体にとっては，財政支援は喉から手が出るほどのおいしい話なのである．実際，計画を策定することが「できる」という緩やかな縛りの場合が，全体の70％に財政支援が組み込まれており，「義務」「努力義務」よりも充実している．金で釣るという意図が

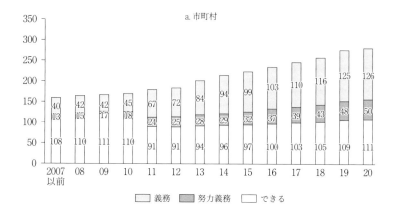

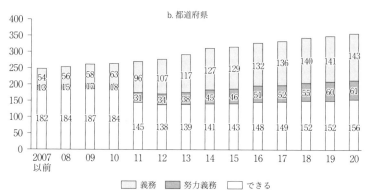

出典：内閣府地方分権改革「計画の策定等に関する条項について（令和4年2月28日差替）」
https://www.cao.go.jp/bunken-suishin/doc/r03/joukou_seiri_0402.pdf

図7-1　計画の策定等に関する条項数の推移

透けて見える．権限があるとかないとかの次元ではなく，策定しろと言われれば従順に策定するという構造が出来上がっていることを問題としなければならない．

このような問題点を実態的に解明し，改善の方策を検討するためには，国と地方の関係の根本的な見直しが求められるため，政治学や法学の観点からの研究と議論が必要である．しかし，理念論や規範論だけでは事態は変わらない．たとえば自治体における行政計画の策定過程の緻密な検証が必要にな

る．組織間関係やアクター間の関係，法令と意思決定の関係，細かな手続き
の実態など，行政学が従来から検討してきた事柄が重要になる．

(2)　地方自治体としてやるべきこと

　このように，怪しげなところも少なくないが，まがりなりにも地方分権が
進められてきたことを受けて，自治体はどのように対応すべきだろうか．地
方ごとに独自の歴史や文化的背景があり，気候風土も違う．もちろん，そこ
に暮らす人々の生活や社会・経済の状況にも違いがある．そうだとしたら，
自治体に求められる対応は自ずと明らかになる．

　第一に，それぞれの地方の現状把握を的確に行い，現状の下での問題を明
確にする必要がある（第8章および第10章を参照）．しばしば，政策は問題解
決の体系とか，問題解決の方策と言われるが，肝心の問題が明確でなければ
そもそも妥当な政策を生み出せない．そこで，まずさまざまなデータや情報
を駆使し，多くの学問分野に関わる理論や学説を参考にする必要がある．小
規模自治体であれば，データ分析や理論的検証を専門機関や専門家に依頼す
るのもよいだろう．このことは，逆に言えば統計資料や理論などから認識で
きる現状や問題は，自治体でなくてもそれなりにできることを意味している．
国や広域自治体である都道府県，あるいは研究者の役割にも期待が持てる．

　しかし，市民の日常生活の中にある，不平，不満，不便，あるいは漠然と
した期待や要望といった統計や資料になっていない情報を把握することも必
要である．それらを捉えることができるのは基礎自治体であり，その中でも
市民と直接接している第一線の職員たちである．そこで自治体職員には，声
なき声を見つけ出し，誰にもわかるような形の言葉に変換する役割を果たす
ことが期待されるのである．このような第一線職員に対する期待を主張する
ことができるのも，行政学を中心に進めてきた政策実施研究の成果があるか
らである．ただ残念なことに，これまでの自治体および自治体職員は，これ
らの役割についての認識が十分ではなく，日常業務の中で問題を発見するよ
うな体制が整備されていない．また，問題発見のためのスキル向上の取り組

みも十分ではない.

そこで第二に,自治体に期待されている役割を遂行するために欠くことのできない問題の発見から課題の抽出,そしてその課題実現のための解決策(通常,政策と呼ばれるが,具体的には事業であることが多い)の立案などを行えるような組織体制の確立,職員の意識改革とスキルアップなどが求められることになる.従来のように組織を企画部門と事業部門に分けるような編成ではなく,企画立案と実施を有機的に結び付けた新たな組織編成を考案する必要がある.また,国の府省庁編成に対応したいわゆる縦割り編成がよくないということは周知の通りで,近年は横割り型ないし分野横断的組織編成が見られる.しかし,理論的な裏付けがあるわけではなく,多くは長(知事や市町村長)の思いつきや好みではないかとも思える.これらも,しっかりとした理論的根拠をもって見直さなければならない.一方,積極的に問題発見をしようとしたり,現行の政策(取り組み)に対して問題意識をもったりする職員をしっかり評価するような人事管理の手法も必要となる.これらの組織(編成)や行政管理に関する研究と理論化は行政学がその創生期から取り組んできたテーマであり,本来,得意とするものである.行政学の貢献が期待される.

地方分権とは何か,どのように地方分権を進めるかについては,行政学というより政治学,経済学,法学,社会学の共同作業で検討すべきだが,上に述べた自治体に求められている喫緊の対応については,行政学の貢献が大いに期待される.地方分権が実を結び,真の地方自治が確立することに行政学がその存在感を増すチャンスがあるといえよう.

第**8**章
政策に対する研究アプローチ

1. 政策の概念

(1) 社会における「政策」のさまざまな用法

「政策」は政治や行政の世界では日常的に多用されているが，その意味や具体的な内容については，合意や共通の理解があるとはいえない．使う人がそれぞれ自分なりの定義で使っていたり，時と場所で使い方が異っていたりする．そこで，まず「政策」が一般にどのように使われているのかを概観してみよう．なお，「政策」という用語ないし概念は，必ずしも政治や行政の独占物ではなく，企業をはじめ民間のさまざまな組織・団体でも使われることがある．例えば，「経営政策」とか「人事政策」とかいった使い方があるし，政策＝policy と考えれば，ネット上では「プライバシー・ポリシー」という表現もしばしば目にする．とはいえ，ここでは政治や行政における「政策」，いわゆる「公共政策」を念頭に置いている．

「政策」のもっとも広い概念の使い方としては，外交問題についての政治家や政府高官の発言が典型例である．ある国で政権交代があった際に，「今後の対日『政策』を注視していく必要がある」というようなコメントが出されることがあるが，この場合は両国関係についての基本方針，あるいは基本原則くらいの意味合いである．特定の分野（例えば，農業とか運輸・交通など）の具体的な取り組みで変更が生じるかどうかを問題としているわけではない．したがって，具体的に政策内容を明示する文書が作成されるというよ

り，その政権が日本に対して友好的に接するのか，どのようなスタンスで臨むのか，といったことを総合的に捉えて判断するものである．このような広い意味での「政策」の使い方に比較的近いものとしては，内閣の「施政方針」が挙げられる．施政方針には，農業とか福祉といった特定の政策分野での具体的取り組みが含まれることはあるが，あくまでも優先順位が高い分野での取り組みの例示であって，基本的な方針や考え方を示すことが施政方針の主たる内容である．

　「農業政策」という使い方になると，農業に関する政府の活動の基本方針・目的・手段等がセットで捉えられていることが多いので，少し具体的になる．しかし，この場合であっても政策に求められていることは，誰が，いつ，どこで，何を，どのように行うのかの詳細性ではなく，特定分野ごとの政府の対応方針を示すことである．

　このように，「政策」は抽象的で曖昧さを含むものとして使われることが多い概念である．その結果，政治の世界では便利な言葉になる．たとえば，「福祉政策」に力を入れることを選挙公約に掲げたとしても，一般論としての福祉の充実を進めるという意味くらいになり，具体的に補助金を増やすとか費用負担を減らすことまで約束したことにはならない．政治学の中で政治家の発言や行動を研究対象にする場合は，政治家がどのような政策を唱え，どのような政策を実現しようとしているかについてを検討しているが，この程度の曖昧な広い概念の政策を対象にしていることが多い．このような政策概念は，のちに紹介するように政治学的には意味を持つかもしれないが，行政学にとってはそれほど重要ではない．行政学では，具体的に公共サービスの供給や社会をコントロールするために行う活動内容を表現しているものが重要になるのだが，それらに対しては「政策」より「施策」ないし「事業」という用語が多用される．とくに，行政実務では「施策」や「事業」がよく使われている．そもそも自治体では，比較的最近（具体的には今日の地方分権が推進されるようになる 1990 年代後半頃）までは，「政策」は国が検討し作成するものというイメージが強く，自治体の活動内容は「施策」や「事業」

で表明されていると考えられていた.

(2)　学術上の概念としての「政策」

政治学者を中心に, 研究者たちの「政策」の使い方は, 上に見たような政治・行政における一般的な使用法とかなり違うようである. 学術用語としての「政策」の定義にも, 多くのものがあり, 確定した概念ではない. とはいえ, 概ね共通するのは, 「政策」をいろいろなものを包括するような大きな概念として捉えることである. その結果, 政策の類型化も行われている.

「政策」を「政府の行うこと」（ダイ（T. Dye））とか「統治活動の内容」（大森彌）あるいは「政府の行動の案」（西尾勝）というように広く定義するものが多い. そのため「政策」は, 基本的な目的・目標を表明した上位レベルのものから始まって, それを具体化するための手段・方法を定めた下位レベルの「政策」まで, 手段・目的連鎖を構成する全体を表すとの考えかたが登場するのである. したがって, 研究や分析の世界では, 「政策」という用語の意味内容はかなり広く, 社会で使われている「施策」や「事業」といった用語も「政策」の中に含まれることが多い.

2.　政策の類型化の試み

(1)　分野別分類

学術研究においては「政策」は多義的に使われているため, 「政策」研究といっても研究対象が明確ではない. どのような種類の政策があるのかを整理するだけでも大研究になるのである.

とくに類型化を意識的に行ったわけではないが, 古くから存在する代表的な類型としては, いわゆる分野に分けるという考え方がある. たとえば, 「教育政策」, 「農業政策」, 「労働政策」, あるいは「環境政策」といったような分類である. これらの政策の分類に対応して中央省庁が編成されていることから, わかりやすいし, 固定的である. もっとも, 「財政政策」とか「外交

政策」のように，政策分野の名称には違いないが，特定の社会活動分野を対象とするより，政府の活動全般に共通して影響する政策もあり，一定の基準に沿って分けられた政策類型になっているというわけではない．

　これらの政策分野ごとに研究コミュニティが成立しており，たとえば，農業政策は，農業経済学や農業社会学の人文社会科学系はもとより，農学・林学などの自然科学の分野でも研究対象になっている．つまり，農業ないし農業政策を核に，学問領域を越えた研究交流が可能になっている．その中に，時々ではあるが行政学者も名を連ねることがある．行政学者は行政全般を研究することよりも，特定の政策分野を専門とするケースが多い．

　このような分野ごとの政策研究が，その分野の政治・行政の構造や政策システムを解明し，政策のあり方と望ましい政策を追求してきた．社会に対する影響力や貢献という点では，分野ごとの政策研究が抜きん出ている．しかし，他の政策分野との関連にはあまり関心がないことが多いため，政策研究として一般化したり，政策を立案したり実施したりする行政の全体像を明らかにしたりすることには，この分類とそれに基づく研究だけでは十分とはいえない．

(2)　政治学における政策類型

　政治学が政策を研究対象とする場合は，政策概念はきわめて広く多義的であることは前述の通りである．したがって，政治学としては統治過程の中でどのような政策が展開するのかを整理すること自体がひとつの研究課題となる．

　政治学の観点から，政策の特徴，社会で果たしている機能，あるいは政治・行政との関わりといったことに着目した政策類型の代表的なものとしては，ローウィ（T. Lowi）の分類が挙げられる（図8-1参照）．ローウィは，政策が持っている強制の契機に着目し，垂直次元と水平次元の二次元で整理している．垂直次元は，政府の強制が直接的であるか間接的ないしはほとんどないかを検討するものである．これは政策（具体的には法律など）を見ることによって，比較的容易に判断することができる．たとえば，サービスの

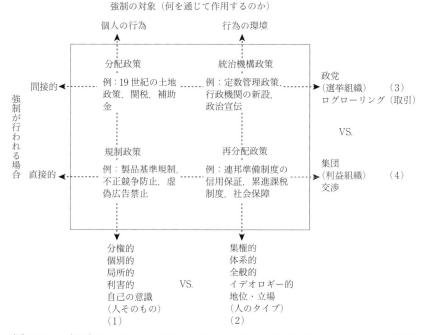

出典：T. Lowi（1972）"Four Systems of Policy, Politics, and Choice", *Public Administration Review*, 32（4），
　　　p.300.

図 8-1　強制，政策，政治の関係に関するローウィによる整理

提供を主たる内容とする政策や補助金の給付を目的とした政策は，強制がほ
とんどないのに対して，企業活動などの規制は直接的に強制活動を行う．一
方，水平次元は，強制が何を通じて作用するのかを検討するものである．垂
直次元に比べると，明確に把握することは困難になるが，政策対象者の行為
そのものに関与する場合と，行為そのものではなく行為が行われる環境に働
きかけて政策目的を実現しようとするものがあるなど，一定の違いを認識す
ることは可能である．

　このような縦・横二次元の分類軸によって図 8-1 のような 4 つのセルがで
きるが，その各々に該当するのが，「分配政策」，「規制政策」，「再分配政策」
そして「統治機構政策」である．分配政策の場合なら，議論は政党などによ

って選挙の争点になり，個別のテーマについて利害の調整が必要になるため，取引が行われることが多い．規制政策の場合は，議論の中心に利益集団などが登場し，個々の利益を極大化させようとさまざまな交渉を展開する．このように，ローウィの政策類型は，政治学の常識とも言える「政治が政策を決定する」という捉え方から，「政策が政治を決定する」という捉え方を示している点で注目される．

　しかし，政策を強制という契機で把握しようとしているため，政府が市民に対して働きかける際に生み出される政策に重点が偏っている．政治学の観点からならそれでもさほど大きな問題はないが，行政学の観点からは不満が残る．なぜなら，なんらかの財・サービスを提供することや規制を加えることを内容とした政策以外にも，政策を形成し実施するための機構と手続きなどの基本的事項を定めた政策もあるが，行政学はそれらにも大きな関心があるからである．ローウィ自身もそのような政策については無関心であったというわけではなく，当初の「分配」「規制」「再分配」の３類型に「統治機構政策」を加えて４類型に改めている．ここで紹介しているのはいうまでもなく４類型になったものである．

　一方で，強制が誰のどのような側面に対して行使されるか，あるいは直接的か間接的かという視点は，行政活動を実態的に理解しようとする場合に必要な視点を提供しているといえる．これは第２章で紹介した行政活動の類型化作業にヒントを与えた．

（3）　階層性に着目した政策類型

　日本の研究者の政策類型として，山口二郎の整理を見ておこう．山口は，政策の段階性ないし階層性に着目して分類をしている（表8-1参照）．階層性とは，基本的な方針や目標を表明することを主たる内容とした政策から，それらの方針・目標を実現するための具体的な手段・方法を定めた政策までを含めた政策のレベルである．前述の行政実務でよく使う政策・施策・事業の３段階の使い分けに近い．表では縦の欄にあたる．

表 8-1　山口二郎による政策の諸類型

	構造	総合機能	個別機能
概念提示	憲法改正 地方の時代 小さな政府	所得倍増 社会開発 列島改造	1 世帯 1 住宅 農業近代化
基本設計	行政改革 地方制度改革	経済計画 財政計画 国土計画	住宅建設 5 ヶ年計画 農業基本法
実施設計	情報公開 定員管理 選挙制度	予算 税制 財投	個別具体的政策

出典：山口二郎 (1994)「政策の類型」西尾勝・村松岐夫編『講座　行政学第 5 巻』有斐閣, 18 頁.

　横の欄は，政策がどのような機能を担っているかを見ることができる．統治機構の基本的な仕組みや枠組みに関するものが「構造」であり，政府の施政方針や基本方針を表し，個別の政策展開の基本条件を定めるものが「総合機能」であり，そしてさまざまな分野の個別政策が「個別機能」に入る．

　山口の政策類型も政策が社会においてどのような機能や役割を果たしているのかを検討することには役立つ．その意味で，山口の類型は政治学の観点での整理ということになる．行政学の観点でこの表を見てみると，現代行政学は表 8-1 に示された政策例の全てを研究対象にしてきたといえる．特に事例研究と言われるものの多くは「個別機能」の「基本設計」と「実施設計」に分類される政策に焦点を合わせてきた．その結果，さまざまな政策分野の政治，行政の構造や動態を解明するなどの貢献を果たしてきたのであるが，それらの成果は政治学との区別がほとんどつかないものである．もちろん，より行政学的なアプローチによって独自性を出すことは可能であるが，そのようなことを気にしている行政学者はあまりいない．

　行政学の独自性が発揮しやすい，少なくともこれまでの行政学における研究の蓄積が活用できそうな政策類型は，「構造」に区分される政策例の多く（地方の時代，小さな政府，行政改革，地方制度改革，情報公開，定員管理など）と「総合機能」の中の予算，各種計画の編成や調整に関わる部分とい

うことになるだろう．行政学の研究対象を制限するつもりはないし，その必要もないのだが，一方で行政学ならではの貢献を果たせるような研究を進めることも重要である．山口の政策類型は，行政学の研究の課題を整理する上でも役に立つといえる．

3.　政策過程論と段階モデル

(1)　政策過程論とその問題点

　さて，どのようなレベルの，また，どの分野の政策を扱うかはともかく，あるひとつの政策を研究対象とした場合，政策をどのように把握しているかを見てみよう．これについては，政策を人の一生にたとえて，ひとつの政策が生まれ，成長し，そして消滅するという「政策過程」という捉え方が一般的になっている．この捉え方を前提にした研究が「政策過程論」である．政策過程をどのように整理するかは必ずしも一定ではないが，まず政策を作り，それを実施し，その結果を検討・評価するという一連の過程として政策過程を理解しようとするものである．言い換えれば，政策過程を「政策決定」－「政策実施」－「政策評価」という連鎖構造と考えるものである．このため，しばしば Plan-Do-See（PDS）モデルと混同される．たしかに，よく似たプロセスであるが，PDS モデルはもともと管理過程を示すものであって政策過程とは別物である．それはともかく，政策過程論では「無」の状態から政策が生まれ，最終的に消滅するまでをいくつかのステージ（段階）に分けて整理し分析している．その意味では段階モデルと呼んだ方がよいだろう．一般的な整理では，上の PDS に対比される 3 段階ではなく 5 段階程度に分けていることが多い．

　政策過程の段階モデルは説明としてはわかりやすく，常識的であるので教科書的な説明をするには好都合である．しかし，単純な段階モデルには批判もある．例えば，このモデルでは，いったん出来た政策は評価を受けるものの，基本的には終わりがない（終結しない）のである．政策がその使命を終

えたり，社会での評価が低い場合に，普通なら変更を受けたり廃止されたりするはずだが，それらの動きを表現しきれていない．そこで，政策の「終結」という概念を政策過程の中に取り入れる者もいる．政策がどのような条件の下で終結するのか，政策評価を政策の終結と関連づけることの難しさや可能性についての議論もある．

　また，単純な段階モデルでは，政策過程が1回限りの一方向の流れであるかのような印象を与えることも批判されることになるだろう．ある政策が当初の使命を終えた場合に，完全に終結することはまれであり，微妙に形を変えて生きつづけることが多い．それどころか，使命を完全に達成していない政策でも，環境の変化に対応して修正が加えられることがしばしばである．そこで，いわゆる「フィードバック」を加えることで，政策の結果（モデル上では評価結果）が次の政策過程に影響することを表現しているのである．そのような段階モデルにフィードバックまでを組み込んだものが図8-2である．このように政策過程が1回限りで終わるのではなく，最初に戻ったり次の新たな政策過程につながったりすることを強調すると「政策循環モデル」と呼ぶことができる．もっとも，単にフィードバックを付け加えただけと言われればそれまでかもしれない．

(2)　政策過程の各段階

　ここでは政策過程を段階に分けて説明した代表例とも言える大森彌の整理を参考に，図8-2を使いながら政策過程の各段階を紹介しておく．

　政策過程の最初の段階は，社会次元において顕在ないし出現する争点もしくは紛争が統治主体の反応を誘発し，政策の誕生を準備する「①政策課題の設定（policy agenda building）」（数字は図8-2内の数字に対応する．以下同様）から始まる．世の中には山のように争点や紛争が存在するにもかかわらず，実際に政策課題になるものは限られている．現実問題として，政府が有している資源（例えば予算や人員）には限りがあるので，取り上げる課題を制限せざるを得ない．仮に資源があるとしても，政治家が無関心であったり，

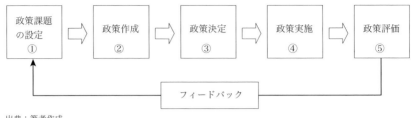

出典：筆者作成.

図 8-2　政策過程の諸段階

忌避したりすると政策課題にはならない．したがって，どのような争点が，どのように課題になるのかを明らかにすることはきわめて重要である．そのような視点は，政策過程の段階モデルでは必ずしも明確ではなく，実のところあまり研究されてこなかった．争点が課題になる局面に焦点を合わせて議論するのが「前決定」論である．つまり，具体的な問題解決のための政府の活動内容を表した政策を決定する前に，そもそも政策課題にするかどうかの決定に注目するのである．

　次の段階は，その政策課題を解決する（課題の設定の仕方によっては，「政策課題を達成する」と表現した方がよい場合もある）行動方途を考案するための関連情報を収集・分析し適切な政策原案を策定する「②政策作成（policy formulation）」である．「政策作成」としているが，「政策形成」ということも少なくない．この段階では，さまざまな利害の調整という政治プロセスと，具体的な方策を理論的・技術的・科学的な根拠に基づいて検討するという行政プロセスが並行して進められることが一般的である．行政プロセスでは，複数の案が検討対象にされることもあり，この場合は比較検討をしてコスト・パフォーマンスが高いもの，利害関係者の合意が得られやすいもの，あるいは実施が容易なものなどを追求することになる．このような案の段階で比較検討することを「政策分析」と呼ぶ．

　特定の政策案を公式に審議し，その実行可能性を担保する権限と資源を政府や自治体に与えることを決定するのが「③政策決定（policy decision）」の

段階である．政策決定は，公式の手続きとして行われることが必須であり，手続きに漏れやミスがあると政策が効力を持たなくなってしまう．具体的には国会や地方議会での審議を経て可決されるとか，最終決定権（決裁権）を持つ人や機関が正式に決定手続きを行うことが求められる．この政策決定は，従来から政治学の大きな関心対象であり，多くの研究が蓄積されてきた．さまざまな利害や思惑が錯綜し，取引や妥協の産物として政策が決定されることが少なくないので，政治的にも学術的にも関心を集めるのは想像に難くない．その結果，研究資源が政策決定に対する研究に集中しすぎたきらいがある．つまり，多くの研究者が膨大な時間を政策決定研究に費やしてきたのである．その反動として，政策過程の他の段階に対する研究が手薄になっていた．

　公式に決定された政策を，行政を中心としたさまざまな組織・機関を通じて実施する段階を「④政策実施（policy implementation）」としている．この段階を「執行」と呼ぶこともあるが，近年では「実施」の方が主流になっているようである．古くは，この段階は既に決まった政策を実施するだけであるから，ほぼ自動的に動くものと捉えていた．もちろん，多くの政治家，行政実務家，そして一定数の研究者も，政策で定められた内容が忠実かつ迅速に実施されてはいないことを知っていた．にもかかわらず，この段階については，政治学者も行政学者も，もちろん経済学などの他の社会科学系の研究者もあまり関心を持っていなかった．

　この政策実施の過程で生じるさまざまな問題や，実施の結果として生じる効果ないし有効性を評価し，それに基づき特定政策の継続，拡充，変更，廃棄の判断材料を提供しようとする段階が「⑤政策評価（policy evaluation）」である．行政に対する批判として，政策を実施してもやりっぱなしで，効果が出ているのかどうかもしっかり把握していないとか，問題があると認識しても詳細に検討を加える努力をしないというものがある．つまり，政策評価が行われていないという問題が指摘されてきた．しかし，近年では政策評価（実際には行政評価，事務事業評価等々と，似て非なるものが混在している）

が制度的にも確立されてはいる．

　このように，政策を過程として解明したり，政策の諸段階を整理したりする研究も存在するが，今日の政策に関する研究はより専門分化が進んでおり，段階ごとにそれぞれ多くの研究が蓄積されている．既に少し言及したが，次にそれらの研究の特徴を見ておこう．もともと政策に関する研究には，法学，政治学，経済学などのさまざまな分野の多様な研究が存在し，「政策研究」は英語では「policy studies」と複数形で表されることが一般的である．ここでは政策過程と政策研究の関係の整理としてよく知られているネーゲル（S. Nagel）の整理に従って，政策研究を政策決定の研究，政策分析の研究，政策実施の研究，政策評価の研究の4つに分けて概観しておく．

4.　政策研究の形

(1)　政策決定の研究

　一口に政策決定といっても，突然，政策が生まれるわけではなく，段階モデルに従えば主として政策課題の設定，政策作成，そして政策決定のすべてが政策決定に含まれる一連のプロセスだと考えるべきである．政治学の研究には，これらのプロセスの一部ないし全部を対象としているものが多く存在する．

　政策が生み出される過程のうち，政策課題の設定（前決定）では，社会の中に存在するさまざまな問題のうち，政府が何らかの対応をするものとして選択する段階であるので，政治的な交渉，取引などが展開されるのである．政治文化，選挙における投票行動の研究，利益集団（圧力集団）の研究などの多くは，このような政策課題の設定段階に焦点を合わせていることが多い．

　次の段階である政策作成と政策課題の設定とを明確に区別することは難しい．しかし，政策作成の段階は，利害関係や関心を持つものであれば誰でも関与できるというわけではなく，政策原案作成のための組織・機構が中心メンバーとなる．それは多くの場合，行政組織である．もちろん，行政が単独

で議論や検討を進めて成案をつくり出せるのではなく，外部からの政治的圧力がかかる．それゆえ，行政過程と政治過程が同時に展開するのが政策作成である．行政学でも政策作成の研究が盛んに行われているが，政治学との違いは曖昧というか，そもそも区別できないことが多い．

　政策決定の段階は，政策案から「案」の一文字をとり，公式に権威づけをする手続きであるため，政治学では議会研究などが挙げられるが，政策決定の部分のみを抽出した研究はそれほど多くない．手続きということや公式の権威づけという点では，法学の研究対象にもなる．なお，議会がかなり実質的な審議をし，決定権を有しているアメリカでは，議会を舞台にした政策決定研究や，大統領と議会の関係を取り上げた研究も多いが，もちろんそれらは政治学そのものである．

(2)　政策分析の研究

　上述のように政策作成には政治の影響が強く，政治過程として政治学の研究対象となることが多い．一方で政策作成は政策課題を解決するための具体策を企画立案する段階であることから，経済的，技術的な合理性を追求し，より能率的で効率的な政策案を作成することが求められている．そこで，行政を中心に各種のデータや理論をもとに緻密な分析を加えながら政策案を検討しているのである．このような政策案に対する調査，研究，分析を「政策分析」と呼んでいる．そして，この分析活動に焦点を合わせて，そこで使われる理論や手法，分析対象の範囲の適否，分析結果の妥当性や科学的適切さなどを研究するものが政策分析の研究である．

　政策作成者は常に政治的圧力に曝されながら政策作成を行わなければならないため，純粋に理論やモデルに従って政策分析をしているわけではない．少なくとも，最終的な分析結果を公表するにあたっては，政治的配慮をしなければならない．つまり，経済的合理性や技術的合理性の追求ばかりではなく，どちらかというと，政治勢力（政権与党など）の了解が得られるかどうかを考える政治的合理性を追求せざるを得ない．結果的には，経験と勘，政

治的判断という曖昧模糊とした条件の下で政策作成が行われることになってしまうのである．1950年代半ばに「政策科学」が登場した背景には，このような曖昧で科学的とは言えない政策形成を少しでも改善しようという狙いがあった．それゆえ，政策分析では，経済学，統計学，システム理論，意思決定論などを中心に研究が進み，実際の政策形成過程でも研究成果が活用されることも多くなっている．具体的には費用・便益分析やシステム分析の手法などが使われている．

　個々の政策案について分析するだけでなく，予算編成過程に政策分析を積極的に導入しようとした試みもある．有名なものとしては，PPBS（Planning Programming Budgeting System）がある．これは，1961年にアメリカ国防総省において導入された予算編成システムで，68年にはジョンソン（L. Johnson）大統領によって連邦政府全体にも導入された．従来の予算編成では，長期的な計画で目標を定めたとしても，各年度の予算は単年度単位で政治的妥協の産物として決められてしまう傾向がある．そこで，長期計画と単年度予算との媒介役としてプログラム概念を導入した．プランにおいて政府の基本目標を明確にしたうえで，その中で優先順位の高い目標を設定し，その目標をもっとも低コストで有効に実現できるプログラムを策定するのである．そのプログラムを体系的に組み立てる際に，費用・便益分析やシステム分析などの政策分析の手法が駆使されることになる．きわめて合理的なシステムであるが，当時の分析技術がまだまだ未発達であったため対応しきれなかったこと，行政内部での分析・検討であったため議会の理解や協力が得られなかったことなどから，制度としては定着することなくわずか3年で廃止された．政策分析の理論や手法は当時から比べると大きく進歩しているし，システム分析やシミュレーションに必要なコンピュータの性能は格段に進歩している．しかし，政策分析のプロセスや分析結果に基づく政策案の選択（政策決定）の際の政治の影響という点では，今も昔もそれほど変わっていない．政策分析と現実の政治・行政の関係を考える上でPPBSの導入は重要な教訓である．

　政策科学の草創期に大きな功績を残したドロア（Y. Dror）も，システム論
やゲーム理論などにのみ依拠しようとしたわけではない．むしろ，政策科学
は多くの学問分野に跨がる学際的性格を持つものであり，政策分析には多様
な学問的背景を持った人たちが関わらなければならないといっている．また，
分析のみに目を奪われすぎると，政治的実行可能性の問題を軽視しすぎたり
見落としたりしてしまいがちであることに留意すべきことを指摘する者も少
なくない．

(3)　政策実施の研究

　政策が決定されるまでの過程は，政治学，行政学，社会学，経済学，それ
に数学や統計学，さらにはコンピュータをはじめとする情報工学などのさま
ざまな学問領域から研究されている．それに対して，政策が決定されたあと
の政策実施過程については，比較的関心が低かったといわざるをえない．

　政策実施に研究関心が集まらなかった背景には，まず，マスコミを中心に
世間の注目は政策形成や政策決定の段階に集まり，正式決定が行われると注
目度は急速に低下することが挙げられる．研究者も社会の関心が低いテーマ
をあえて研究しようとしない傾向がある．次に，政策は決定されたことによ
って内容が確定し，その内容に沿ってほぼ自動的に実施される（はず）とい
う暗黙の前提がいつの間にかできあがっており，わざわざ研究するほどのこ
ともないと考えられてきたことがある．そして，多くの政策は誕生すると長
期間にわたって存在しつづけるため，実施研究の研究対象期間が長期にわた
ってしまい，研究の負担が大きいことが考えられる．

　この政策実施に対する関心が高まったのは1970年代なかばからであり，
80年代が最盛期であったというのは定説化しているようである．一般に，
政策実施研究の出発点とされるのがプレスマン（J. Pressman）とウィルダフ
スキー（A. Wildavsky）の共著『実施（*Implementation*)』であることについ
ては，ほぼ定着した認識である．このような認識が広まったのは，プレスマ
ンらが，ダーシック（M. Derthick）の卓越した著作を除けば十分成熟した実

施分析をそれまでの研究史には見出すことができないと指摘したことが大きく影響しているのかもしれない.

　しかし, 1970 年代以前の政治過程や政策過程, 官僚制に関する研究, あるいは組織研究では, 大なり小なり政策実施過程を視野に入れた検討が行われている. 実施過程が政治, 行政, 政策の研究において見落とされたり過小に扱われたりしていたことを研究における「見落とされた環 (missing link)」と指摘したハーグローブ (E. Hargrove) でさえそのことは認めている.

　それでも政策実施研究と呼ばれる 80 年代以降の多くの研究には, ある特定の特徴と社会的, 学術的意義があるというのが政策実施研究に関心を持つ研究者たちの認識である. 筆者も, 70 年代の終わりから政策実施研究に関心を寄せていたため, 政策実施研究が政治学, 行政学あるいは政策研究の中でどのような意義や価値を有しているのかを明確にすることに腐心してきた. この政策実施研究については第 10 章で改めて論じることにする.

(4)　政策評価の研究

　評価活動それ自体に意義があるというよりは, 評価結果を利用することによってなんらかの意義が生じると言える. したがって, なんらかの目的がなければあえて評価を行おうという者は現れない. そして, 目的にあった評価は意味があるが, 目的に沿わない評価は行う価値がないと考えられるのである. 政策評価についても, 政策評価を行う者とその目的によって, 政策評価の手法が異なるし, 政策そのものを評価するのか, あるいは政策過程の特定の段階を評価するのかも変わってくる. その政策評価の研究も, このような評価者の意向や目的と関連している.

　まず, 政策評価の対象を考えてみよう. 政策過程の全体または一部を評価しようとするのか, 政策ないし施策・事業そのものを評価しようとするのかの区別ができる. 政策過程を評価対象とする場合, 実際に対象となるのは政策実施過程である. 政策が想定したとおりに実施されているか, 無駄や遅滞なく能率的に実施されているか, といったことに注目した評価である. 政策

実施の現場で管理者が行っている「進行管理」も，その意味ではこの過程評価に含むことができる．また，会計検査院の行う会計検査も，事後的ではあるが，実施過程での経費の支出を中心に，合規性（適切さ）を調べているのでこの過程評価に入る．ただ，会計検査では支出によって十分な効果が出ているのかという視点で，次に述べる政策そのものの効率性を調べている側面もある．それはともかく，過程評価は，政策過程の改善に主たる関心があり，政策や組織の管理者の機能を補完・支援する役割が期待されている．

　一方，政策（あるいは施策か事業）そのものを評価している場合もある．政策は抽象度が高いために，効果の客観的，数量的把握が困難であるので，評価は評価者の価値観や政治的立場に左右されることになる．したがって，現実的には，政策を具体化した施策・事業を対象とした評価を行うことになる．「政策」評価ではなく「事務・事業（プログラム）」評価と呼ばれることが一般的である．このような施策・事業を対象とする評価は，一定期間の実施実績が生まれた後に行われ，実施によって生み出された結果を測定し，目標をどれだけ達成したかを判定することが中心になる．一部では，施策・事業が問題の解決に対してどれだけ貢献したか，言い換えればどれだけ効果を生んだかを評価している場合もある．

　評価は，単に政策の運営や政策内容の改善を目的に行われているだけではなく，行政が市民に対してアカウンタビリティを確保するための手段という意味もある．ここでのアカウンタビリティとは，日常的に使われる「説明責任」ではなく，第6章で述べたような市民から統治活動を行うことを負託された行政が，その負託に対して的確かつ効果的に応えていることを説明する責任である．

（5）　政策過程と政策研究の関係

　ここまで説明してきた政策研究領域と政策過程との関係を改めて整理しておく．ここでは，通常の政策過程の段階モデルを基本とした説明をするが，そこではとくに示されていない「政策分析」をひとつの要素として取り扱う．

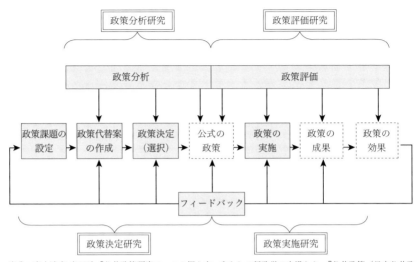

出典：真山達志（1999）「公共政策研究の一つの捉え方—主として行政学の立場から」『公共政策（日本公共政策学会年報 1999）』, 15 頁.

図 8-3　政策過程と政策研究の関係図

　また，政策過程の最後に位置づけられ，あたかも最終段階のように表されている「政策評価」を，より実態に近づけるために，政策決定以後の政策過程全体に対して実施される実態を表現している．

　さらに，政策過程の各段階が何を生み出しているのかをわかりやすく示すために，「公式の政策」，「政策の成果」，「政策の効果」という 3 つの要素を追加している．これらの要素は，政策過程のステージにはあたらないので，表記方法を変えている．これにより，政策分析や政策評価が政策過程だけを対象としているのではなく，その過程の中で生み出される「政策」そのものや政策の「成果」や「効果」も対象としていることが表現できるようになる．また，政策分析研究や政策評価研究の対象や位置づけも表記できるようになる．以上のような修正を施した政策過程モデルに，前述の政策研究の 4 類型をあてはめると，図 8-3 のようになる．

5.　政策決定に関するモデル

　意思決定は，人が何らかの決定をすることを指すので，意識的な行動は全て意思決定の連続で成り立っていると言える．したがって，政策決定も一種の意思決定である．実際，意思決定一般を対象とした研究もあるが，今日，よく知られる意思決定の研究の多くは政策決定を前提にしている．その意味で，上に整理した政策に関する研究の中で，行政学がもっとも関心を持ってきた研究が政策決定研究である．そこで，政策決定の研究との関連で，意思決定の研究についてもここで検討しておく．

（1）　合理的意思決定モデル

　合理的行為者モデルとか合理的選択モデルと呼ばれる場合もあるが，ほぼ同じような意味である．合理的決定が行われるためにはいくつかの前提条件が満たされる必要がある．まず，決定をしようとしている人が自分はどのような便益を求めているのかを明確に認識している必要がある．何をしたいのか，どのようにしたいのか，どうなってほしいのかなどについて明確な意志を持っていなければならないのである．次に，決定の際に必要な情報が全て揃っている完全情報の状態になっていることも必要である．ここでいう完全情報とは，検討対象にすることができる選択肢が全て明らかになっており，それぞれの選択肢を採用したときにどれだけのコストがかかり，どのような便益が得られるかも明確になっていることをいう．そして，決定者は自らの便益が最大になる選択肢を必ず選ぶことを求められる．しかし，このような前提条件を満たすことはほぼ不可能である．とりわけ政策決定では多くの人が関わり，検討すべき要素が多数あるため，完全情報は期待できない．あくまでも概念上のモデルであるが，後に紹介するゴミ缶モデルを考えるためには必要な概念である．とはいえ，政策決定の研究という点では，もう少し現実的なモデルが必要になる．

(2)　インクリメンタリズム

　現実の社会では，およそ合理的決定モデルとはほど遠い決定が行われているが，リンドブロム（C. Lindblom）が予算編成過程の研究から導き出した決定モデルとしてよく知られているのが「インクリメンタリズム（incremental-ism)」である．インクリメンタリズムは増分主義，漸増主義，漸変主義などと訳されるが，直訳すれば漸増主義が一番近い．実際には増えるだけではなく減ることもあるので，両方を含むという意味で漸変主義にも一理あるといえる．本書ではカタカナで表記しておく．

　意思決定あるいは政策決定は継続的に少しずつ現状を変えていこうとする特徴があるというのがインクリメンタリズムの基本的な考え方である．典型的な例として予算編成を見てみると，予算は毎年編成されるが，次年度に今やっている仕事を全部変えてしまうことはないので，予算はそもそもある程度は連続性，継続性を持っている．とはいえ，次年度に増額や減額をしようとすることもあるし，新規の事業を始めることもある．その時，大幅な増減をしたり，新規事業に一気に大きな金額を割り当てたりすると，さまざまな反対や抵抗が出てくる．それがひどくなると，予算編成ができなくなってしまうので，ドラスティックな変化をさせるのではなく，少しだけ変えるという方法が採られる．予算額を倍に増やしたいと思っても，一気に倍にするのではなく，まず2割ほど増やし，翌年にまた2割ほど増やすということを積み上げて，最終的に倍にするという目標を達成するのである．誰しも合理性を追求したいという欲求をもっているし，自らの理念や希望を実現したいと思っているが，政治の世界では思い通りに進めるのは難しい．そこで，実際の予算編成や政策決定では，現実的な対応としてインクリメンタリズムになるのである．

　インクリメンタリズムであると，合理的決定モデルのように全ての選択肢を考慮したり完全情報を集めたりする必要がなく，馴染みのある選択肢と，知っている範囲での情報や経験だけを使った分析をすれば事足りることになる．つまり，意思決定における負担が大幅に軽減できる．また，大胆な変更

がないので，成功でも失敗でもそれほど大きな影響が出ない．その結果，元に戻すことも容易であるから試行錯誤も許される．

　比較的低コストで時間と労力をかけずに決定ができることから，インクリメンタリズムは現実的なモデルであるので，実際の予算編成は相当程度までインクリメンタリズムによって記述（説明）可能である．それゆえ，意思決定の理念型や理想型を示しているというより記述モデルということができる．

　ここまで説明した政策（意思）決定の実態は，政治学が明らかにしてきたことであるが，行政学としては，インクリメンタリズムに基づく政策決定が行われる（あるいは行わざるを得ない）政治環境が，行政の価値観や行動様式にどのような影響を与えているかを解明することが課題となる．一般に，行政は前例や慣行を重視するとか，大胆な改革を避けようとするといわれるが，このような行政がインクリメンタリズムを生み出すのか，インクリメンタリズムの政治環境で長らく活動してきたために行政が変化を好まなくなったのかを検討する必要がある．それが明らかにならないと，行政がインクリメンタリズムから脱却することは難しい．

（3）　アリソンの決定モデル

　政策決定の研究の中で忘れることができないのがアリソン（G. Allison）の決定モデルである．これは，彼の『決定の本質（*The Essence of Decision*）』という本の中で紹介されている3つの政策決定のモデルである．1962年に，当時の旧ソビエト連邦（ソ連）がキューバに核ミサイル基地を建設しようとしたことに対して，アメリカがカリブ海を封鎖してソ連からの物資がキューバに入ることを阻止したことから，一触即発で核戦争がおこるというような状況になっていた．これが「キューバ危機」である．結果的には，当時のアメリカ大統領であるケネディとソ連のフルシチョフ第一書記の両トップの間で，ソ連は基地の建設を取りやめ，アメリカも海上封鎖を解除するという解決に至った．アリソンの研究は，なぜその結論に至ったのかを説明するためのモデルを示している．

アリソンは3種類のモデルを示している．まず，合理的行為者モデルで，これは前に紹介した合理的決定モデルに沿って決定する場合を説明しようとしている．しかし，政策決定をする政府は決して一枚岩ではないため，合理的行為者モデルで説明できる部分は限定的である．そこで次に，組織過程モデルが提示されている．このモデルでは，政府の決定は指導者の意図的な選択というよりも多くの政府組織の活動の結果であると考えられている．政府の関係組織がいろいろ検討して，そこから出てきた結論が政策決定として最終的に表に出てくるということである．そして3つ目は政府内政治モデルで，政策決定は大統領や政府高官の政治的な取引の結果だという考え方である．この前提になっているのは，政府の指導者や官僚制のトップは，それぞれが利害関係や価値観を持っていることから，そういった人たちが政治的なゲームを行っているという認識である．キューバ危機に関連する決定がこの3つのうちのどれか1つで説明できるということではなく，さまざまな決定やさまざまな局面がいずれかのモデルよって説明できるということである．

　行政学が独自の貢献をするとすれば，組織過程モデルで説明できるような決定に関する部分であろう．ここで組織として想定されているのは，大半が行政組織である．政府内には行政組織といえない組織（たとえば軍隊）も存在するが例外的である．組織内での意思決定，組織間の意思決定の実態的解明においては行政学の蓄積と今後の貢献が有益である．

(4)　ゴミ缶モデル

　コーエン（M. Cohen），マーチ（J. March），そしてオルセン（J. Olsen）の3人が提唱した意思決定モデルは「ゴミ缶モデル」として知られている．この少々奇異な名称は，英語の garbage can をそのまま訳したのであるが，日本ではあまりゴミ缶を使わないのでゴミ箱モデルと呼んでいることもある．

　意思決定にあたって，目的や目的を達成する際の手段と結果などの因果関係が明確でない場合に，決定がどのように行われるかを説明している．このモデルによれば，組織においては問題，解，参加者，選択機会の4つの要素

が結び付くことによって意思決定が行われる．選択機会がゴミ缶に，問題と解と参加者がゴミと考えられている．ゴミ缶の中は雑多なゴミが無秩序に混ざり合っているように，これら3つの要素は相互に独立してバラバラである．つまり曖昧性があり，完全情報でないのはもちろんのこと，目的や判断基準も明確に定まっているわけではない状態である．

このモデルでも，現実の意思決定は合理的ではないという前提がある．その点で，インクリメンタリズムと共通するのだが，インクリメンタリズムが現状を基準に決定が行われることを重視しているのに対して，ゴミ缶モデルは現状から全く異なるような革新的な決定が出てくるケースにも対応可能である．ただ，ゴミ缶の中がどうなっているかということについては明確ではなく，中はブラックボックスになってしまっている．結局，決定がどのように行われているかを説明しきれないという限界がある．

(5)　政策の窓モデル

ゴミ缶モデルではブラックボックスとされどうなっているのかわからない缶の中の部分に焦点を当てた研究が，キングダン（J. Kingdon）の「政策の窓モデル」である．社会には，政府に対して解決が求められている問題や政府に実現を求める多様な要望が存在するが，政府の政策の対象になるものは限られている．そのような場合に，政策主体の注目を集め議論の対象（アジェンダ）になる条件を説明するのがこのモデルである．いわゆる「前決定」に焦点を合わせた研究である．

キングダンは①問題の流れ（政策的な対応が必要な問題について，必要な情報が政策主体に集まっており，問題の存在が認知されていること），②政策の流れ（政策主体が検討の対象としうる政策選択肢が存在していること），③政治の流れ（問題を取り上げることに前向きな政治勢力や政治家が選ばれるなどの政治的条件が整うこと）の3つを指摘する．そして，この3つの流れがタイミングよく合流すると，問題は政策主体の検討の議題（アジェンダ）になる．それによって，問題に対処する政策が生まれる可能性が出てくるの

で「政策の窓」が開いたということになる．政策の窓が開くことによって政策過程が動き出すのである．

　3つの流れのいずれにも行政は関わるが，なんといっても政策の流れがもっとも関わりが深い．通常，政策案を企画立案しているのは行政組織であるから，政策の流れを作れるかどうかは行政にかかっているといっても過言ではない．もちろん，高度な科学技術や医学などの知識や情報が必要な政策などでは，学界や民間企業が政策の流れを生み出すことはあるが，実際に政策案として政府の検討対象になるためには行政が介在することが必要である．

　政策の流れほどではないが，問題の流れを作る上でも行政の役割は大きい．社会に存在するさまざまな問題を発見すること，その問題をデータや視覚情報（文字や画像等）として可視化して政治家に伝える役割などを行政が担っている．その意味で，行政学が前決定段階での研究に対して貢献できる余地は大きい．

6.　政策過程の再定義

(1)　問題と課題の区別

　キングダンの政策の窓モデルに限らず，政策過程についての議論をする際に，どうしても明確にしておかなければならないのが，問題と課題が異なる概念であることである．問題と課題はしばしば同義語として使われる．そして，日常用語という限りにおいては同義でかまわない．しかし，政策過程を検討する時には，両語を区別しなければならない．

　社会で生起しているさまざまな事象の中には，望ましいこともあれば望ましくないこと（不幸，苦痛，不都合，不便など）がある．もっとも，同じ事象であっても，人によって受け止め方が違うし，時と場所によっても捉え方に違いが出る．たとえば，少子化は出生数が減って子どもの数が少なくなるという事象であるが，日本では「少子化問題」と称して問題となっている．しかし，10年近く前までの中国ではいわゆる「一人っ子政策（一孩政策）」

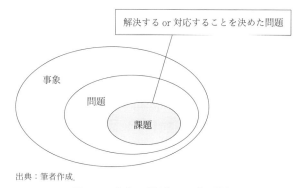

出典：筆者作成.

図8-4　事象・問題・課題の関係

（1978-2014年に実施）がとられており，少子化が問題ではなく政策目的になっていた．したがって，問題もそう簡単に認識することができるわけではない．個人の価値観や都合で問題とされているに過ぎず，他者が見れば問題ではないということが少なくないのである．そして，仮に社会で多くの人々によって問題と認識されたとしても，それはまだ課題ではない．

　課題とは，問題の中で解決を目指すための何らかの取り組みを行うことを決めたものである（図8-4参照）．問題として存在しても，自らには関係のないことと考えたり，特に対応・対策を講じないと決めたりした場合は課題にはなっていないのである．西尾勝が，「行政需要」が政府によって充足されることになったら「行政ニーズ」と呼ぶとしたのは，問題が政府によって「課題」にされることに相当する．キングダンの争点（イシュー）が政策上のアジェンダになるのも同様である．課題にならない限り，そもそも政策過程が始まらないのである．

　政策過程が始まってからは注目を集めるが，問題が課題になる場面はあまり注目されていない．それどころか，いつ，誰が，どのように課題にしたのかを知ること自体が困難である．課題にするかしないかの決定は，政策の内容を決定する以前に行われているので「前決定」と呼ばれることは前述のとおりであるが，この決定は政策の決定以上に大きな意味を持つことがある．

たとえばDV（ドメスティック・バイオレンス）は，現在では大きな問題であるが，行政が課題にしていなかった時期では，被害者は行政から支援を受けられないどころか，行政に相談をする窓口もなかった．ところが，2001年に「配偶者からの暴力の防止及び被害者の保護等に関する法律」が生まれたことにより，2002年には配偶者暴力相談支援センターの業務が各都道府県において開始され，2004年には国による基本方針の策定及び都道府県による基本計画の策定の義務づけが行われるようになった．これによって，国・地方を含めて行政によるDV対策が行われるようになった．この場合，DVという「問題」は2001年に公式に「課題」になったのであるが，それ以前とそれ以降では，DV被害者にとっては大きな違いが生じているのである．

　キングダンのモデルが示すように，課題になるためには政治的要素の影響が大きいが，政策の流れを生み出す上でも行政内部での検討を欠くことができない．行政が問題を的確に把握し，課題となった場合を想定して解決策（政策案）を用意することが必要になるのである．行政がそのような役割を確実に担えるようにするための組織，体制，理論，手法の開発が必要であり，加えて実際に役割を果たせるような行政管理が行われるようにすることも求められる．そのような行政に求められる要件を満たせるようにするために行政学の貢献が期待される．

(2)　問題の発見から解決に至る政策過程

　問題と課題の区別をし，政策過程で期待される行政の役割を踏まえた上で，改めて政策過程を考えてみよう．実態を踏まえ，なおかつ望ましい政策過程のあり方を示そうとしたモデルが図8-5である．

　従来のほとんどの政策過程を示すモデルは，段階（ステージ）モデルを前提として描かれていたため，各ステージを四角形で表記し，ステージ間を矢印でつないでいた（たとえば162頁の図8-2）．段階モデルでは，各ステージが明確になり，順序もよくわかるが，実態からはかけ離れている．現実の政策過程は，大きくはステージを認めることができるとしても，その境目は

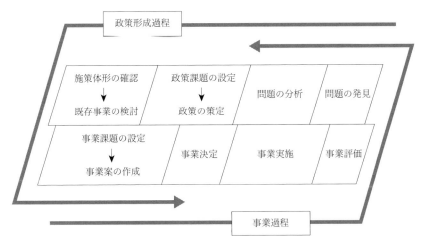

出典：真山達志（2001）『政策形成の本質』成文堂，62頁.

図 8-5　政策・施策・事業の循環過程としての政策過程モデル

曖昧であり，いつ次のステージに変わったのかが明確にならないことが多い．
実際，課題の設定と政策案の作成は同時並行で行われるのが普通である．ま
た，矢印で過程の進行方向を示していることから，一方向に進むことを強調
しすぎる．現実には行きつ戻りつすることも少なくない．そこで，図 8-5 で
は，できるだけ実態が表現できるようにするため，平行四辺形を連続して並
べるような描き方としている．

　また，実態に近づけるという意味から，実務では比較的定着している政
策・施策・事業の区別についても，モデルの中に取り込むことを試みている．
政策を形成する過程と，政策を実現するための手段としての事業を企画し実
施する過程を区別するとともに，その両者の関係をも表せるようにしている．
さらに，問題と課題の区別をすることの重要性に鑑み，問題の発見と，発見
した問題を課題にすることを分けて表記できるようにしていることも重要な
特徴である．

　このモデルに沿って，政策のプロセスを考えてみる．まず，問題を発見な
いし認識した場合，その問題が政策上のアジェンダにすべきものであるか否

かの検討や，アジェンダにしたときに課題とすべきことは何かを明らかにするために問題の分析を行う．問題の分析を通じて政策課題を設定し，課題を達成するための政策が策定される．その政策の目的を実現するために必要な取り組みを体系化した施策体系を設定する．各施策の下で行われる既存事業（現行事業）をリスト化し，各事業が政策の趣旨や目的に合致するかどうかの検討を行う．この段階では，必要に応じて既存事業の見直し（廃止を含む）を行う．ここまでは，図の上段である．

　既存事業だけでは十分に政策の目的が実現できない場合には，新規事業が策定されることになる．ここからが図の下段になり，事業が企画立案され，その事業が実施され，評価されることになる．新規事業を作成するとは限らないので，「事業課題の設定→事業案の作成」「事業決定」は省略される場合も少なくない．

　主に上段が政策と施策を策定し体系化するプロセスであり，下段が事業を企画立案し実施するプロセスである．一般に政策形成過程と考えられているのは，上段から下段の一部である事業の企画立案あたりまでである．一方，下段が従来から事業過程と考えられている部分である．ただ，この図では，事業過程は下段だけでなく，上段の一部である問題の発見と分析にまで及ぶものとして捉えている．なぜなら，問題を発見することや，政策のアジェンダや課題を設定する際に必要なさまざまな情報は，事業の実施過程や評価から得られることが多いからである．図では，事業実施と事業評価の平行四辺形が問題の発見や問題の分析の平行四辺形に接していることで関連が強いことを表現している．

　従来の政策過程を表す段階モデルでは，政策過程は評価によって一応の終了と見えてしまうことを避け，より循環過程として表現できるようにしている．また，このようにモデルを描くことによって，政策形成過程の各段階と事業過程の各段階は，さまざまな側面で関連を持っていること（図では平行四辺形が接していること）がわかるだろう．

7.　行政管理と政策

　ここまで，政策の捉え方と政策過程について，主として政策研究との関わりで紹介した．行政学の中で政策研究が大きな割合を占めていることは間違いないが，大半の政策研究は政治学や経済学であり，法律学や社会学といえるような研究が一部存在するというのが実情である．行政学独自の政策研究というのはあまりなく，行政学者と称する人の研究成果はとりあえず行政学と見なしているにすぎない．しかし，行政管理と政策の関係を検討すれば，行政学の独自性のある政策研究になり得るかもしれない．すなわち，行政組織において合理的な政策決定を確保する，効率的な政策実施を実現する，あるいは適切な政策評価を行いその結果を活用するためには，どのような組織の編成や管理を行うべきかを検討することは，まさに行政学のテーマである．

　しかし，行政学において行政管理と政策を有機的に結び付けて考えることがあまりなかったようである．組織編成の原理にしても，人事管理の手法についても，これまでさまざまな研究業績があり，それらを参考にした行政管理が実践されてきた．しかし，行政管理を行政一般として論じるだけでは，実務上で役に立つ理論はなかなか生まれてこないのではないだろうか．有意義な行政管理理論を構築するためには，まず行政組織がどのような政策のどの部分に責任を負っているのかということを確認して，その政策の形成や実施に伴ってどのような行政活動を展開しているのかを明らかにする必要がある．そして，その活動実態を踏まえた行政管理理論を開発し採用することが必要であろう．そのためには，先に紹介した行政活動の類型や政策類型が参考になるだろうし，政策・施策・事業の区別も有効である．政治学的なものも含めて，政策決定の研究や政策実施研究から得られる知見も役立つであろう．しかし，現在の行政研究の実態は，残念ながら行政管理理論や組織研究の成果と政策研究の成果とを結び付けるところまでには至っていない．そのような状況の中で政策実施研究では，その初期段階から組織内の統制やコミ

ュニケーション，組織間の調整や相互作用に注目していたので，これまでより政策と行政管理の関係に接近している．

　政策は政治の産物ともいえるし，さまざまな利害関係が絡まり合っている政治性が強いものである．それに関わる行政も政治から無関係でいられるわけではない．したがって，一般の民間組織の管理理論を行政組織にそのまま当てはめることができない．反面で，行政が政策過程の中で他の政治的アクターと同様の価値基準で行動しているとも思えない．たとえば，強力な政治勢力にのみ便益が偏らないように公平性を維持しようとしたり，科学的理論の採用を試みようとしたり，社会的に望ましいと考えられる行動をとることもある．一方で，実施の都合を優先して政策目標を低めに抑えようとしたり，割拠主義的な発想で総合的な視点での政策決定を阻害したりする場合もある．これらの行政が政策に与える影響のメカニズムと実態を明らかにするとともに，その原因や理由を解明することが行政学の課題である．それゆえ，行政組織の研究と政策の研究とを結び付けた行政管理理論を創り出すことが必要なのである．

第9章
危機管理から何を学ぶか

1. 行政研究にとっての危機管理

　1995年1月に発生した阪神・淡路大震災，2011年3月の東日本大震災とその後の津波などを契機に，大災害時の法令の運用を含めた行政の応急対策についての諸問題が改めて問われるようになった．また，1995年3月には，地下鉄サリン事件が発生し，テロ行為や化学物質に対する対応にも注力する必要性が認識されるようになった．さらに，東日本大震災の際の福島第一原子力発電所事故は，放射性物質の拡散への対策が問題になった．そして，2019年末から始まった新型コロナウイルスの大流行が，パンデミック対策の脆弱さを見せつけたのは記憶に新しい．さまざまな危機に対応し，被害を最小限に抑え，できるだけ迅速に通常状態に復帰できるようにする危機管理の重要性が注目されるようになったのである．

　危機管理における行政の役割の大きさについては，改めて言及するまでもない．ところが，一般的な行政活動は，平常時を前提に体系化されている．行政活動の根拠になっている法令の大半は，平常時を前提に組み立てられている．また，法律による行政を実現しようとすると，法令を執行する際の手続きは詳細かつ厳密である方がよいと考えられており，その結果，慎重で正確になるかもしれないが，手続きに時間を要したり，形式・様式ばかりが重視されたりすることになりがちである．さらに，行政手続きの民主性を追求すると，行政による恣意的な手続きを避けなければならないし，市民の権利

や自由が侵害されるおそれがある要素を排除しておかなければならない．このような法律による行政の特徴の結果，合法性や手続的民主性が確保される可能性が生まれるが，一方で臨機応変の対応，融通性の追求が困難になることは否定できない．

　そもそも組織は，サイモンが指摘しているように，組織目的の達成を安定して追求するために，また管理を容易にするために，行動をできるだけプログラム化しようとする傾向がある．その結果，活動の多くはルーティン化される．たしかに，プログラム化やルーティン化は，業務の正確性，迅速性などを高める上で有効である．また，組織の外部の人から見ても，組織の活動を予測できるというメリットもある．したがって，平常時を前提とする限り，プログラム化やルーティン化は有益である．このことは，行政組織についても当然に当てはまる．

　ところで，ウイルス感染症や南海トラフ大地震などは，影響が広域に及ぶため，単独の自治体では危機に対応しきれないことが多い．そのため，国と自治体，あるいは自治体相互の連携や相互補完などが必要になってくる．つまり，政府間関係（政府間関係という場合は，自治体を「地方政府」と考えている）ないし組織間関係が問題となる．近年，政府間の補完については垂直的補完と水平的補完ということが取り上げられることがあるが，危機管理における補完関係を構築することは，平常時の相互補完を促進する．なぜなら，誰しも危機の際には助け合うことが必要だという思いが強いため，危機管理における相互援助協定の締結はスムーズに進むことが多いからである．もちろん，協定等の独自の取り組みだけでなく，制度的な補完・協力関係の構築についても検討しておく必要がある．したがって，財政的支援，権限の委任などを法令において定めるにあたって，何が重要かについて理論的な根拠が必要になる．

　危機管理における政府と自治体の役割が重要であることはいうまでもないが，行政だけで対応できるものではないことは既に常識化している．災害時の応急対策については，阪神・淡路大震災がそのような認識の出発点となっ

ている．大きな地震災害に見舞われた地域では，救助や消火などにおいて，行政，消防，警察の対応能力を超えてしまうことを見せつけられてしまったのである．そのときに有効に機能したのが地域コミュニティの共助であったり，全国から駆けつけたボランティアであったりしたのである．そのため，阪神・淡路大震災の年は「ボランティア元年」と呼ばれるようになり，災害対応を中心に NPO などの民間非営利組織やボランティアを，公共の問題解決における重要なアクターとして位置づけるようになった．それゆえ，行政とこれらの民間非営利分野の組織との関係についても検討する必要がある．

　協働の概念は，政治学では 1970 年代からオストロム（V. Ostrom）らによって co-production として提起され，日本では荒木昭次郎が意欲的に紹介してきた．ただ，近年では英語の collaboration があてられ，公共サービスの供給の段階で一緒に協力するという点のみが注目されているように思われる．しかし，co-production は公共サービスの生産と供給の全過程における協力関係を前提としないと意味がない．

　これを危機管理に当てはめれば，災害などが発生した段階での救助や救援に民間の協力を得るということにとどまらず，危機管理体制を構築し，行政と民間がどのような役割分担をするのかを議論し決定する段階から協力していくことが必要となる．ODA（政府開発援助）の分野などでは，NGO が政策形成の段階から関与することが増えつつあるが，残念ながら危機管理の検討においては，まだまだ本来の協働にはなっていない．もっとも，理念としては協働が望ましいとしても，実際にどのような政策形成のシステムにするのか，危機管理の実施体制をどのようにするのか，責任の分担はどうなるのかなど，詳細については簡単には決まらないため議論が必要である．そのような議論の理論的根拠になるような研究を蓄積するのも行政学の役割である．

　行政における危機管理について検討するためには，危機そのものだけに目を奪われるのではなく，行政組織や行政活動が持っている特徴に注目しておく必要がある．通常の活動が十分に理解できていないまま，非日常である危機管理のあり方を論じても有意義ではない．また，行政における危機管理を

検討することは，行政そのものの検討と理解を深めることになる．そこで，この章では危機管理と行政の関係を検討しておくことにする．

2. 危機管理のための枠組み

(1) 法令の体系

　日本の行政における危機管理は，主として自然災害に起因する危機状況を管理することに焦点が合わせられてきた．法令の体系についても自然災害に関連したものから整備されてきた．このような意味での危機管理に関わる法令としては，災害対策基本法および災害救助法が中心となる．これら2法が災害に対する備えと災害発生時およびその後の緊急対策の枠組みを定めている．もっとも，防災や災害対策はさまざまな組織・機関が関わるために，関連法令はこれら2法にとどまらない．たとえば，阪神・淡路大震災の際に，自衛隊の災害派遣要請の権限に関して問題が指摘された．この場合は，自衛隊法が議論の対象となる．災害対策では他にも消防や警察の果たす役割も大きいことから，消防組織法，警察法なども重要な関連法令である．また，防災のために都市のインフラや建築物の対策を進めるとなると，都市計画法，建築基準法，消防法，河川法，道路法などの社会基盤の整備に関わる法令の関わりも大きくなる．さらに，実際の防災対策や災害対策の大半が自治体によって行われることを考えれば，地方自治法や地方財政法も関係してくる．

　このように，危機管理を自然災害に関わるものだけに限ってみても，多くの法令が関係する．危機管理全般の検討を進めようとするのであれば，取り上げなければならない法令は膨大になる．ただ，危機管理と行政の関係を検討するという本章の目的からすると，危機管理の典型であり，危機管理の基本型を形作ってきた災害対策基本法と災害救助法の2法から問題点を抽出することで足りるであろう．

(2)　災害対策基本法

　防災に関わる基本法は，災害対策基本法である．この法律は，「国土並び
に国民の生命，身体及び財産を災害から保護するため，防災に関し，基本理
念を定め，国，地方公共団体及びその他の公共機関を通じて必要な体制を確
立し，責任の所在を明確にするとともに，防災計画の作成，災害予防，災害
応急対策，災害復旧及び防災に関する財政金融措置その他必要な災害対策の
基本を定めることにより，総合的かつ計画的な防災行政の整備及び推進を図
り，もつて社会の秩序の維持と公共の福祉の確保に資することを目的とす
る」（1条）ものである．1959年に襲った伊勢湾台風による大規模な災害の
経験を教訓にし，大規模自然災害発生時の危機管理体制を整備することを目
的に，1961年に制定された．

　災害対策基本法では，防災に関する組織（第2章），防災計画（第3章），
災害予防（第4章），災害応急対策（第5章），災害復旧（第6章），被災者
の援護を図るための措置（第7章），財政金融措置（第8章），災害緊急事態
（第9章）などについて規定を設け，文字通り防災に関する行財政の基本的
な枠組みを定める法律である．防災関係者にとっては憲法といってもよい存
在である．防災行政の根本となる国の中央防災会議が策定する「防災基本計
画」や都道府県および市町村が定める「地域防災計画」も，この法律を根拠
として策定されている．また，災害が発生した場合や発生するおそれがある
場合に設置される「特定災害対策本部」，非常災害が発生した場合に設置さ
れる「非常災害対策本部」，さらに著しく異常かつ激甚な非常災害が発生し
た場合に設置される「緊急災害対策本部」なども，すべて本法を根拠としてい
いる．

　災害対策基本法は，このように災害対策の基本を定めるものであるから，
国，都道府県，市町村その他の公的機関のすべての権限や責務について言及
している．ただ，災害発生のおそれがある時や，災害発生直後の最も混乱が
激しい段階での「災害応急対策」に関する規定では，市町村長の責務が大き
くなる．すなわち，災害が発生した際には，被害状況はまず市町村長から知

事へと報告される（53条1項）．また，災害の発生するおそれのあるときは，消防機関や水防団に出動命令等を出すこと（58条），必要と認める地域に対して立ち退きの指示を出すこと（60条1項），災害の発生により生命・身体に危険を及ぼすおそれがある場合には，市町村長は，警戒区域を設定し，立ち入り制限ないし禁止をし，あるいは退去命令を出すこと（63条1項）ができることになっている．多くの権限や責任が市町村長に与えられているが，いずれも「することができる」という規定になっているので，市町村長に判断を委ねているのが特徴である．市町村長がこれらの重大な事項について，危機的状況の下で決定できるだけの組織体制，専門性を有していないと，法の定めは絵空事になるのだが，そもそもどのような組織体制と専門性が必要なのか，専門性を確保するためにはどのような人材の採用・養成を行うのかなどが明確になっているわけではない．

(3) 災害救助法

　災害救助法は，「災害が発生し，又は発生するおそれがある場合において，国が地方公共団体，日本赤十字社その他の団体及び国民の協力の下に，応急的に，必要な救助を行い，災害により被害を受け又は被害を受けるおそれのある者の保護と社会の秩序の保全を図ることを目的」（1条）として，避難所及び応急仮設住宅の供与，炊き出しその他による食品の給与及び飲料水の供給，被服，寝具その他生活必需品の給与又は貸与，医療及び助産，被災者の救出，被災した住宅の応急修理，生業に必要な資金，器具又は資料の給与又は貸与，学用品の給与，埋葬などの救助活動を行う（4条）ことを定めている．

　このような災害救助を行うために，都道府県知事に対して必要な計画の樹立，救助組織の確立，労務，施設，設備，物資，資金の整備を求めている（3条）．また，知事は，必要があれば，医療および土木建築工事関係者を救助に関する業務に従事させることもできる（7条1項）など，大きな権限を与えられている．

　災害救助法では，実施主体を原則として都道府県知事としている．したが

って，救助に要した費用については都道府県が支弁することになっている．このような費用の支弁のために，都道府県は災害救助基金を積み立てなければならない（22 条）が，一定以上の支出となったときは国庫の負担（50〜90％）がある（21 条）．上記の救助活動には多額の費用が必要になるため，法律の規定には費用負担に関するものが多い．行政活動には，法律による権限の付与が必要であるが，同時に財源が常に問題となる．とくに災害対応の場合は，財源が確保されているかどうかによって，迅速な意思決定ができるかどうかに差が出る．その意味で，行政における意思決定研究の際の重要な検討要素に財源を含めておくべきである．

　なお，市町村については，実際に救助をしなければならない事態になった政令指定都市規模の市を例外的に「救助実施市」としている場合のみ実施主体となることになっている（2 条の 2）．

3.　防災計画の体系

(1)　防災基本計画

　防災計画の体系は，災害対策基本法に基づいて策定される「防災基本計画」が基本となっている．この計画は，中央防災会議が策定する国の基本計画である．内容としては，第 1 編「総則」において，計画の基本目的や防災の基本方針を定めたあと，第 2 編に各災害に共通する対策，第 3 編に地震災害対策，第 4 編に津波災害対策，第 5 編に風水害対策，第 6 編に火山災害対策，第 7 編に雪害対策，第 8 編に海上災害対策，第 9 編に航空災害対策，第 10 編に鉄道災害対策，第 11 編に道路災害対策，第 12 編に原子力災害対策，第 13 編に危険物等災害対策，第 14 編に大規模な火事災害対策，第 15 編に林野火災対策が定められている．各編に災害予防，災害応急対策，災害復旧・復興の章が組み込まれている．近年の災害の多様化を踏まえて，内容が多様化し，阪神・淡路大震災直後の頃の全 6 編に比べて倍以上に増えている．当時は「その他」に入っていた雪害，林野火災なども独立している．

　もともと日本は地震大国であるが，毎年のように被害をもたらすのは台風
や集中豪雨による風水害である．とくに近年は異常気象の影響で洪水や土砂
災害が頻発している．また，防災基本計画の根拠法である災害対策基本法が
伊勢湾台風の教訓に基づいて制定されたことから，風水害中心の防災計画で
あったのだが，より危機管理計画というべき性格が強まっている．今日の危
機管理では，化学（chemical）・生物（biological）・放射性物質（radiological）・
核（nuclear）・爆発物（explosive）による災害やテロ行為を含めて「CBRNE
（シーバーン）」という名称が使われることが多いが，そのような動きも反映
されているといえよう．また，阪神・淡路大震災で注目されるようになった
防災ボランティア活動のための環境整備も意識され，ボランティアの受け入
れ体制についても記載されるようになっている．

　中長期的な視点で将来の行政活動を枠づける行政計画において，現在の社
会情勢や価値観をどのように取り入れるのかという，計画策定の核心部分に
関わることが端的に表れている変化である．行政計画の研究においても，危
機管理の分野の検討は意義がある．

(2)　地域防災計画

　地域防災計画も，同じく災害対策基本法により国の防災基本計画に基づい
て定めることになっている．したがって，基本的な構成は国の計画とほぼ同
様である．冒頭の総則で，計画の目的，基本方針，用語の定義，関係機関の
範囲や責任分担の大枠などを定めている．また，この総則部分の重要な要素
となっているのが，当該自治体の地勢や過去の災害についての分析である．

　その後に地震・津波編，風水害編，放射性物質事故編，大規模事故編等が
続くが，どのような災害のカテゴリーを設けるかについては，地理的条件や
過去の災害の経験などによって地域差がある．各編の中の構成は，被害想定，
災害予防，災害応急対策，災害復旧となっていることが一般的であり，これ
も国の防災基本計画と同様になっている．

　国，都道府県，市町村といわゆる縦のつながりで，自治体に計画の策定を

義務づけている典型的な法定計画である．この種の計画では，国の中央計画の影響が強く，地方計画は国の計画のコピーのようになりがちである．防災対策の場合は，国と地方の連携と協力が重要であることから，計画に共通性があることにも一定の合理性があるが，全ての行政計画について同様のことがいえるかというとそれは別問題である．のちに見るように，防災計画はどちらかというと特殊な計画であり，他のモデルにはなりにくい．一方で，一般的な計画との違いを見ることにより，一般的な計画のあるべき姿を探ることもできるだろう．

　市町村も地域防災計画を策定しているが，市町村の場合は規模に大きな差があるため，計画策定に必要な専門性や人員の確保が困難な場合もある．その場合は，一層，単なるコピー版になってしまうおそれがあるため，ただ策定すればよいというものではない．自治体の実情にそぐわない計画になると，実施体制が伴わないことが起こり，せっかくの計画が実施不能になることもありうる．したがって，計画の体系を考えるときに，策定に関わる組織体制，計画の実施体制の双方を視野に入れなければならない．

4.　防災計画に見る計画と行政の関係

　防災を中心とした危機管理の大枠を定める防災計画は，おおむね上述のとおりであるが，危機管理システムの特徴を一言で表現するならば，典型的な計画に基づく行政であるということである．しかし，防災計画は，具体的な目標を設定しているわけでもないし，災害応急対策の部分は日常的には執行しないことを前提とした内容となっている特殊な計画である．特殊な計画であるから，その策定は通常の手順，手続きとは異なる部分が多々あるが，一方で，日常的な行政の発想や行動を十分理解しておかないと，危機的状況の下で有効な行政活動を期待することはできない．ここでは，行政計画に関する研究成果を参考に，防災計画の特殊性を確認しておく．

　西尾勝は，計画の性格を識別するための「性格指標」を示した．すなわち，

①計画をもって対処しようとする課題が計画主体の全活動において占める「重要性」，②計画において考慮される要素，手段の程度から見た「複雑性」，③計画の成否に決定的な影響を与える諸要因をどこまで計算に入れるかという「完全性」，④計画が提案している人間行動に対して計画の実現主体がどの程度まで拘束力を持つかという「実効性」，⑤計画による行動提案の「明細性」ないし「具体性」，⑥計画がどの程度先の未来を考慮しているかという「未来性」，⑦計画がどの程度多数の組織単位の行動を対象としているかという「総合性」，そして⑧計画の作成権がどの程度まで計画主体に独占されているかという「集中性」からなる 8 つの指標である．防災計画をこれら 8 指標に照らして検討してみよう．

　計画の「重要性」という点では，防災計画は 1995 年阪神・淡路大震災までは，社会的に大きな注目を集めることがなかった．近年は甚大な災害が多発しているため，計画主体である政府・自治体の中での重要性は高まってきてはいる．ただ，どうしても災害が発生しない限り防災・危機管理部門以外の関心は低くなってしまう傾向がある．その意味で，必ずしも常に「重要性」が高いとはいえない．

　「複雑性」の点では，交通・通信，安全，治安，医療・保健・衛生，ライフラインの確保など，危機管理に際して考慮すべき要素は多方面にわたっている．きわめて多くの要素や手段を同時に考慮しなければならないため，その複雑性は高い．とくに最近は危機のカテゴリーが多様化，専門化しているため，検討すべき要素が増大している．

　「完全性」の点では，防災計画は発生する可能性のある災害の種類や規模などがきわめて重要な前提要素であるため，これらの要素を計画に取り入れているが，どうしても不確定な要素を含んでいる．そのため，計画は常に不完全である．また，計画によってコントロールしようとしている行政組織をはじめ関係機関，組織，さらには一般の市民の行動については，過去の例を基に想定しているが，危機管理の大前提になっている「想定外」の事態ということを勘案すると，関係アクターがどのような行動を取るかを予め計算

（詳細に予測）することは不可能に近い.

　「実効性」の点では，計画の複雑性が高いことからも，あまり高いとはいえない. とくに，行政機関以外の行動に対しては，必ずしも強制力を伴っているわけではなく，事前の協定等に基づいて依頼するケースが多い. また，自衛隊に対しては，出動要請はできても，自治体に指揮命令権があるわけではない. 不特定多数の市民の行動をコントロールしなければならない計画であるが，大きな危機の際には，すべての人や組織は一致団結，協力して動くという性善説の前提がなければ成り立たないくらい，実効性という点では心許ないところがある.

　「明細性」ないし「具体性」の点では，大災害を経験し，その経験を基に防災対策を具体化してきているので，過去と比較するとはるかに明細かつ具体的になってきている. しかし，もともと想定外の事態が多発する危機であるから，それへの対応をあらかじめ具体的かつ詳細に定めておくこと自体が無理である. そのため，防災計画では，大枠を定める程度に留まることが多くなる.

　「未来性」の点では，災害予防計画については，目標年次などを定めることができ，現実的な期間を定めれば大きな問題は出ないかもしれない. その点では，一般的な計画とそれほど変わらない. ただ，災害応急対策に関する部分は，そもそもいつ起こるかわからない災害を想定しているので，未来性の概念すら成り立たない. また，災害復旧・復興に関しても，実際に災害が発生した時がスタートラインで，それから先の期間は災害の種類や被災の程度によってバラバラになる. 計画策定段階では，計画期間は未定といってもよい. このように，「未来性」については，通常の計画と同列での議論ができないくらい特殊である.

　「総合性」の点では，危機管理のための計画はほとんどすべての行政分野を含み，電気・ガスなどの公益事業者，放送，運輸などの公共性の高い事業者などの民間機関，さらに一般市民も含まれるなど，多くの行動主体を計画の対象として含むことになる. 当然，それらの主体に連携した行動を期待し

ているのであるが，それらの主体は通常，平常時ですらほとんど連携していない．ただでさえ混乱し，自らのことを考えるので精いっぱいになる危機の下での行動を対象としなければならないので，総合性の高さが計画策定において一層大きな足かせになりかねない．

　最後に「集権性」についてみてみると，これは「総合性」と表裏一体の関係にあるともいえ，計画にかかわる主体が多くなればなるほど一般に集権性は低下する．防災計画を策定するのは中央および地方の防災会議が中心であるが，形式的には集権性はそれなりに高いと見ることもできる．しかし，防災会議が政府内や自治体内で高い権威と強力な権限を持った組織とは言い難い．もっとも，近年は大災害が多発していることから，危機管理部門の位置づけが向上しているので，ここでいう集権性も以前よりは高まっている．ただ，小規模自治体などでは防災・危機管理関係の計画を策定することを専管する組織は少なく，総務系の組織が片手間で策定していることが多い．

　以上のように，「性格指標」のすべての項目で防災計画は特徴的な傾向を有している特殊な計画である．政府・自治体の中の比較的限られた組織が，その特殊な計画を多くの組織の協力を得ながら策定しなければならない．それゆえ，効果的な防災計画や危機管理計画を策定するためには，計画策定に関わる組織の相互関係，各組織の組織風土，意思決定の特徴，行動様式，専門性などについての理解が必要である．これらの知識や情報を提供する学問は行政学であることはいうまでもない．もちろん，組織に権限を与えたり，危機発生時に関係者の行動をコントロールするための強制力を付与したりしているのは法令であることから，法律学の役割も大きい．世間では行政学と行政法（学）が混同されることがあるが，日本の行政学は政治学の影響が強いため，あまり法律学との交流がない．しかし，行政活動を理解し，よりよい行政システムを構築するためには法律学との連携が不可欠である．危機管理ではとりわけ連携が重要である．

5.　危機管理と行政学

(1)　法体系の課題と行政学

　今述べたように，法律は公共の福祉の向上，社会の秩序と安定などを実現するために，行政活動に関するさまざまな権限と手続きを体系的に定めている．行政はその法律に従って活動することから，法律の根拠が不明確な活動は行わないとか，手続きを優先して臨機応変の対応を取らないなどの弊害を生み出していることはよく知られているところである．法律の定める権限体系と手続きは，危機管理の観点から見るとより多くの問題点をはらんでいる．

　法律は社会を秩序づけ，安定に向かわせることを優先しているため，例外や不確定要素を極力排除して，解釈上の揺らぎが出ないように定める方が望ましいと考えられる．実際には，解釈や裁量による変容が生じている（第10章を参照）のだが，行政が杓子定規な法の執行を指向することと相まって，安定性や一貫性が実現していることが多い．いわゆる「形式主義」であるとか「割拠主義」といった行政に特有の問題ある性格や，「たらい回し」といった弊害も，行政が法律に基づいて行動することがひとつの原因になっている．

　また，現行のほとんどの法律は，平常時を前提に規定されているため，一部の例外を除いて，日常的に執行されることを想定している．しかし，危機管理にかかわる法律は，災害発生時などの危機が生じない限り執行されない部分を多く含むという特徴を持っている．たとえば，災害対策基本法は，防災計画の策定などの平常時に取るべき行政の活動についての条項も少なくないが，実際に災害が発生した時の国，自治体，各種公共機関などの対応について定めていることが重要なのである．そして，これらの規定は，災害が発生しない限り適用されることがない．それゆえ，防災関係の法執行上の問題点などを実態的に検証したり，検討したりしておくことができないという不都合を抱えている．行政だから法の既定通りに行動するという期待もできるが，のちに見るように行政は平常時のルーティンに従った行動を取る傾向が

あるため，そのことに配慮した規定の仕方をしておかなければならない．

　どのような法律の条項を設けるのかについては法律学に任せるとしても，危機時での行政の意思決定や行動の実態を明らかにすることや，危機時の行政活動を管理する方法については行政学が明らかにしていくべき課題である．

(2)　権限の問題と行政学

　行政にとっての権限は，活動をする上での生命線といっても過言ではない．どの行政主体にどのような権限を与えるかによって，行政活動の体系は全く別のものになり，社会に与える効果や影響が変わってしまいかねない．したがって，危機管理に際しての権限関係を明確かつフレキシブルに定めておかないと，行政が有効な危機管理活動を行うことを期待することができない．

　危機管理は平常時から始まっており，危機管理の体制作りなどが重要であるとはいうものの，一番重要なことは危機が発生しそうな時，あるいはすでに発生した時の応急対策である．その時こそ危機管理能力の真価が問われる場面である．計画の策定や，繰り返しの訓練は，全て緊急的，応急的対応を的確かつ迅速に行えるようにするためのものである．そのためには，危機発生時の対応をする行政の権限体系が適正であり明確であるとともに，柔軟であることが必要である．そのような観点では，現在の災害対策などでは少なくとも2つの問題点がある．

　第一に，自治体ごとに規模，特性，能力などに違いがあることである．危機管理の具体的な活動については，知事か市町村長に権限が与えられている．とくに災害応急対策では，多くは市町村長の権限になっている．市町村は政令指定都市のような大都市もあれば，人口数千人の小さな村までさまざまである．長個人の能力は自治体規模に比例するわけではないが，長を支えるスタッフの数や専門性という点では大都市と村では大差があることは否めず，すべての自治体が同じような危機管理能力を発揮できるとは考えられない．組織の持つ専門性とその効果的な活用のためには，現在の組織の実態を明らかにしておく必要がある．さらに，行政と市民や地域社会との関係について

も，自治体の規模や地理的条件，歴史的経緯によって違いがあるため，それらの違いが行政活動にどのように影響するかについての知見も必要である．

　新型コロナウイルス対策のような感染症対策の場合は，多くの権限が都道府県知事に与えられている．感染症は広域的に広がるため，広域自治体での対応が必要になることからすればもっともなことである．そして，いくら小さな県といえども，職員数はそれなりに確保されているし，専門職や技術職を一定程度は抱えているので，危機管理能力の水準は保たれているといえる．しかし，普段は中二階とか中間団体と揶揄され，市民からその存在が曖昧な都道府県が，社会に対してどこまで有効な危機管理活動を行えるかは疑問である．実際，新型コロナウイルス対応では，行政改革と称して保健所をはじめ職員を削減しつづけたことがあだになり，人員や組織の体制が脆弱であることが明らかになった．また，知事という行政の長は，小選挙区で選出される衆議院議員より広い範囲の有権者から票を得た文字通りの政治家であるため，往々にしてパフォーマンスのような行動を取ることも明らかになった．その結果，現場レベルの行政組織が本来の能力を発揮できないことにもなってしまう．都道府県における政治家知事と行政組織の関係については，行政学や政治学がしっかり解明しておくべき課題である．また，都道府県が広域自治体であるがゆえに，市民や地域社会とのつながりの点でも課題を持っている．実のところ，小さな村のほうが，被害の把握が容易であったり，地域社会の協力が得やすかったりするというメリットもある．権限の配分については，必要とする専門性，人員の規模，市民・地域社会とのコミュニケーションの必要性の程度，国との関係などを総合的に勘案しなければならないが，全ての項目について危機管理の側面だけでなく，平常時の実態を踏まえた検討が必要になる．

　第二の問題は，災害対策基本法や災害救助法によって自治体の長に権限が与えられているが，財源の根拠がない権限は絵に描いた餅になることである．災害が発生した場合，防災計画に定めている範囲の活動については，不十分ながらも財源確保にめどが立つ．しかし，災害や危機は想定外のことがつき

ものであるため，自治体現場の判断で計画に書いていない活動や措置を執らざるを得ないこともある．明確な法的根拠を持っているとはいえない措置もあり得る．たしかに，災害対策基本法には「必要な措置」を講ずることを規定している条項が多数あるが，「必要な措置」が何かについては曖昧であるため，危機の中で法律のいう「必要な措置」に該当するかどうかを判断しかねて時機を逸するおそれもある．法律に基づく措置であり，法律に基づく国庫補助が確実であることが確認できないと，自治体独自で判断することに躊躇が生じるのである．常日頃から法令や国・都道府県の指示に基づいて仕事をし，財政的にも補助金や交付金でやり繰りしている市町村長の場合は，なおさらストレスの高まる状況である．

災害救助活動の中には，過去においては機関委任事務，現在でも法定受託事務とされているものが多いことから，本来は国庫で財源が保証される．それすら十分とはいえない状況で，自治体が独自の判断で行った救助活動に要する費用が，国の基準を超える場合や国の想定していないものであると，自治体の持ち出しが発生することになるので，長は思いきった決定はできないだろう．

行政活動の種類を整理し，それにかかる費用についての基本モデルを開発することで，あらかじめ必要な費用を算出できるようにするなど，財政面での不安を払拭する仕組みを開発しないと，地方での有効な意思決定は期待できない．この点でも，財政学などと協力して行政学が活躍する余地が大きい．

(3) 手続きの問題と行政学

行政活動は，ある意味では手続きの連続であり，法律で定められた手続きを瑕疵なく，遅滞なく進めることが行政の特技といえよう．行政活動の公平性，客観性，精確性を確保するためには，法令で手続きの詳細を定めることが必要だが，それによって迅速性，柔軟性が阻害されるという問題が生じる傾向にある．危機管理においてこのような問題が顕在化した典型が，1995年の阪神・淡路大震災であった．たとえば，自衛隊の災害派遣要請に関わる

手続きでは，当時は市町村長の判断で派遣要請をすることができず，知事の
みが行うことができることになっていた．そのため，知事が状況の把握に手
間取って，なかなか自衛隊が出動できないということになってしまった．こ
のことの反省から，災害対策基本法では，市町村長が知事に対して自衛隊派
遣の要請をするよう求めることができ，さらにこの要請もできない場合には，
市町村長が被害状況を防衛庁長官に対して直接知らせることもできる（68条
の2第2項）ように改正された．通常の手続きの他に緊急時の手続きを別途
定めることにより，手続きに手間取って有効な対策がとれなくなってしまう
ことを防ぐようにしたのである．

　しかし，被害状況等の報告などは「市町村→都道府県→国」の経路を，予
報や警報は「国→都道府県→市町村」の経路を踏襲しており，危機時にもっ
とも重要な情報については，平常時の一般的な縦の経路をそのまま適用して
いる．手続きをいくら変更したとしても，また複数の手続きの選択肢を用意
したとしても，必要な情報が手に入らなければ手続きはストップしてしまう．
それゆえ，情報経路の複線化やバイパスの設定などが必要になる．この点も，
危機管理では常識であり素人でもわかっていることであるが，行政における
意思決定に必要な情報の種類，行政における情報の信頼度の判定の仕方，行
政組織内および行政組織間の情報伝達の仕組みなどについての知見がなけれ
ば制度や仕組みを改善することができない．行政管理の研究を中心に行政学
の研究の蓄積が必要になる．

6.　行政の危機管理能力向上に向けて

(1)　危機管理体制の整備

　危機管理体制の整備は，防災体制にしても，それ以外の危機対策にしても，
起こるかどうかわからないことに人と金をつぎ込むことになる．危機が発生
しない限り，危機管理に投資した資金や雇用している職員が，本来の効用を
生み出すことがないことになる．もちろん，すべての危機管理を危機管理専

任の職員で担当する必要はないが，通常業務の担当者が危機管理も行うことを前提とするのなら，通常業務の遂行に必要な要員よりも若干の余裕が必要になる．これは「冗長性」ともいわれるが，冗長性と無駄は紙一重である．1980 年代以降の行政改革によって，行政組織の職員数は削減されつづけてきたため，およそゆとりがあるとはいえない．そのような状況の下で，危機管理のための組織に多くの人員や財源を与えることに対する政治的合意を調達することは難しい．行政学は，「冗長性」についての議論を一層深め，危機管理に必要な「冗長性」が通常業務の中で無駄にならないような組織編成と管理のあり方を提案しなければならない．

(2) 危機管理能力向上のための人材養成

危機管理の計画や対応マニュアルの整備が進んだとしても，危機は想定を超えたり想定外であったりするものである．想定外こそ本当の危機である．そして，その状況を乗り切ることが危機管理の本質的な課題なのである．

危機管理計画などの想定を超えるような危機や想定外の危機が発生した場合，政治的リーダー（首相や自治体の長など）の判断力や決断力が重要であることはいうまでもない．そして，政治家の意思決定は，伝えられる情報の質と量，政治家を支えるスタッフや組織の特性などによって違いが大きい．政治家の意思決定や行動については，政治学や組織論などと協力して検討する必要がある．一方，行政組織や行政職員の危機管理における能力を明らかにし，その能力の向上をどのように進めるかという点では行政学の役割が重要になる．たとえば，防災計画の中では，最悪の事態を想定して，最後は各自の判断で行動することを認めるようになっているのが一般的であるが，防災計画やマニュアルに基づいて行動するべきであるのか，それらの適用をあきらめ独自判断で行動するべきなのか，といった個々の職員の判断力と決断力を養うことが求められている．しかし，このような意思決定がもっとも苦手なのが行政組織であり行政職員であるといってもよい．

このような極限状況における判断力・決断力と行動力を養うためには，行

政職員に対して日頃から問題解決行動をとるような意識改革をしなければならない．サイモンらが指摘するように，行政組織は行動をプログラム化しようとするため，その構成メンバーは組織の持つ標準作業手続（SOP）に沿って行動することを常とする．そうだとしても，通常と異なる状況に直面したときには，問題解決行動をとる必要が生じる．ところが，現代行政は膨大な量のルーティン業務を処理しているので，ルーティンを能率的に処理するために SOP に沿って迅速かつ正確に業務処理する職員の方が優秀であると考えられる傾向がある．そうなると，問題解決行動を積極的にとる行政職員を養成することは，そう簡単なことではない．そこで，問題解決行動の出発点である「状況定義」をいかにするか，また状況定義において必要となる情報をどのように収集するかといったことについてのこれまでの行政学における知見を一瞥しておく．

(3)　状況定義

　行政学の観点で行政における危機管理を考える際に重要になるのは，行政組織が適切な意思決定ができるかどうかということを明らかにすることと，できないとするならどうすれば状況を改善できるかを示すことである．組織の意思決定については，マーチ，サイモンの研究が有名である．それを参考にすると，日常とは異なり状況がよくわからない状態で意思決定をする際には，まず状況定義（状況把握）が重要になる．したがって，危機への対応にとって最も重要なことは，状況を正しく把握することである．状況定義で間違ってしまうと，その後の対応の有効性が確保できないばかりか事態を悪化させる危険すらある．危機管理能力を高めるためには，状況定義能力を高めることが優先課題であるといえる．ところが，組織は，問題解決的行動が必要となったときでも，従来からの行動様式の範囲内で状況定義をしようとするものであることがマーチたちによって指摘されている．この状況を変えなければならないのだが，多くの危機管理での議論は，ともすると事態への対応の手順や方法に関心が集まる傾向があり，発災直後の状況定義についての

検討が手薄になりがちである．

　組織は，平常時において行動をプログラム化したりルーティン化したりすることがサイモンたちによって指摘されているが，危機においても可能な限りプログラム化しておく方が行政としては安定して意思決定ができるはずである．予測不能な危機においてプログラム化するというのは矛盾しているようにも思えるが，状況を正しく把握するためのプログラム化はある程度まで可能である．具体的には，置かれた状況に関するチェックリストを作成するとか，情報伝達経路の確立の手順を定めることなどである．どのような対応・対策を取るかはその後の課題である．

　このような意味では，人が作り出したメカニカルなシステムの危機管理の方が進んでいる．たとえば，航空機に何らかの異常が発生した場合，乗員はまずチェックリストに基づいて状況の把握を行う．このチェックを行うことによって，どこにどのような異常が発生しているのかをできるだけ早く正確に知ることができるのである．航空機は設計・製造をすべて人が行っていることから，システムの全体像や各部分の構造・機能がわかっているので，チェックリストが作りやすいのである．危機に関する状況定義さえ的確に行えれば，それ以降は予め用意していた行動レパートリーの中から最適なものを選択して対応することが可能になることが多いはずである．同様のことは，原子力発電所やコンビナートについても当てはまる．しかし，東日本大震災後の福島第一原子力発電所事故の教訓は，このようなチェックリストなどによる状況把握にも限界があることを自覚しなければならないということである．

　多くの行政組織が対応している社会・経済システムにおいては，状況定義のためのチェックリストを作りにくい．まず，対象となる社会・経済システムは巨大で複雑であるため，1つの行政組織で全体像を把握することは不可能であるからである．また，そもそもシステムの構造や機能が完全に解明されているわけではないことに加えて，構成要素をパーツに分解することすらできないからでもある．このような限界はあるものの，チェックリストを作れるようにするための研究は必要である．そのためには，社会学や経済学な

どの人文・社会科学の学際的研究が必要である．行政学としては，行政の行動と意思決定に関する知見や，行政の持つ専門性の現状と限界についての情報を提供する役割がある．

(4)　情報と意思決定

　たとえ優れたチェックリストを作成できたとしても，チェックに必要な情報がなければならない．危機管理においては情報の収集・伝達はきわめて重要である．通常時の行政組織では，情報や報告は組織のヒエラルヒーの下から上に伝わるように設計されている．平常時やルーティン業務ではこれでもあまり問題はないが，危機の際には，この仕組みでは意思決定を行う者に必要かつ正確な情報が集まるという保証はない．そのための，通常とは異なる情報収集と伝達のルート・手段を複数用意するなどの対策が必要であることは，今さら指摘することでもない．

　行政学の観点から検討しておかなければならないことは，組織のヒエラルヒーとは関係なく，一定の状況（複数の手段を使っても上司に連絡がとれないとか，連絡をとるだけの時間的余裕がない場合など）におかれた人物には状況定義とそれに基づく意思決定の権限を自動的に付与するシステムをルールとして確立するための理論的裏付けを構築することである．もちろん，ルールなどなくても，緊急避難的行為が認められることはあるので，いざとなれば個人の判断で行動することは可能である．しかし，行政組織のメンバーは必要以上に慎重になり，あとから責任を追及されるような判断を回避する傾向にある．したがって，明文化した権限委譲のルールと一定の免責を定めておくことが必要である．一定のルールに基づいて情報収集や上位者の意思確認を試みてもそれが不可能な場合，それ以降の決定や行動はその個人の責任と権限で行うことを義務づけるとともに，一見明白な瑕疵がない限り責任を追及されないルールを定めるのである．理念的には危機的状況であるから当然のことのように思えるが，実際に行政の中でこのようなルールを確立するのは容易ではない．あまりにも，平常時の常識から逸脱するからであ

る.

　日本の行政組織では，日常的な業務処理が個人単位の明確な責任分担の下で行われているというより，集団的処理が行われていることが知られている．大森彌はこれを「大部屋主義」の業務遂行と呼んだ．したがって，危機において他の組織メンバーとコミュニケーションがとれない状況で，個人の責任と判断で状況定義をすることがそもそも苦手なのである．計画に「各自が判断する」と書いてあっても，躊躇したり優柔不断になったりして，結局，誰も責任ある判断が行えなくなってしまう可能性が大きいことに配慮しておかなければならない．

　以上のようなことを勘案すると，行政学としては，行政と社会の関係を解明することや，行政の意思決定において考慮される要素などについて，これまで以上に検討をする必要があるだろう．また，日常の業務遂行の形態や特徴を整理し，それらが危機の際の意思決定や行動にどのような影響を与えるかを明らかにすることも求められる．「大部屋主義」が指摘されたのは30年以上前のことであるが，近年では行政組織内での職務分担がかなり進んできている．また，オフィス・レイアウトにおいても，職務を行う席を毎回自由に選べるフリーアドレス方式を採用しようという動きが，行政組織の中にも生まれつつある．田尾雅夫は，「静かな職場」という表現で，周りとコミュニケーションを取りながらではなく1人で静かに業務を進めるスタイルにも言及しているが，このような時代の変化が起こっているわりには，行政学における管理の研究は遅れているといわざるを得ない．

(5)　垂直・水平（的）支援と補完の確立

　地方分権が進み，国と自治体は対等・横並びの関係になったとされている．つまり，相互に独立した政府として，独自の意志に基づいて行動することになっている．実際には，財政面や立法権の面でも自治体が国に依存していたり，管理されたりしている状況が多く残っている．危機管理についていえば，すべての機能や役割を自治体だけで完結できるというわけではないので，一

層，国の自治体への関与が重要と考えられている．もちろん，自治体としては，ただ国に依存するのではなく，自力で対応することを第一に考えることが必要である．しかし，広域的に処理することが必要であったり，その方が合理的であったりする業務があるのも事実であるから，広域自治体や自治体間の協力で対応することもあるし，場合によっては国が機能を担うこともありうる．

　行政がさまざまな民間組織との間に安定かつ良好なネットワークを築き上げ，公共的問題の解決や公共サービスの供給を問題なく行っている場合は，国や他の自治体は原則として関与する必要がない．このような状態は，ローカル・ガバナンスが確立されているといえる．しかし，自然災害などの危機が発生した場合は，このようなローカル・ガバナンスを構成する行政をはじめとしたさまざまな組織・団体が被災し，通常の活動ができなくなる可能性がある．そのため，ローカル・ガバナンスが機能不全に陥ったり，深刻なケースでは崩壊ないし消失してしまったりすることがある．そのようなときほど解決すべき問題が山積しており，困難な中で住民へ公共サービスを供給しつづけなければならない．そこで，国や他の自治体による支援や補完が必要になるのである．

　支援と補完はほぼ同義語として使われることも多いが，危機の下でのローカル・ガバナンスの状況に応じて，使い方を区別しておく．まず，ローカル・ガバナンス自体は継続しているが，危機に伴って通常以上に資源が必要になったり，資源確保が困難になったりして一部の機能の低下ないし機能不全が起こっている場合に，国や他の自治体が不足する資源を供給するような場合は「支援」とする．危機の発生により，業務が急増して人員不足が起こるというのが典型例である．新型コロナウイルスの感染拡大で，医療・保健関係の人員や施設が不足した例は記憶に新しい．医療負荷が高まった場合，国や他の自治体からの人員派遣が行われれば，ローカル・ガバナンスが麻痺する事態は避けられる．大規模災害に備えて自治体間で結ばれている相互援助協定の多くは，支援のレベルを想定している．

　2011 年の東日本大震災では，津波被害によって庁舎が消失したり，長や職員の多くを失ったりした自治体もあった．このような場合，ローカル・ガバナンスにおいて重要な役割を果たしている行政機能がほとんど麻痺してしまっただけでなく，行政以外の民間主体も被災したり別の地域に避難したりして通常の役割を担うことができなくなる．つまり，ローカル・ガバナンスが全般的（全体的）に傷ついているのである．そこで，外部からのアクターが加わった臨時的ネットワークを編成し，新たなマネジメント体制を構築する必要がある．ローカル・ガバナンスの一部を，国や他の自治体が補うことになるので「補完」とする．国や他の自治体の職員が被災自治体に派遣されて，単に業務補助のレベルを超えて，政策決定や利害調整などを含めた活動をするようになると，補完のレベルといえよう．

　一般に「補完」が話題になるのは，小規模市町村が厳しい行財政事情の中で全ての事務処理ができない場合に，近隣市町や府県が機能を肩代わりする必要が出てきたからである．市町村相互と府県相互の横の補完を「水平（的）補完」と呼び，府県と市町村との政府レベルの異なる補完を「垂直（的）補完」と呼ぶことが定着している．ただ，これらの補完に関する議論は，平常時の業務を想定しているため，臨時的というより恒常的である．また，上述のようなローカル・ガバナンスを補完するところまで想定したものはほとんどない．一般的には「支援」に相当するようなことを想定している．

　そこで危機における支援や補完を考えるためには，改めて平常時のローカル・ガバナンスの実態を理解しておく必要がある．幸い，近年，ガバナンス研究は盛んであるので，それらの成果を利用することができる．ただ，ガバナンスの概念の使い方は多様である．

　支援や補完をどのように行うかを検討するためには，行政の機能障害を引き起こすような危機が地理的にどのくらいの広がりを持っているかという点を考慮しなければならない．これまでの多くの自然災害の経験から明らかなように，被災地域が地理的に広ければその支援や補完が大規模かつ困難になる．当然，補完される自治体と補完する自治体の範囲や数も増えていくこと

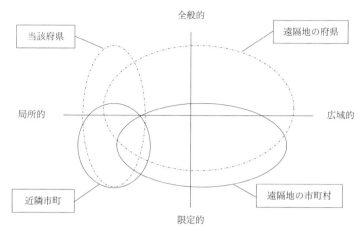

出典：真山達志（2012）「被災自治体におけるローカル・ガバナンスの確保―垂直・水平補
　　完のあり方」『自治体危機管理研究』(9)，27 頁.

図 9-1　自治体間の支援・補完関係

になる.

　以上のように，ローカル・ガバナンスに生じている障害が限定的か全般的
かということと，危機状況の地理的広がりということの2つの側面を組み合
わせた場合にどのような支援や補完の関係が想定されるかを概念的に示した
のが図 9-1 である．縦軸はローカル・ガバナンスが受けている影響の程度で
ある．横軸は，危機状況の地理的広がりに注目し，局所的（たとえば1自治
体のみにとどまる場合）か広域的（たとえば，新型コロナウイルス感染症の
ように全国に及ぶような場合）かに注目している．

　危機が局所的で限定的な場合は，特定の自治体内の特定の行政機能のみに
麻痺や停滞が生じているので，通常の業務を遂行している近隣市町村の職員
派遣等の支援で対応できる．したがって，水平（的）支援になる．この場合,
土地勘も働くし普段からコミュニケーションがとれているのでそれほど困難
なことは起こりにくい.

　危機によって限られた機能が広域的に麻痺するというのが図の右下の象限
である．あまり起こりにくいケースであるが，広域停電などの例もある．ま

た，ごみ処理や水道事業は広域的に処理することが増えているため，広範囲で公共サービスの供給が停止することもある．このような場合は，近隣の自治体が揃って機能障害に陥ることになるので，少し離れた地域の自治体の支援が求められる．停電の例でもわかるように，行政だけでは支援ができないケースが多いので，民間を含めて広域的に支援することが求められる．

　より深刻な事態は，自治体の機能の多数に障害を発生させるような危機の場合である．このような状態が特定の市町村にのみ集中的に起こっている場合は，その市町村が属する府県がローカル・ガバナンスを垂直（的）補完するのが適当である．その理由は，府県であれば市町村行政に関する行政実務の知識や経験を有していること，職員数が比較的大きいので本来業務を継続しつつも支援・補完が可能であること，日常から市町村と情報交換をしており実態をよく知っていること，さらには地理的環境，地名，住民気質などを比較的よく知っていることなどである．ただ，府県といえども，補完能力には限界があるので，近隣の府県の協力を必要とすることもある．南海トラフ大地震が発生した場合は，ローカル・ガバナンスを喪失した市町村が広範囲に及ぶおそれがあるため，離れた府県が補完を行う必要も出てくる．

　以上のような垂直（的）補完においては，政府レベルの異なる相手方を補完することから，たとえ危機状況とはいえ，地方自治の原則から外れる要素もあるので注意が必要である．可能な限り近い自治体間での補完を追求すべきであろう．とくにローカル・ガバナンスを補完するような場合は，地域に馴染みが薄い主体が加わることによって，これまでと大きく異なるガバナンスが構築される可能性があり，元のガバナンスにスムーズに戻しにくくなるおそれがある．

（6）　国と地方の垂直（的）支援と補完

　自治体の業務やローカル・ガバナンスを補完するための国の関わりについては，いっそうの注意が必要である．危機とはいえ，国が直轄統治のような形態をとることは極力控えるべきである．それは，地方自治の主旨に反する

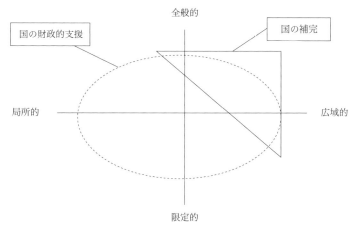

出典：真山達志（2012）「被災自治体におけるローカル・ガバナンスの確保―垂直・水平補完のあり方」『自治体危機管理研究』（9），30頁

図 9-2　国の支援・補完の範囲

だけでなく，地域の実情に合わないガバナンスが構築されたり，市民の感覚に合わない公共サービスが提供されたりするおそれもあるからである．では，国はどのような立場と役割を果たすべきなのか．危機状況において，最初になすべきことは応急対策であるが，最も多くの施設，設備，人員を要する局面である．したがって，とりあえず資源を有する主体が支援すればよいことは自明のことである．実は，このような応急対策においては，国には自衛隊と一部の地方機関を除いてあまり大きな期待はできない．

　地方での危機管理において大きな課題は必要な費用をいかに確保するかである．国の財政支援があれば，自治体は危機管理がしやすくなるのである．それゆえ，国の支援の中心は財政支援でなければならない．逆に，国がローカル・ガバナンスを補完することは極力避けるべきである．甚大な被害を生んだ東日本大震災であっても，自治体単独か自治体相互の協力によってローカル・ガバナンスは維持されていた．このような考え方に立って国の役割を図に示すと図 9-2 のようになるだろう．国の財政的支援は，さまざまなケースの危機において期待されている．ローカル・ガバナンスの国による補完は，

広域的な危機で多くの自治体の機能が全般的に麻痺するような，きわめて例外的なケース（図9-2の三角形の範囲）に限定されるべきである．

第**10**章
政策実施研究から見る行政学の可能性

1.　政策実施研究

(1)　政策実施研究の登場

　政策が決定されたあとの政策実施過程については，学界での関心が低かったといわざるをえない．第8章でも指摘したように，その原因はいくつかある．第一に，政策が決定されるまでの過程に比べて実施過程は，政治的には取るに足らない決定の連続からなっており，研究者が本気で研究するだけの価値がないと考えられていたことが挙げられる．なぜなら，政策実施過程は，政治的な過程というよりも，決められたことを機械的，自動的に執り行う単純な過程と考えられがちだったからである．第二の原因としては，実施過程は終わりが明確ではないことが指摘できる．たとえば法律の場合，いわゆる時限立法でも5年程度の期間を有しており，通常の法律に至っては期限がない．つまり，政策は生まれると，その実施はかなり長期にわたって継続され，しばしば終わりが明確に定められていないため，実施過程の研究対象期間が定めにくいのである．もちろん，政策の存続期間全てを対象に分析しなければ政策実施過程の研究にならないというわけではないが，研究対象の時間的スパンが長いことは事実である．第三に，政策決定に関する諸研究が活発であればあるほど，研究者の関心が政策実施過程に向けられる余裕がなくなってしまったこともあるだろう．

　このような政策研究における研究のアンバランスに注目して，アリソンは

政策実施研究を政策研究や政治学における「欠落した章（missing chapter）」
と名付けた．研究者の多くは，望ましい解決策（政策）が決まれば自分の役
割は終わって，そのあとは当然に実施されると仮定してしまうことを指して
いる．研究者であれ，政治家や行政実務家であれ，解決策（政策）が有意義
なアウトカムを生み出すことを期待するのであれば，実施に注目する必要が
あることを指摘している．それゆえ，政策実施過程の研究が今後必要である
ことを強調している．同様に，ハーグローブは政策実施研究を「見落とされ
た環」と呼んで，その研究の必要性を主張した．

　政策実施過程の研究が一般に注目を集めるようになったのは，1970 年代
初頭のアメリカにおいてである．アメリカは，1960 年代の後半から，内政，
外交上の「行き詰まり」状況を呈していた．ジョンソン大統領が進めたいわ
ゆる「偉大な社会（great society）」の中で展開された種々の社会福祉や経済
開発プログラムの失敗，ベトナム戦争における外交政策の破綻による対外的
威信の低下と国内の混乱という状況に置かれていたのである．とりわけ，「偉
大な社会」の諸施策が失敗したことは，政策研究を手がける多くの研究者た
ちに大きな衝撃を与えた．なぜなら，政策の基本目的において合意が達成さ
れ，当然に実施され，当初の目的を実現するであろうと考えられていた政策
が，その目的を達成できなかったり，あるいは予期せざる結果を生じたりし
たのを目のあたりにしたからである．

　そのようななか，政治や政策を研究している者が，社会の問題解決にとっ
て有効な政策の実現に対して何ら貢献していないことに自責の念を感じたの
が，政策実施研究の父と言われるプレスマンとウィルダフスキーであった．
彼らは社会から一定の支持と合意を得ていると思われる政策が，実際には有
効な結果を生み出していないという事態を改善するためには，実施過程をし
っかり解明しなければならないと考え，その成果として発表した研究が第 8
章でも紹介した彼らの著書『実施』である．

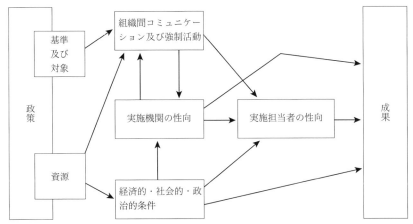

出典：D.S. Van Meter and C.E. Van Horn（1975）"The Policy Implementation Process: A Conceptual Framework," *Administration and Society*, 6（4）, p.462.

図 10-1　政策実施過程の概念モデル

(2)　政策実施過程のモデル化

　政策実施研究が注目されはじめた段階では，政策実施過程がどのような構造なのか，政策実施に影響を与える要因は何かを明らかにすることに関心が集まっていた．政策実施過程のモデル化が試みられ，代表的なものとしてはバンミーター（D. Van Meter）とバンホーン（C. Van Horn）のモデルが挙げられる（図 10-1 参照）．このモデルでは，実施過程とは政策が決定された後からその政策の成果が生まれるまでの全過程として捉えられ，その過程を特徴づける諸要素とそのつながりが示されている．このモデルによって，政策実施過程が概念的に整理され，視覚的に理解しやすくなったといえよう．

　1980 年代に入るとより精緻なモデルが発表され，政策実施過程そのものを示すモデルから，実施過程を規定する要素・要因を抽出するとともに，それらの諸要素が実施過程，さらには政策の修正や変更にどのように関わっているかを検討できるようなモデル（図 10-2 参照）が，サバティア（P. Sabatier）とマツマニアン（D. Mazmanian）によって発表されている．このようなモデルは，実施過程の事例研究を刺激することにもつながった．

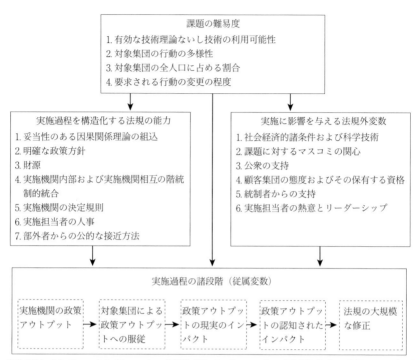

出典：P.A. Sabatier and D. Mazmanian（1980）"The Implementation of Public Policy: A Framework of Analysis," *Policy Studies Journal*, 8（4），p.542.

図 10-2 政策実施過程の分析モデル

(3) 政策実施研究の諸形態

実際，80年代には政策実施過程を取り扱った事例研究が急速に増加した．さまざまな分野の多くの研究者が政策実施（implementation）をタイトルに含めた研究を次々に発表し，一大ブームといってもよい活況を呈した．それ自体は結構なことであるが，政策実施研究の目的や意義が明確にされることもなく，せいぜい実施過程が重要だという程度の共通理解しかない状況であった．多種多様な実施研究をそのアプローチを基に分類すると概ね次のようになる．

1 組織研究（organization studies）

　1-a　組織内アプローチ（intra-organizational approach）

　2-b　組織間アプローチ（inter-organizational approach）

2　規定要因研究（factor studies）

　2-a「政策」指向アプローチ（"policy" oriented approach）

　2-b　状況指向アプローチ（circumstance oriented approach）

3　相互作用研究（interaction studies）

　3-a　ゲーム／取引アプローチ（game/bargaining approach）

　政策の実施を担う行政は組織として活動していることを考えると，政策実施過程が実施担当組織メンバーの意図や行動，メンバー間のコミュニケーションなどに大きく左右されることは想像に難くない．また，実施が単一の組織だけで完結することはまれであり，普通は多くの組織が連携したり競合・対立したりしながら展開するものである．したがって，政策実施研究は組織そのものや組織間関係に注目しなければならない．そこで，組織的要素が政策実施にどのように影響を与えるのか，また逆に政策の実施によって組織がどのような変化を受けるのかなどに焦点を合わせた研究が，政策実施研究における「組織研究」群である．行政組織研究や行政管理研究の成果が活用されることはいうまでもない．

　政策実施過程は，その時々の社会，経済，政治情勢に影響を受ける．実施を促進する要因もあれば，障害となる要因もある．このような政策実施を何らかの形で規定する諸要因を明らかにすることによって政策実施の成功や失敗の原因を説明しようとする研究，さらには実施を成功させるための対応策や解決策を追求するような研究群が「規定要因研究」である．実施に関わる組織も実施過程を規定する重要な要因であることから，組織研究アプローチも広い意味ではこの規定要因研究に含まれるとも言える．ただ，このカテゴリーでは，実施に関わる組織にとどまらず，より広い範囲で規定要因を探究することが特徴である．

　政策実施過程の政治的ダイナミクスに焦点を合わせているのが，「相互作

用研究」である．議会（議員），行政機関（行政官），利害関係集団（関係者），そして市民の相互の駆け引き，取引の展開で政策実施過程を理解しようとするものである．そして，政策実施過程に注目することを通じて統治機構の支配の仕組みや実態を解明しようとしているものもある．したがって，政治学からの研究の多くはこのカテゴリーに入る．

　このように，政策実施研究は多様性のある研究群である．そして，多くは政治学といえる研究である．とはいえ，政策実施過程をどのように捉えるにしても，行政が政策実施過程の中核的な存在であり，政策実施研究をする限り，多かれ少なかれ行政の分析を含むことになることはたしかである．

(4)　政策実施過程の捉え方

　政策実施過程についてのさまざまなモデルが示され，事例研究も蓄積されたのであるが，政策実施研究で常に話題になり，いまだに解決できていない問題は，政策実施過程の始まりはいつなのかということである．単純に考えれば政策決定が行われた後が政策実施過程ということになる．しかし，政策の概念自体が曖昧であるため始まりが曖昧になってしまうのである．たとえば国レベルで考えた場合，法律が制定された時点などが公式の政策決定と考えられるが，その法律を作る前に政府において閣議決定などの政策決定が行われている．つまり，法律は内閣の政策を実現するプロセスの一段階であると考えることもできるのである．法律の制定後，その法律がどのように執行されるのかを中心に政策実施を検討することもできるが，内閣の意志がどのように実現しているかという視点で考えるなら，法律の制定も実施過程の一部であると捉えることも可能になる．したがって，政策実施研究と一口に言っても，その捉え方はさまざまである．少なくとも，次の図10-3のような捉え方があることを念頭に置いておく必要がある．

　理念やビジョン，取り組みの基本的な枠組みなどを示した政策が決定されただけでは実施活動に取りかかれない．実施するためには，誰が・いつ・どのようにといった具体的な内容を定めた施策や事業が作成される必要がある．

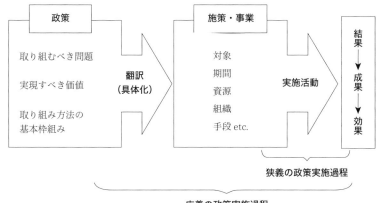

出典：真山達志（2001）『政策形成の本質』成文堂，91 頁（筆者作成の図を一部改編）.

図 10-3　政策実施過程の捉え方

施策や事業の定めに従って具体的な実施活動が行われることで，政策が想定している結果が生じ，それが社会に何らかの成果や効果を生み出すことになる．そのように考えると，典型的な実施活動をしている部分は「狭義の政策実施過程」と捉えることができるが，政策を具体的な施策・事業に具体化することを，「広義の政策実施過程」とも捉えることができる．つまり，政策を具体化するプロセスも政策実施過程の一部とすると，過程を広く捉える必要もある．

　政策実施過程を研究したり議論したりする場合，狭義と広義のどちらに着目しているのかを認識しておかないと，誤解と混乱が生じる場合がある．そして，行政学が得意としてきた分析はどちらかというと狭義の政策実施過程である．広義の政策実施過程の研究は，政策決定の研究と区別が明確にはできないこともあり，行政学の独壇場というより政治学が強い関心を持っている部分である．しかし，政策を施策や事業に具体化する作業を中心的に担っているのは行政であるので，ここでも行政の視点や価値観，あるいは都合が反映されることから，行政学としても注目しなければならない．

2. 政策実施研究の意義と役割

では，政策実施研究にはどのような意義や役割があるのか．とりわけ，行政学にとってどのような意味があるのかを念頭において整理する．

政策が実施過程を通じて初めて効果を生み出すことはいうまでもない．政策決定だけではまさに絵に描いた餅のようなものである．したがって，実施過程を研究することによって，政府がどのような問題に対してどのように対応しているのか，そしてどのような効果が生じているのかを実態的に解明することが可能になる．言い換えれば，統治機構である政府が，市民の負託に応えて有効に機能しているかどうかを明らかにするためには，政策決定を見るだけでは不十分であり，実施過程にも目を向けなければならない．逆に，政治権力（統治者）が被権力者（市民）に対してどのような公共サービスを供給しているかということだけでなく，どのように支配，コントロールしているかを明らかにすることにも貢献するだろう．その意味で，実施過程を構成する諸要素と，それらがどのように関連しているかを明らかにすることだけでも大きな貢献であるといえる．

このような政策実施研究の貢献は政治学の主たる関心にとってもそれなりに意義のあることである．それゆえ行政学独自の意義というわけではない．しかし，実施過程の研究を進めていくことにより，従来の政治学ではあまり注目されていなかった，あるいはあまり明確にされていなかったメカニズムや事象に目が向けられるようになり，それらは行政学にとっても少なからず意義があると考えられる．それらは以下の6点に要約できる．

第一は，決められた政策を実施するという行政の本来の活動の実態を明らかにしたことである．現代国家は行政国家であるといわれ，行政が政策決定にまで深く関わっていることは周知の通りであるが，それでも行政の本来の役割は政策の実施（国家意思の実行）であることにはかわりない．そして，重要なことは，行政が政策決定に関わる際には，政治家とは異なり，自らが

実施することを念頭に置いているはずであるから，実施が困難となるような政策を提案したり，支持したりすることはないということである．また，実施の段階でできるだけ行政の裁量の範囲を拡大しうる政策を生み出そうとするであろうし，裁量の拡大を通じて実質的な権力を得ようとする．そのような側面に注目すると，行政学の目的である行政の実態を明らかにすることにとっては，政策実施過程の研究は必要不可欠である．

　第二に，組織研究と政策研究を結びつけることに貢献してきたことである．初期の政策実施過程の概念モデルから明らかなように，政策実施過程は組織内および組織間関係の中で展開されている．政策実施過程をコントロールしようとする政策の管理者（決定権を有する者）は，実施が意図通りに行われるように組織管理をしようとする．権限の明確化，裁量の範囲を狭めるための基準の明確化，報告徴収の厳格化などである．これらは組織内の問題である．加えて，政策実施は単独の組織だけでは完結しないため，他の多くの組織との交渉や調整が必要になる．したがって，調整の仕組み，手続きなどが重要な検討課題となる．これらは組織間関係の問題である．

　一方，政策の対象者や政策で影響を受ける人や組織は，政策実施過程に影響を与えようとしたり，政策の実質的内容を自らの考え方に沿ったものにしていこうとしたりする．個人として政策実施に影響を与えられるのは相当な政治権力を持っていないと困難であるため，通常は組織（団体）として政策実施に関わってくる．その結果，行政組織との間で組織間関係が展開されることになる．行政組織が外部環境と接する機会の大半は政策実施過程であることから，行政組織の編成や管理を外部環境との関係で検討する際には，政策実施を念頭に置く必要がある．

　第三に，政策実施研究を通じて，以前はあまり注目されることがなかった第一線職員に対する関心が高まったことである．リプスキーがとりわけ大きな役割をはたしたことは前述の通りである．リプスキーによって，政策過程においてさしたる影響力があるとは思われていなかった第一線職員が，実際には政策の実質的な内容を決めたり，ニーズの量を決めたりする上で重要な

役割を果たしていることに関心が高まった．もっとも，第一線職員と訳しているものの，原語は「street-level bureaucracy」という名称が使われていることからもわかるように，元々の関心は官僚制からなる統治機構の末端部分とか，統治機構と社会のインターフェース（接面）に向けられており，きわめて政治学的な関心に基づいている．しかし，行政学が関心を持つ，政策過程に関わる制度の設計や行政組織の管理を実態的に検討する上でも，第一線職員に注目することは大きな意味を持つ．

第四は，政策のデリバリーに対する関心を高めたことである．デリバリーという言葉は，一般には物品（商品）の「配達」という意味で使われることが多いが，政策デリバリーという場合には，財・サービスなど有形・無形の効果（効用）を生み出すこと全般を想定した言葉である．政策の対象（顧客）にとって利益になるサービス（許可，補助，支援等）がデリバリーされる場合もあるが，対象にとっては望ましくない政府による規制（禁止，命令，罰則等）もデリバリーされる．政策実施といわず，あえて政策デリバリーという場合は，政策実施過程全体のさまざまな要素に注目するのではなく，政策目的を達成するために具体的な政策効果を伝える担い手と，その担い手が使う手段・手法に焦点を合わせる時である．

1980年代以降は政府以外の民間企業や非政府組織（NGOやNPOなど）が政策実施を担うことが珍しくなくなった．むしろ，「民間にできることは民間に」というキャッチフレーズのもと，積極的に民間が利用されるようになっている．つまり，政策デリバリー・システムを変えたり変えようとしたりしてきたのである．具体的な手法としては，民間委託，民営化，指定管理者制度，PFIなどがある．

このような政策デリバリー・システムを変えることは，単に実施の担い手が行政から民間に替わっただけではなく，社会における政府や行政の役割や機能に変化が生じることになる．たとえば，従来の行政の役割がサービスを供給することであったのに対して，民営化を行うと民間がサービス供給を担い，行政はサービスを供給する民間主体（企業やNPOなど）を監督する役

割を担うことになる．その結果，サービス供給の形態が変わるだけでなく，政策決定や意思決定の仕組みや体制も変わってしまうことがある．つまり，行政学がこれまで主たる研究対象としてきた，行政の組織編成，組織の中での意思決定，行政活動で使われる手段・手法，必要となる予算などが変わることになる．行政学は，どのような政策デリバリー・システムが望ましいのか，そのシステムを有効に機能させるためにどのような管理が必要になるのかなどを研究する上で，大きな役割を果たすことになるだろう．とりわけ，上述のように 1980 年代からの行政改革の中で，デリバリー・システムを変更することが進められてきたことから，ここでの行政学の貢献は重要である．そこで，政策デリバリー・システムについては，節を改めて詳述する．

　第五として，中央－地方関係を検討する上でも政策実施研究は重要な役割を果たしていることである．日本では地方自治に関する研究は「地方自治論」と呼ばれることが多く，学問として確立した分野になっていないため分類上は政治学に入れられるが，とくに行政学の一研究領域として位置づけられることが多い．その意味で，中央－地方関係の検討に貢献することは行政学にとって重要である．

　地方自治を扱う第 7 章で詳述しているように，中央－地方関係は制度的な側面と実態的側面の両方に注目する必要がある．制度的には分権的に見えても，実態は集権的であることが目に付く．1990 年代半ば以降，地方分権が進められ，制度的にはそれなりに分権化されたといえる部分も大きい．しかし，自治体関係者の意識や認識の点で，地方分権以前と明確な変化が生じているかには大いに疑問がある．制度的にも実態的にも定着した中央－地方関係になっているか否かを明らかにするために，政策実施過程に注目する必要がある．なぜなら，国の定めた法律の多くは自治体を通じて執行されているが，その執行活動に対して国は直接，間接の関与をするからである．つまり，法の執行過程で自治体の自律性と国のコントロールのせめぎ合いが起こる可能性が大きく，その実態を解明することによって地方分権がどこまで浸透しているかが明らかになるのである．もちろん，国は自治体の立法権（条例制

定権）をもコントロールしようとすることを忘れてはならない．ただ，その側面は行政法を中心に公法学や政治学でも注目してもらえる．したがって，中央－地方関係の研究において行政学の独自性をより強調するとすれば政策実施過程の研究ということになる．

　最後に第六として，政策の変容に対する関心を高めたことを挙げておかなければならない．このことは行政学にとって重要であるのはもちろんであるが，社会にとっても重要であるため，次節で詳しく見ることにする．

3. 政策実施過程における政策変容

(1) 政策実施と政策変容

　政策実施研究が活発化したことによって，公式に決定された政策が実施過程の中で変容することにも注目が集まるようになった．これも政策実施研究の貢献のひとつである．政策は政治的な取引や妥協の産物であることも多く，曖昧さを含んでいる．したがって，実施過程を通じて曖昧な部分が具体的になっていくのである．そうはいっても，政策である以上，目的や狙い，あるいは想定される効果が予め示されており，その実現が期待されている．しかし，それすらも実施過程で変わってしまうことがある．

　政策が変容することが問題になるのは，普通に考えると国の政策の場合である．全国を対象とする政策であるため，政策実施に地域差が生じる可能性があることは想像に難くない．一方，比較的地域が限定される自治体の政策の場合は，地域差が出にくいと考えられる．しかし，政策は長期間にわたって実施されることが一般的であるため，時間の経過とともに実施に変化が生まれることもある．そして，国と地方を問わず，政策実施においては，大なり小なり行政の裁量が行われるため，裁量によるズレや変化が起こることも考えなければならない．

　これらの政策の変容は，政策実施の実態を考えればある程度は避けられないものであるが，どのような変容をどこまで認めるのか，変容に対してどの

ように対応するのかということが問題となる．以下では，実施過程において政策にどのような変容が起こりうるかについて，要因ごとに整理する．

(2)　空間的（地理的）要因による変容

　交通手段や情報通信技術の進歩により，昔ほど地域ごとの個性や特徴は明確ではないものの，日本の国土は南北に長く離島も多いため，気候風土，文化風習，住民気質も地域によって大きな違いがある．県民性という言葉があるように，概ね現在の道府県を単位にした地域性があるのも事実である．また，地域の社会的，経済的状況にも大きな違いがある．近年は，日本全体の人口が減少する中で，とりわけ急速な減少が続く地域と，横ばいないし微増という地域が生じていたり，地域間の経済的格差が大きな問題になったりしているように，地域間の違いが大きくなっている．そのため，国が政策を策定する場合には，各地の事情を勘案しておく必要があるが，それには3つのパターンが考えられる．

　第一に，汎用性が高い政策を作り，地方がどのようにでも利用できるようにすることである．いわゆる政策とは形態が異なるが，地方交付税交付金はこのパターンの性格を持っていて，国から地方に交付された交付金の使い方は基本的に地方に任されている．

　第二に，国が作った政策の趣旨，目的，手段，方法の全てにおいて，国の定めた内容を地方に忠実に実行させるというやり方である．国の政策の多くは，全国一律に公平に実施されることが求められる．地方での裁量の範囲をできるだけ小さくするため，細かな規則やマニュアルなどを策定している．「法定受託事務」といわれる国が法律に基づいて地方に業務を委託しているような政策の実施はこのパターンになる．

　そして第三は，地方ごとのズレや違いを国が黙認ないし是認するというパターンである．地方の実情に違いがあることは国も認めていることであるから，一定のズレや地方による裁量を認めて，地方で政策と実態の間に大きな齟齬が生じないようにしようとするものである．たとえば，全国的な制度で

ある介護保険は，地方の経済状態，家族構成，介護事業者の充実度などの実態に合わせた運用を認める仕組みになっている．また，国が基本計画を作り，それに基づいて都道府県計画，市町村計画を作るという仕組みが多いが，この場合も地方の努力と工夫次第では，地方ごとの特色や個性を盛り込む余地はある．現状では国の示した基準やガイドライン，あるいはモデルに従って計画を策定する自治体が多いために，必ずしも大きな変容が生じているわけではない．それはともかく，この第三のパターンは，最初から多様な内容で実施することを前提にした政策だという捉え方をすれば，あえて変容だという必要がないかもしれない．

(3)　時間的要因による変容

　一般に政策は長寿命である．ひとたび決定された政策は，特に廃止の手続きを取らない限り，半永久的に続くことも珍しくない．しかし，政策が存続し実施されている間に，社会・経済・政治情勢といった政策実施過程を取り巻く環境が刻々と変化している．

　環境の変化に対して対応を全くしないと，実態に合わない時代遅れの政策であるとか，使命を終えた政策という烙印を押されてしまい，政策の存続が危ぶまれる．そのような政策は廃止すればよいのであるが，現実には政策主体が存続を試みることが多い．その時にとられる手法は，政策に修正を加えるか，実施（運用）の仕方を変えるという対応である．政策の修正には，政治的な調整や議会（国会）の議決が必要になるなど，多くのエネルギーを要するので，よほどのことがない限り実施での対応で乗り切ろうとする．

　実施（運用）の変更でしばしば問題になるのは生活保護である．不正受給者が多いことがマスコミで取り上げられると，審査や状況確認作業を厳格にすることによって生活保護費の支給件数や支給額を減らすようなことが行われる．法律や制度は何も変わっていないが，実際に生活保護を受けられるかどうかという現実的な部分では変化が生じている．

　景気や経済状況の変動，社会のムードの変化など，時間の経過とともに変

化する要素は多いが，それらに政策変更で対応することは難しい．実施過程
での運用での対応は，迅速かつ柔軟に対応できるメリットがある．ただ，政
策の変更には定められた手続きが必要であり，議会や国会の議決が必要にな
る場合が多く，市民からも見えやすいのであるが，運用での政策変容は，一
般市民には見えにくいという問題がある．運用の方法や基準を，いつ，誰が，
なぜ，どのように変えたのかが，関係者以外にはわかりにくいのである．

（4）　裁量による変容

　政策実施を実際に担っているのは現場の第一線職員たちである．彼・彼女
らには，一定の裁量が認められている．実施業務として対応しなければなら
ない状況は千差万別であり，時々に変化することから，対応の仕方を予め規
則や基準で詳細に定めきれないため，裁量はどうしても必要になるのである．
裁量は，職員の勝手気ままにできるものではなく，基準，マニュアル，ガイ
ドライン等で，かなり詳細に枠づけされている．それでも，最終的な判断は
担当者がせざるを得ない．そして，職員は生身の人間であるため，価値観や
選好を完全に排除できるものではない．そのため，担当者によって判断にズ
レが生じることがある．

　空間的変容と時間的変容は，実施を担当する行政によって生み出されると
はいうものの，かなり政治性を帯びている．それに対して，裁量による変容
の多くは行政内部で生じている．つまり，行政の日常の活動の中で生み出さ
れる変容であることから，行政学としてはとりわけ裁量による変容について
の研究をしっかり行うことが求められる．裁量については，法令の縛りがか
なり強い羈束裁量と，行政の判断がかなり尊重される自由裁量があるが，こ
のような違いを含めて，行政が何をどこまで裁量できるのか，その裁量が妥
当なのかの検討については，行政法学との連携が必要になる．

（5）　政策変容への対応

　政策には，継続性，一貫性，公平性，安定性が求められるが，同時に臨機

応変さ，融通性，個別事情への配慮といった現実的な対応も必要である．これらは時として矛盾するのであるが，政策実施における政策の変容がこの矛盾を吸収している面もある．一方で，変容によって政策の意図や目的が歪曲されてしまうおそれも否定できない．そこで，政策変容にどのように対応するかが問題となる．

　従来，実施過程の変容は望ましいことではないとの理解の下，政策決定者が実施過程をできるだけコントロールしようとすることが多かった．そのため，できるだけ政策を詳細に決めるとか，実施に関するマニュアルを整備するなどの対策が講じられてきた．政策実施過程とは政策決定者が自らの決めた政策をその意図や目的通りに実施させようとする過程であるとの理解に立ち，実施過程で政策の趣旨や内容からの逸脱が起こらないようにコントロールすることを検討する視点を「トップダウン・アプローチ」という．

　一方，そもそも政策概念が曖昧なことから，決定と実施を明確に区別することが困難であるという前提の下，政策の実質的な内容は，実施の過程で政府と市民，あるいは政策実施担当組織（者）と政策の対象者との間の相互作用によって決まるものだという理解に立って政策実施過程を捉える視点を「ボトムアップ・アプローチ」という．このアプローチでは，そもそも変容という概念自体が成り立たないかもしれない．形式的な決定（議会の議決）などで政策が確定したとしても，ボトムアップ・アプローチの理解からすれば変容は当然であり，むしろ市民が自らの意図に合った政策内容を実現する上で変容は望ましいことになる．

　2つのアプローチのどちらがよいのかという議論が起こりがちであるが，政策の目的や内容によって判断が異なるだろう．たとえば，ナショナル・ミニマムを保障しようとする政策であれば，トップダウン・アプローチが必要になり，空間的要因による変容が大きくならないような工夫が求められる．しかし，ナショナル・ミニマムとして保障すべき水準は時代とともに変わるものであるから，実施の現場での情報を基に政策の見直しを不断に行う必要もあるため，ボトムアップ・アプローチも必要になる．一方で，介護サービ

スのような個別事情に応じて対応する必要がある政策では，柔軟な裁量や地
域の実態に合わせた対応など，実施過程の政策変容を前提にする必要がある．
したがって，最初からボトムアップ・アプローチが必要になる．

　このように，実施過程を完全にコントロールしようという発想で臨むので
はなく，一定程度の変容が生まれることを前提にした対応をする必要があ
る．つまり，政策決定者が上から押さえ込むというより，実施の現場の実態
と政策との相互調整が実現するようにマネジメントすることが重要となるの
だ．

4. 政策デリバリー・システム

(1)　なぜ政策デリバリー・システムに注目するのか

　1980 年代以降の行政改革は，政策デリバリー・システムの見直しや新た
なシステムを模索する活動だったと見ることができる．この 40 年あまりは
行政改革が進められ，そして 25 年あまりは国の行政改革の延長上に位置づ
けられる地方分権が推進されてきた．それらの中で強調されたのが「小さな
政府」の実現と「民間活力の導入」であった．すなわち，従来は政府組織（典
型的な行政組織）や政府関係組織（いわゆる公社，公団，旧制度の財団・社
団，第三セクターなどの外郭団体）によって政策がデリバリーされていたが，
政府以外の組織，団体によってデリバリーされるように変えることに力が注
がれてきた．民営化，民間委託などのわかりやすい手法だけでなく，行政と
民間の役割や責任の分担がわかりにくい PFI や指定管理者制度などさまざ
まな手法が次々に導入されている．また，一口に民間と言っても，企業等の
営利組織だけではなく，非営利の組織など多様である．

　資本主義経済を基礎とする国々では，競争市場において利潤を上げるため
に常に努力を怠らない民間セクターに対する信頼が厚い．その反作用として，
民間の競争や創意工夫にブレーキを掛けるような規制を加えたがる政府部門
はあまり評判がよくない．とはいえ，そもそも資本主義の負の側面に対応す

るため，政府部門による公共の問題解決が不可欠になったのである．人々は政府部門に反発や嫌悪感を持っていたとしても，政府部門に依存せざるを得ないというジレンマに陥ることになった．特に 1960 年代以降の 20 年間は，高度経済成長を実現して資本主義を発展させるために，また，資本主義の発展に伴う諸問題（都市問題，公害等の環境問題，格差の拡大など）の解決のために，政府部門の役割，機能が飛躍的に高まった時期であることは今さら指摘するまでもない．

　このような流れの結果，政府部門の拡大が起こったのであるが，経済成長が止まると，その政府を維持することが重荷になってきた．そこで，80 年代以降は政府部門の役割を縮小し，できるだけ民間の力を活用するべきであるという揺り戻しが起こった．「新しい公共管理（NPM）」なる考え方が広がり，民間営利部門の経営理論や管理手法を公共サービスにも積極的に導入してきた．NPM は，民間企業における経営理念や手法を参考にしたり，民間の成功事例を行政に導入したりしようとする考え方である．NPM の中心的概念としてよく知られているのは，次の 4 点である．

　①顧客志向

　②成果（顧客満足度）志向

　③現場への権限の移譲

　④市場メカニズムの活用（コスト削減・マーケティングなど）

　このような考え方には大きく 2 つの大前提があるといえよう．まず，行政（政府部門）に比べて企業（民間部門）は能率的で生産性が高く，よりよいサービスがより小さなコストで実現可能であるということである．もうひとつは，公共サービスの多くは権力性を伴っているわけではなく，サービスを供給する部分だけに注目すれば企業のサービス供給との違いはほとんどないという認識である．

　NPM は，政府規模を縮小しようとする政治勢力にとっては，きわめて好都合な考え方である．いわゆる「小さな政府」の実現を目指している場合，今まで政府が担っていた機能を全くゼロにするということは現実的ではない

ので，民間に任せるという発想である．例えば，水道事業や公営鉄道を民営化することなどがそれである．このような例では，国や自治体が膨大な資金とエネルギーを投じて整備してきたインフラを使って，民間が実質的には地域独占で営利活動を行うことが可能になるので，一部の人たちにとってはきわめて魅力的であろう．

　このように 1980 年代以降，規制緩和や民間活力の導入ということが急速に進められた．その際，今述べたように政府部門による公共サービス供給は無駄や非効率である上に，政治的介入が起きやすいという点で望ましくないと考えられている．一方で，民間は競争原理に晒されているために，常に創意工夫をし，無駄の排除や効率化のための努力をするものであるという一種の「民間信仰」がある．

　このような考え方が全て誤りだとはいわないが，極端な「民間信仰」は冷静かつ公正な判断を見失うおそれがある．とくに，政府部門が担ってきた公共サービスを民営化（民間に売却）するというような手法を採用すると，後戻りはきわめて困難になる．また，公共サービスの供給は地域独占になることが多いため，新たな利権や既得権を生み出すおそれもあることを見落としてはならない．

　行政改革の本丸は行政による政策デリバリーを民間化することであるとか，公共サービスを民間が供給すればコストが下がるだけではなくサービスの質が向上するといった，明確な根拠がない議論で性急にデリバリー・システムを変えてしまうと，後に禍根を残すおそれがある．しっかりした議論と，市民の合意や納得が得られるだけの検討が必要だろう．そのための根拠や理論を用意することも行政学の役割である．それゆえ政策デリバリー・システムの検討が必要になるのである．

（2）　政策デリバリー・システムを検討する際の視点

　そこで，政策デリバリー・システムのあるべき姿を検討するとすれば，どのような要因を考慮しなければならないかを指摘しておく．その際，デリバ

リー・システムを変更しようとする動きが国以上に活発な自治体における公共サービスの供給を中心に以下の6点を挙げておく．

　第一に，あえて公共サービスとして供給されてきた理由や背景，経緯などを確認する必要がある．政府部門がデリバリーすることに至ったことには，何らかの理由や経緯があるはずだが，それらの事情が大きく変わったのかどうかの検討がなされなければならない．たとえば，時々話題に上る水道事業の民営化を検討する場合であれば，日本における水に対する認識（衛生的であること，安定的に供給されること，比較的安価であること，そして命に関わる典型的なライフラインであることなど）が，変化しているのか否かが問題となろう．そして，一般的に導入されている福祉的配慮のある料金体系の意味なども検討対象となる．これらの検討を抜きに，デリバリーの担い手別に経営コストや料金を比較して安い方がよいという結論を出すのは拙速である．

　第二に，公共サービスのデリバリーのなかで，裁量や基準設定が発生するのかどうかの検討が重要である．多くの公共サービスでは，市民がサービス供給を受けるための資格認定，供給されるサービスの質と量，その料金（費用）を現場レベルで個別に審査，判定する必要がある．福祉分野のサービスの大半はそのような性格を持っている．そして，これらの審査結果や判断は，顧客（市民）の立場から見れば死活問題にもなりかねないほど大きな意味を持つ．それゆえ，公平かつ客観的な裁量が行われるようなデリバリー・システムでなければならない．

　第三に，民間がデリバリーを担当するとなった場合，政府部門または市民によるコントロール手段が確保されるのかを検討しなければならない．多くの公共サービスでは，デリバリーの主体を民間に移行したとしても，公共サービスの性格が完全になくなるわけではない．たとえば，介護を行政による福祉政策上の「措置」から民間事業者による「介護サービス」に変えたとしても，公共サービスの性格がなくなったとは考えにくい．したがって，介護サービスの質，量，供給体制に対して，政府部門や市民が直接，間接にど

のようなコントロールが可能なのかが問題となる．

　第四に，公共サービスのデリバリーを民間企業に担わせた場合，民間営利部門の特徴である競争原理が公平，適切に機能しうるかを検討する必要がある．前述のように，公共サービスを民営化したとしても，地域独占になることが多い．たとえば，水道事業を民営化した場合，明らかに地域独占企業となる．その場合，健全な競争の結果として料金が低下する可能性が小さくなるだけでなく，経営コストの削減のために施設・設備の適切な改修や更新が行われなくなるおそれもある．もっとも，アメリカの研究では水道事業を民間が行った方がより積極的な保全対策を採用し，より多くの水資源を節減したことが報告されている．アメリカの公共企業体と日本の公営企業や行政についての比較をしなければならないが，この研究は参考にはなる．したがって，行政だからよいとか，民間の方がよいという短絡的な議論は危険である．いずれにしろ民間企業が競争に晒されない場合は，行政よりも非能率かつ非効率になるおそれがあることには留意しなければならない．

　第五に，見かけの（短期的な）コスト削減効果の正確な把握と，見えない（中長期的な）新たなコストを確認した上での検討が重要になる．民間化を正当化する最大の要因が，行政直営よりもコストが下がるということである．その大半は人件費が下がることである．しかし，民間によるデリバリーの実情を把握し，それをコントロールするための行政コストが新たに発生することなどは議論の対象にならないことが多い．また，民営化や民間委託の結果，非正規労働者が増え，さらには低所得者が増えることになると，結果的に地域の福祉サービスのコストが増大することにも目を向ける必要がある．トータルコストを正確に把握することが必要であるから，特定の政策のデリバリー・システムを検討するときであっても，他の政策との関連を考慮することが不可欠となる．

　最後に，公共サービスのデリバリーは，単に財やサービスをデリバリーしているだけではなく，数々の政策情報の収集にも関わっている可能性が高いことに留意しなければならない．公共サービスを市民に対してデリバリーす

るためには，必ず市民や地域社会に接することになる．その結果，日々の生活の場における市民ニーズを把握したり，地域社会の実態的な問題が何かを知ることができるのである．

　もっとも，現状では，このようなデリバリーに伴って得られる政策情報を，政策形成に反映させる仕組みも習慣もあまりない．しかし，地方分権の時代に自治体が独自の政策を生み出していこうというのなら，今後は自治体職員が持っている日常業務の中での政策情報を活用する必要がある．ところが，デリバリー・システムの民営化などを安易に進めると，いざ主体的な政策形成をしようというときに，情報源がなくなっているということになりかねない．自治体を中心に行政がデリバリーに直接携わらないことによって生じるデメリットを，政策形成の観点から考えておかなければならない．

　政策は多様であり，実施を担当する組織・機関はさまざまであるし，採用される手段・手法も異なる．したがって，常に最適かつ理想的でありつづけるデリバリー・システムは存在しない．それゆえ，ここで指摘した諸点についてさまざまなステークホルダーが関わって慎重に検討し十分に議論した上で，各々の政策にとって，その時々に，それぞれの地域に適した政策デリバリー・システムを構築することが必要である．政策デリバリー・システムを検討するときに，「時代の流れだから」とか「外国では……だから」という稚拙な議論に陥らないことが重要である．

　政策の目的とそれを実現するための実施方法は政治によって決定されるので，行政の意志だけではどうにもならない．しかし，多くの場合は政策案を行政が作成している．したがって，政策目的を達成するために最も適したデリバリー・システムはどのようなものかについては，行政の知識や経験が活かされる余地が大きい．それゆえ，行政学は，多くの知見を蓄積して，望ましいデリバリー・システムを構築することに貢献しなければならない．政策実施研究は，デリバリーに対する関心を高め，デリバリー・システムを構築する上での知見を収集してきていることから，行政学における政策実施研究の意義は大きいのである．

5.　これからの行政学

　今日，多くの大学の授業科目として採用されている行政学は，19 世紀末に始まったアメリカ行政学がベースになったものである．ただ，そのアメリカ行政学では，当初，行政学が行政学として成り立つために，無理をしてまで政治と切り離して捉えようとしたがために，行政の実態を明らかにするということにはあまり貢献できなかった．むしろ，「原理」という従うべき高次の規範を追究することになった．行政は，原理・原則よりもドロドロした政治の世界に密接に関わる存在であるのが現実である．1940 年代半ばからは，その現実を強く意識したために，今度は政治を研究することと行政を研究することの違いが意識されなくなってしまった．とくに，日本の行政学はその傾向が強く，行政学≒政治学と捉えられるか，行政学は政治学の部分集合に過ぎないと見られているようである．自らを行政学者だと思っている筆者にしてみると，この状況はきわめて由々しき問題である．なぜならば，第一に，行政学を本気で研究しようという優秀な研究者をリクルートすることが難しくなるためである．本籍は政治学にあると思いつつも，行政に関わる研究テーマを扱っているから行政学もできるという研究者が多数を占めるようになっては，行政学の学としてのプレゼンスはなきに等しい．もっとも，これは行政学者の都合に過ぎないのでたいした問題ではない．

　第二の，そしてより重要な理由は，市民は日々の暮らしから経済活動，社会活動に至るさまざまな局面で行政による公共サービスの供給を受けているという事実から，行政研究が重要だと考えることにある．政権交代が起こったり，自治体の長が選挙で交代したりしても，市民が受ける公共サービスの大半では目に見えるような変化はあまり起こらない．政権（政治）が少々変わろうとも，行政が変わらない限り市民が認識できる範囲での公共サービスの実態はそれほど違いが出ないことが多い．つまり，行政の意思決定や行動様式の特徴とそれらを生み出している背景やメカニズムを明らかにしないと，

市民が本当に求める公共サービスを実現することは困難になる．また，市民が政府を監視し統制しようとする場合でも，行政のどこにどのような問題があるのか，どうしたら改善するのかがわからなければ，有効な監視や統制にはならない．したがって，市民にとって行政を知ることは喫緊の課題である．もちろん，多くの民主主義国家では，行政に対する統制は市民の代表である政治家を通じて行うように制度設計されており，政治家なら一般的な市民より行政のことも詳しいかもしれない．それでも，現代行政は複雑かつ高度化し，専門分化しているから限界がある．仮に政治家が行政を有効に統制できる制度を構築したとしても，政治家に行政統制の内容を白紙委任できるほど有能かつ清廉な政治家は滅多にいない．市民の側から，行政のどこにどのような問題があるかを具体的に政治家に示さなければならないのが実情である．政治家まかせでは行政を統制することは難しいので，市民も行政について学び，理解しておく必要があるだろう．

このように，行政を解明することの重要性を認めるとしても，行政の何をどのように研究すればよいのかが明らかにならないと，行政学の進むべき道が定まらない．この点については，正直なところ現在でも明確な答えが用意されているわけではない．本書の目的はその答えを見つけようとするものであるが，残念ながら道半ばになっている．それでも，いくつかの方向性は指摘してきた．最後に，それらをまとめておくことにする．

本書では行政を「社会における公正・公平を実現することを目指して公共の問題解決を図るために，あるいは問題解決の活動を支援するために，社会から正当性を付与された一定の専門性を有した職員組織によって行われる一連の活動体系」と定義した（第2章参照）．そのような行政を研究する行政学が取り上げなければならない研究対象については，本書の随所で指摘してきたので，詳しくはそちらに譲るが，主要な対象だけを改めてまとめると以下のようになる．

まず，行政の組織とその管理についての研究が必須となる．単一の組織としてフォーマル組織の編成はもとより，そこでのインフォーマル組織，さら

には組織間の相互作用を明らかにしなければならない．つまり，組織の構造
と機能，実際の組織の動態（意思決定や活動方式・活動内容）の特性やそれ
を生み出している背景・原因を検討する必要がある．そして，それらの組織
を通じて行われる行政活動を，市民にとって能率的かつ効率的にするための
仕組みや方策を見つけ出さなければならい．もっとも，望ましい行政組織と
行政活動の体系を構築できたとしても，実際の行政が常に市民のために活動
するという保証はないため，市民の視点での行政責任のあり方を明確にして，
その責任を確保できるように行政を統制する方法について検討する必要もあ
る．強大な統治機構である中央政府の横暴や暴走を防ぐために，あるいはよ
り市民生活の実態に近い公共サービスを実現するためには，地方自治を確立
するための行政システムの姿を明らかにすることも重要となる．

　以上の諸点については，行政学がこれまで研究対象としてきただけでなく，
政治学，法学，経営学，経済学，社会学，心理学などのさまざまな学問領域
でも取り上げられ，多くの研究が蓄積されている．当然，それらの先行研究
を最大限に活用して，学際的研究を進めることが求められるのであるが，そ
のためにも行政学の独自のアプローチや視点を確立し，行政学としての貢献
をめざさなければならない．

　その際に重要になるのが本章で扱った政策実施に関する研究である．前述
のように行政活動の中核は政策実施であり，行政が政策形成・政策決定に関
与するにしても，政策評価をするにしても，政策実施のことを忘れていない
からである．実際，行政が，実施が困難とおもわれるような政策案を作るこ
とはないし，評価によって政策実施に大きな変更が生じないようにしようと
することはよく知られている．したがって，政策実施研究で明らかにされて
きた行政の仕組み，動態についての知見を基盤として行政研究を蓄積してい
くことによって，行政学としての独自の研究領域や研究テーマが設定できる
だろう．それによって，社会科学としての行政学独自の研究が展開できる可
能性がある．それは，学としての行政学にとって意味があるのはいうまでも
ない．しかしそれ以上に，真に市民に目を向け，市民のために活動する行政

を構築していく上で，行政学が社会に貢献することにつながるはずである．

参考文献

日本語書籍

荒木昭次郎（2012）『協働型自治行政の理念と実際』敬文堂.

足立幸男・森脇俊雅編著（2003）『公共政策学』ミネルヴァ書房.

足立忠夫（1971）『行政学』日本評論社.

足立忠夫（1992）『新訂 行政学』日本評論社.

飯尾潤（2007）『日本の統治構造―官僚内閣制から議院内閣制へ』中央公論社.

礒崎初仁（2021）『立法分権のすすめ―地域の実情に即した課題解決へ』ぎょうせい.

伊藤大一（1980）『現代日本官僚制の分析』東京大学出版会.

伊藤修一郎（2002）『自治体政策過程の動態―政策イノベーションと波及』慶應義塾大学出版会.

井上誠一（1981）『稟議制批判論についての一考察―わが国行政機関における意思決定過程』行政管理研究センター.

今川晃（1993）『自治行政統制論への序曲―住民は何を統制できるか』近代文藝社.

今川晃（2011）『個人の人格の尊重と行政苦情救済』敬文堂.

今里滋（2000）『アメリカ行政の理論と実践』九州大学出版会.

今村都南雄（1978）『組織と行政』東京大学出版会.

今村都南雄（1997）『行政学の基礎理論』三嶺書房.

入江容子（2020）『自治体組織の多元的分析―機構改革をめぐる公共性と多様性の模索』晃洋書房.

岩崎正洋編著（2012）『ガバナンス論の現在―国家をめぐる公共性と民主主義』勁草書房.

宇都宮深志・新川達郎編著（1991）『行政と執行の理論』東海大学出版会.

大住壮四郎（2003）『パブリック・マネジメント―戦略行政への理論と実践』日本評論社.

大森彌（1987）『自治体行政学入門』良書普及会.

大森彌（1990）『自治行政と住民の「元気」』良書普及会.

大森彌編著（1998）『地方分権推進と自治体職員』ぎょうせい.

大森彌（2006）『官のシステム』東京大学出版会.

大森彌・大杉覚（2021）『これからの地方自治の教科書（改訂版）』第一法規.

大谷實・太田進一・真山達志編著（1998）『総合政策科学入門』成文堂.

大山耕輔（2010）『公共ガバナンス』ミネルヴァ書房.

大山耕輔監修，笠原英彦・桑原秀明編著（2013）『公共政策の歴史と理論』ミネルヴ

ァ書房.

小田切康彦 (2014)『行政－市民間協働の効用―実証的分析』法律文化社.

金井利之 (2007)『自治制度』東京大学出版会.

官製ワーキングプア研究会編 (2010)『なくそう！官製ワーキングプア』日本評論社.

菊幸一・齋藤健司・真山達志・横山勝彦編 (2011)『スポーツ政策論』成文堂.

行政管理研究センター編 (1989)『日本の公共政策―その基準と実際』行政管理研究センター.

厚生労働科学研究事業「健康危機管理における効果的な医療体制のあり方に関する研究」班編 (2009)『救急医療機関における CBRNE テロ対応標準初動マニュアル』永井書店.

幸田雅治編著 (2018)『地方自治論』法律文化社.

斎藤文彦・白石克孝・新川達郎編著 (2011)『持続可能な地域実現と協働型ガバナンス』日本評論社.

佐々木信夫 (1996)『自治体政策学入門』ぎょうせい.

佐々木信夫 (1998)『政策開発―調査・立案・調整の能力』ぎょうせい.

佐野亘・山谷清志監修，山谷清志編著 (2021)『政策と行政』ミネルヴァ書房.

篠田徹・上林陽治編著 (2022)『格差に挑む自治体労働政策―就労支援，地域雇用，公契約，公共調達』日本評論社.

新藤宗幸 (2002)『技術官僚―その権力と病理』中央公論社.

総務庁長官官房総務課編 (1985)『行政活動の基本構造 (上巻)』行政管理研究センター.

総務庁長官官房総務課編 (1985)『行政活動の基本構造 (下巻)』行政管理研究センター.

田尾雅夫 (2009)『非営利組織論』有斐閣.

田尾雅夫 (2010)『公共経営論』木鐸社.

田尾雅夫 (2011)『市民参加の行政学』法律文化社.

田尾雅夫 (2012)『現代組織論』勁草書房.

田尾雅夫 (2015)『公共マネジメント―組織論で読み解く地方公務員』有斐閣.

髙橋克紀 (2014)『政策実施論の再検討』六甲出版販売.

髙橋克紀 (2021)『政策実施論の再起動 (第2版)』デザインエッグ.

田村明編 (1989)『自治体の政策決定』学陽書房.

辻清明 (1966)『行政学概論 (上巻)』東京大学出版会.

辻清明 (1969)『日本官僚制の研究 (新版)』東京大学出版会.

同志社大学大学院総合政策科学研究科編 (2005)『総合政策科学入門 (第2版)』成文堂.

同志社大学大学院総合政策科学研究科編 (2016)『総合政策科学の現在』晃洋書房.

土岐寛・加藤普章編著 (2006)『比較行政制度論〔第2版〕』法律文化社.

長濱政寿 (1959)『行政学序説』有斐閣.

長濱政寿 (1967)『行政学講義案Ⅰ』有信堂.

中邨章 (2001)『官僚制と日本の政治―改革と抵抗のはざまで』北樹出版.

中邨章（2005）『危機管理と行政―グローバル化社会への対応』ぎょうせい.

中邨章（2016）『地方議会人の挑戦―議会改革の実績と課題』ぎょうせい.

中邨章（2020）『自治体の危機管理―公助から自助への導き方』ぎょうせい.

南島和久（2020）『政策評価の行政学―制度運用の理論と分析』晃洋書房.

新川達郎編著（2011）『公的ガバナンスの動態研究』ミネルヴァ書房.

新川達郎・岩崎正洋編著（2011）『ガバナンス論の現在』勁草書房.

新川達郎編著（2013）『政策学入門―私たちの政策を考える』法律文化社.

西尾隆（2012）『現代行政学』放送大学教育振興会.

西尾勝（1988）『行政学』放送大学教育振興会.

西尾勝編著（1989）『自治体の情報政策』学陽書房.

西尾勝（1990）『行政学の基礎概念』東京大学出版会.

西尾勝・村松岐夫編集（1994）『行政の発展（講座行政学第1巻）』有斐閣.

西尾勝・村松岐夫編集（1994）『制度と構造（講座行政学第2巻）』有斐閣.

西尾勝・村松岐夫編集（1994）『政策と行政（講座行政学第3巻）』有斐閣.

西尾勝・村松岐夫編集（1994）『業務の執行（講座行政学第5巻）』有斐閣.

西尾勝・村松岐夫編集（1995）『政策と管理（講座行政学第4巻）』有斐閣.

西尾勝・村松岐夫編集（1995）『市民と行政（講座行政学第6巻）』有斐閣.

西尾勝（2000）『行政の活動』有斐閣.

野田遊（2007）『都道府県改革論―政府規模の実証研究』晃洋書房.

野田遊（2013）『市民満足度の研究』日本評論社.

野田遊（2021）『自治のどこに問題があるのか―実学の地方自治論』日本経済評論社.

野村陽子・加藤典子編（2022）『保健学講座5 保健医療福祉行政論』メヂカルフレンド社.

橋本圭多（2017）『公共部門における評価と統制』晃洋書房.

畠山弘文（1989）『官僚制支配の日常構造―善意による支配とは何か』三一書房.

福田耕治・真渕勝・縣公一郎編著（2002）『行政の新展開』法律文化社.

前田健太郎（2014）『市民を雇わない国家―日本が公務員の少ない国へと至った道』東京大学出版会.

松下圭一（1998）『政治・行政の考え方』岩波新書.

松田憲忠・三田妃路佳編著（2019）『対立軸でみる公共政策入門』法律文化社.

真渕勝（1994）『大蔵省統制の政治経済学』中央公論社.

真山達志（2001）『政策形成の本質―現代自治体の政策形成能力』成文堂.

真山達志編著（2012）『ローカル・ガバメント論―地方行政のルネサンス』ミネルヴァ書房.

真山達志編著（2016）『政策実施の理論と実像』ミネルヴァ書房.

真山達志・成瀬和弥編著（2021）『公共政策の中のスポーツ』晃洋書房.

真山達志・牛山久仁彦編著（2022）『大都市制度の構想と課題―地方自治と大都市制度改革』晃洋書房.

丸山武志（2022）『地域資源としての自治体外部登用人材—地域の成長と自治体外部
　　登用人材の役割・リーダーシップ』晃洋書房.
水口憲人・北原鉄也・真渕勝編著（2000）『変化をどう説明するか—行政編』木鐸社.
村上裕一（2016）『技術基準と官僚制—変容する規制空間の中で』岩波書店.
村松岐夫（1981）『戦後日本の官僚制』東洋経済新報社.
村松岐夫（1994）『日本の行政—活動型官僚制の変貌』中央公論社.
村松岐夫編（2012）『最新 公務員制度改革』学陽書房.
森田朗（1988）『許認可行政と官僚制』岩波書店.
森田朗（2006）『会議の政治学』慈学社出版.
森田朗（2007）『制度設計の行政学』慈学社出版.
森田朗（2014）『制度設計の行政学Ⅱ』慈学社出版.
森田朗（2016）『制度設計の行政学Ⅲ—中医協の実像』慈学社出版.
森田朗（2022）『現代の行政』第一法規.
薬師寺泰蔵（1987）『政治家 vs. 官僚』東洋経済新報社.
山口二郎（1988）『大蔵官僚支配の終焉』岩波書店.
山谷清志（1997）『政策評価の理論とその展開—政府のアカウンタビリティ』晃洋書房.
山谷清志（2012）『政策評価』ミネルヴァ書房.
山谷清志・藤井誠一郎編著（2021）『地域を支えるエッセンシャル・ワーク—保健
　　所・病院・清掃・子育てなどの現場から』ぎょうせい.
湯浅孝康（2021）『政策と行政の管理—評価と責任』晃洋書房.

日本語論文

安永勲（2016）「政治と行政—関係性と変容」『政治研究』(7), 219-225 頁.
今里滋（2001）「行政学のアイデンティティ—アメリカと日本」日本行政学会編『年
　　報 行政研究』(36), 112-123 頁.
今村都南雄（1983）「アメリカ行政学の受けとめ方」日本行政学会編『行政研究叢書』
　　(17), 99-118 頁.
今村都南雄（1999）「中央政府の行政改革」日本行政学会編『行政と改革』(34),
　　24-41 頁.
王元（2015）「フランク・グッドナウの政治と行政思想」『総合政策論集』14 (1),
　　54-69 頁.
奥井俊二（2012）「決算審査の充実に向けた参議院の取組—この 10 年間の改革とそ
　　の成果」『立法と調査』(327), 68-78 頁.
北山俊哉（1989）「サプライ・サイドからみた行政サービス論」『都市問題研究』41 (6),
　　45-56 頁.
君村昌（1959）「アメリカにおける行政組織論の動向（一）」『同志社法學』10 (6),
　　43-50 頁.
君村昌（1959）「アメリカにおける行政組織論の動向（二・完）」『同志社法學』11 (2),

105-118 頁.

國島弘行（1988）「F. ウィロビーの『行政の経営学』―1920 年代アメリカ経営学研究のための一考察」『商學討究』38（3・4），387-410 頁.

櫻井敬子（2003）「予算制度の法的考察」『会計検査研究』(28)，21-32 頁.

澤田道夫（2005）「稟議制批判論についての再考―意思決定の類型から見たその効用と限界」『アドミニストレーション大学院紀要』(2)，1-44 頁.

篠原舟吾・小林悠太・白取耕一郎（2021）「行政学における方法論の厳密化と多元的共存」日本行政学会編『年報 行政研究』(56)，145-164 頁.

辻清明（1961）「行政管理に関する大統領委員会の改革案」『行政研究叢書』1961（4），19-44 頁.

辻清明（1962）「現代行政学の動向と課題」『年報 行政研究』1962（1），3-33 頁.

手島孝（1961）「ウィルソンの行政理論―アメリカ行政学の濫觴」『法学研究』93（2・3・4），209-222 頁.

遠田雄志（1994）「改訂・ゴミ箱モデル」『経営志林』30（4），63-72 頁.

西尾勝（1983）「日本の行政学―私の認識と設計」日本行政学会編『年報 行政研究』(17)，21-37 頁.

西尾勝（2001）「時代状況と日本の行政学の課題」日本行政学会編『年報 行政研究』(36)，34-41 頁.

野田遊（2011）「行政サービスに対する満足度の規定要因」『会計検査研究』(43)，73-86 頁.

野田遊（2011）「基礎自治体に対する垂直補完の効果」日本行政学会編『年報 行政研究』(46)，126-143 頁.

野田遊（2016）「公務員の対応，サービスの業績，市民の満足度」日本公共政策学会編『公共政策研究』(16)，33-45 頁.

野田遊（2021）「市民の選好に対する財政情報のフレーミング効果」『同志社政策科学研究』22（2），115-123 頁.

堀雅晴（2000）「世紀転換期の現代行政学―現代アメリカ行政学の自画像をてがかりに」『立命館法學』2000 年（3・4），1453-1493 頁.

牧原出（1999）「『省庁体系』に関する一考察」『季刊 行政管理研究』(87)，3-15 頁.

真山達志（1986）「行政研究と政策実施分析」『法學新報』92（5・6），97-162 頁.

真山達志（1992）「自治体における市民ニーズと政策（〈特集〉都市の経営と政策）」『都市問題研究』44（3），64-76 頁.

真山達志（1994）「政策実施過程とネットワーク管理」『法學新報』100（5・6），181-201 頁.

真山達志（1999）「公共政策研究の一つの捉え方―主として行政学の立場から」『公共政策（日本公共政策学会年報 1999）』1999 年号，1-19 頁.

真山達志（2000）「省庁組織の安定性と再編成―中央省庁再編の分析のための予備的考察」『法學新法』107（1・2），97-118 頁.

真山達志（2001）「自治体における事業評価導入の多面的意義」『会計検査研究』(24)，
　　45-53 頁.

真山達志（2002）「地方分権の展開とローカル・ガバナンス」『同志社法學』54 (3)，
　　909-932 頁.

真山達志（2012）「被災自治体におけるローカル・ガバナンスの確保―垂直・水平補
　　完のあり方」『自治体危機管理研究』(9)，23-31 頁.

真山達志（2017）「あるべき政策デリバリー・システムを考える（特集 直営か，委託
　　か）」『地方自治職員研修』50 (5)，12-14 頁.

真山達志（2017）「ポピュリズムの時代における自治体職員の行政責任（首長と職員
　　―行政の責任と政治）」日本行政学会編『年報 行政研究』(52)，27-47 頁.

真山達志（2018）「地方分権のあゆみとこれからの地方自治」『都市とガバナンス』(29)，
　　1-6 頁.

宮本融（2007）「日本官僚論の再定義―官僚は『政策知識専門家』か『行政管理者』
　　か?」日本政治学会編『年報 政治学 政治学の新潮流』2006 (2)，83-124 頁.

村上弘（2016）「日本政治におけるポピュリズム―2015 年の『大阪都』，『維新』，有
　　権者」『立命館法学』2015 (5・6)，877-912 頁.

湯浅孝康（2012）「評価基準としての 'Efficiency' 概念―行政学からのアプローチ」日
　　本評価学会編『日本評価研究』12 (1)，27-41 頁.

英語書籍

Appleby, P.H. (1949). *Policy and Administration*, University of Alabama Press.

Allison, G.T. (1971). *Essence of Decision: Explaining the Cuban Missile Crisis*, Little
　　Brown.［G.T. アリソン著／宮里政玄訳『決定の本質―キューバ・ミサイル危機
　　の分析』中央公論社（1977）］.

Bardach, E. (1977). *Implementation Game: What Happens after a Bill Becomes a
　　Law*, MIT Press.

Barrett, S. and Fudge, C. (1981). *Policy and Action: Essays on the Implementation of
　　Public Policy*, Routledge.

Cooper, T.L. (2012). *The Responsible Administrator: An Approach to Ethics for the
　　Administrative Role* (*6th ed.*), Jossey-Bass.

Dror, Y. (1971). *Design for Policy Science*, Elsevier.［Y. ドロア著／宮川公男訳『政
　　策科学のデザイン』丸善（1975）］.

Dye, T. (1995). *Understanding Public Policy* (*8th ed.*), Prentice Hall.

Dye, T. (2011). *Understanding Public Policy* (*13th ed.*), Pearson.

Eddy, W.B. ed. (1983). *Handbook of Organization Management*, Marcel Dekker.

Frederickson, H.G. (1980). *New Public Administration*, University of Alabama Press.
　　［H.G. フレデリクソン著／中村陽一監訳『新しい行政学』中央大学出版部（1987）］.

Friedrich. C.J. and Mason, E.S. eds. (1940). *Public Policy: A yearbook of the graduate school of public administration*, Harvard University Press.

Gage. R.W. and Mandell, M.P. eds. (1990). *Strategies for Managing Inter-governmental Policies and Networks*, Praeger.

Hargrove, E.C. (1975). *The Missing Link: The Study of the Implementation*, Urban Institute.

Hill, M. and Hupe, P. (2014). *Implementing Public Policy (3rd ed)*, Sage.

Hogwood, B.W. and Gunn, L.A. (1984). *Policy Analysis for The Real World*, Oxford University Press.

Hogwood, B.W. and Peters, B.G. (1983). *Policy Dynamics*, St. Martin's Press.

Hood, C. (1976). *The Limits of Administration*, John Wiley & Sons.

Ingram, H.M. and Mann, D. eds. (1980). *Why Policies Succeed or Fail*, Sage.

James, O., Jilke, S.R. and Van Ryzin, G.G. eds. (2017). *Experiments in Public Management Research: Challenges and Contributions*, Cambridge University Press.

Jones, C.O. and Thomas, R.D. eds. (1976). *Public Policy Making in a Federal System*, Sage.

Kaufman, H.A. (1971). *The Limit of Organizational Change*, University of Alabama Press.

Kaufman, H.A. (1976). *Are Government Organization Immortal ?*, The Brookings Institution.

Kaufman, H.A. (2015). *Red Tape: Its Origins, Uses, and Abuses*, Brookings Institution Press. [H.A. カウフマン著／今村都南雄訳『官僚はなぜ規制したがるのか—レッド・テープの理由と実態』勁草書房 (2015)].

King, A. ed. (1978). *The New American Political System*, American Enterprise Institute.

Kingdon, J.W. (2003). *Agendas, Alternatives, and Public Policies (Update Edition, with an Epilogue on Health Care)*, Pearson Education Limited. [J. キングダン著／笠京子訳『アジェンダ・選択肢・公共政策—政策はどのように決まるのか』勁草書房 (2017)].

Lerner, D. and Lasswell, H.D. eds. (1951). *The Policy Sciences*, Stanford University Press.

Lipsky, M. (1980). *Street-level Bureaucracy: Dilemmas of the Individual in Public Services*, Russell Sage Foundation. [M. リプスキー著／田尾雅夫・北大路信郷訳『行政サービスのディレンマ—ストリート・レベルの官僚制』木鐸社 (1986)].

March, J.G. (1988). *Decisions and Organizations*, Basil Blackwell. [J.G. マーチ著／土屋守章・遠田雄志訳『あいまいマネジメント』日刊工業新聞社 (1992)].

Nagel, S. ed. (1983). *Encyclopedia of Policy Studies*, Marcel Dekker.

Nutt, P.C. and Backoff, R.W. (1992). *Strategic Management of Public and Third*

Sector Organizations: a Handbook for Leaders, Jossey-Bass.

Ostrom, V. and Bish, F.P.（1977）. *Comparing Urban Service Delivery Systems: Structure and Performance*, Sage.

Peters, B.G.（1988）. *Comparing Public Bureaucracies: Problems of Theory and Method*, University of Alabama Press.

Pfiffner, J.M. and Presthus, R.V.（1960）. *Public Administration*（*4th ed.*）, Ronald Press.

Pollitt, C. and Bouckaert, G.（2017）. *Public Management Reform: A Comparative Analysis into the Age of Austerity*（*4th ed.*）, Oxford University Press.［C. ポリット・G. ブカールト著／縣公一郎・稲継裕昭監訳『行政改革の国際比較—NPMを超えて』ミネルヴァ書房（2022）］.

Pressman, J.L. and Wildavsky, A.（1973）. *Implementation: How Great Expectations in Washington Are Dashed in Oakland; Or, Why It's Amazing that Federal Programs Work at All, This Being a Saga of the Economic Development Administration as Told by Two Sympathetic Observers Who Seek to Build Morals on a Foundation*, University of California Press.

Lindblom, C.E.（1984）. *The Policy-making Process*（*2nd ed.*）, Prentice-Hall.

Rose, R.（1984）. *Understanding Big Government: The Programme Approach*, Sage.

Rourke, F.E.（1969）. *Bureaucracy, Politics, and Public Policy*, Little Brown.［F. E. ローク著／今村都南雄訳『官僚制の権力と政策過程』中央大学出版部（1975）］.

Simon, H.A.（1983）. *Reason in Human Affairs*, Stanford University Press.［H.A. サイモン著／佐々木恒男ほか訳『意思決定と合理性』筑摩書房（2016）］.

Simon, H.A.（1997）. *Administrative Behavior: A Study of Decision-Making Processes in Administrative Organizations*（*4th ed.*）, The Free Press.［H.A. サイモン著／二村敏子ほか訳『【新版】経営行動—経営組織における意思決定過程の研究』ダイヤモンド社（2009）］.

Waldo, D.（1948）. *The Administrative State: A Study of the Political Theory of American Public Administration*, Ronald Press.［D. ワルドー著／山崎克明訳『行政国家』九州大学出版会（1986）］.

英語論文

Arnstein, S.R.（1969）. "A Ladder of Citizen Participation," *Journal of the American Institute of Planners*, 35（4）, 216-224.

Benson, J.K.（1975）. "The Interorganizational Network as a Political Economy," *Administrative Science Quarterly*, 20（2）, 229-249.

Buntz, C.G. and Radin, B.A.（1983）. "Managing Intergovernmental Conflict: The Case of Human Services," *Public Administration Review*, 43（5）, 403-410.

Cohen, M.D., March, J.G., and Olsen, J.P.（1972）. "A Garbage Can model of

Organizational Choice," *Administrative Science Quarterly*, 17 (1), 1-25.

Dahl, R.A. (1947). "The Science of Public Administration: Three Problems," *Public Administration Review*, 7 (1), 1-11.

Finer, H. (1941). "Administrative Responsibility in Democratic Government," *Public Administration Review*, 1 (4), 335-350.

Gage, R. (1984). "Federal Regional Councils: Networking Organizations for Policy Management in the Intergovernmental System," *Public Administration Review*, 44 (2), 134-145.

Gilbert, C.E. (1959). "The Framework of Administrative Responsibility," *Journal of Politics*, 21 (3), 382-386.

Grimmelikhuijsen, S., Jilke, S., Olsen, A.L., and Tummers, L. (2017). "Behavioral Public Administration: Combining Insights from Public Administration and Psychology," *Public Administration Review,* 77 (1), 45-56.

Heidbreder, E.G. (2017). "Strategies in Multilevel Policy Implementation: Moving beyond the Limited Focus on Compliance," *Journal of European Public Policy*, 24 (9), 1367-1384.

Howlett, M. (2019). "Moving Policy Implementation Theory Forward: A Multiple Streams/Critical Juncture Approach," *Public Policy and Administration*, 34 (4), 405-430.

Lindblom, C.E. (1979). "Still Muddling, not yet Through," *Public Administration Review*, 39 (6), 517-526.

Lowi, T. (1972). "Four Systems of Policy, Politics, and Choice," *Public Administration Review*, 32 (4), 298-310.

Mandell, M.P. and Gage, R.W. eds. (1988). "Special symposium: Management in the Intergovernmental System: Networks and Strategies," *International Journal of Public Administration*, 11 (4), 1-526.

Martin, L. (2007). "When Does Cooperation Improve Public Policy Implementation ?," *Policy Studies Journal*, 35 (4), 629-652.

O'Toole, L.J. Jr. (1986). "Policy Recommendations for Multi-actor Implementation: An Assessment of the Field," *Journal of Public Policy*, 6 (2), 181-210.

O'Toole, L.J. Jr. (1988). "Strategies for Intergovernmental Management: Implementing Programs in Interorganizational Networks," *International Journal of Public Administration*, 11 (4), 417-441.

O'Toole, L.J. Jr. (1989). "Interorganizational Policy Implementation: A Theoretical Perspective," *Public Administration Review*, 44 (6), 491-503.

Sabatier, P. (1986). "Top-down and Bottom-up Approaches to Implementation Research: A Critical Analysis and Suggested Synthesis," *Journal of Public Policy*, 6 (1), 21-48.

Sabatier, P. and Mazmanian, D. (1980). "The Implementation of Public Policy: A Framework of Analysis," *Policy Studies Journal*, 8, 538–560.

Schick, A. (1977). "Beyond Analysis," *Public Administration Review*, 37 (3), 258–263.

Simon, H.A. (1946). "The Proverbs of Administration," *Public Administration Review*, 6 (1), 53–67.

Teodoro, M.P., Zhang, Y. and Switzer, D. (2018). "Political Decoupling: Private Implementation of Public Policy," *Policy Studies Journal*, 48 (2), 401–424.

Van Meter, D.S. and Van Horn, C.E. (1975). "The Policy Implementation Process: A Conceptual Framework," *Administration and Society*, 6 (4), 445–488.

Van Meter, D.S. and Van Horn, C.E. (1984). "The Dynamics of Interorganizational Coordination," *Administrative Science Quarterly*, 29, 598–621.

Wilson, W. (1987). "The Study of Administration," *Political Science Quarterly*, 2 (2), 197–222.

あとがき

　昨今の大学院生は，大学院受験段階で明確な研究テーマと研究計画を求められるのが普通だが，筆者が大学院に入った45年近く前は，入学してから研究テーマを考えることが許されていた．暢気な時代だったのだが，いざ修士論文を書くという時期になって大慌てをしていた．その時，学部生時代から指導していただいていた今村都南雄先生（中央大学名誉教授）に，アメリカで政策実施研究が流行りだしているから，やってみたらどうかというアドバイスを受けた．それが，筆者が政策実施研究と出会うきっかけだった．何事でも，周りではまだ手が付けられていないことを先んじて始めると，暫くは「第一人者」のような扱いを受けることができる．実力が伴わないのですぐに「その他大勢」になってしまったのであるが，今村先生のアドバイスのお蔭で，まがりなりにも研究者のスタートが切れたと感謝している．

　以来，行政学においては研究対象の王道ともいえる行政組織とその編成，行政管理，政策形成，あるいは地方自治などに手を広げてしまったが，底流にあるのは政策実施研究の視点や概念である．すなわち，筆者の研究には，政策形成の際には政策実施過程で得られるさまざまな情報が重要であるという視点，行政管理は適切な政策実施が可能になるように行われなければならないという前提，あるいは地方自治の実態は政策実施過程にこそ表れるという理解などが常に基本となっているのである．本書は，このような筆者の研究を踏まえてまとめたものである．

　本書を出版することができたのは，「シリーズ政治の現在」を監修されている岩崎正洋先生（日本大学）にお声がけいただいたからであるのはいうまでもない．もっとも，筆者は岩崎先生を存じ上げているとはいうものの，研究テーマなどがあまり重なっていないこともあり，これまでほとんど接点が

なかった．そのため，勤務先大学で研究室が隣同士である野田遊先生（同志社大学）に仲介役として出版実現に尽力していただいた．野田先生は，本シリーズの『自治のどこに問題があるのか』を既に上梓されているところである．

岩崎先生には，行政学に関する内容にすることと，行政学の教科書としても使えるようなものにすること以外は自由に書いてよいとの温かいお言葉を頂戴し，筆者のわがままを許していただいた．ただ，自由であるがゆえに，執筆を始めると内容をどうするかに迷いが生じて，何回も書きなおしているうちに，だんだん典型的な教科書に近い内容に落ち着いていった．そのため，気づいてみれば，大学の授業で話している内容を文字化したようなものになっていた．そのこともあって，本シリーズの既刊書に比べて学術的水準がかなり低くなったことを反省している．出版へ導いてくださった岩崎，野田両先生に対しては，この場を借りて御礼申し上げるとともに，シリーズの学術的価値を下げてしまったことをお詫びする．

お世話になったという点では，日本経済評論社の清達二氏には書名の相談にも乗っていただくなど，大いに御助力いただいた．また，同社の中村裕太氏には，校正段階で的確なご指摘をいただき，読みやすい文章になった部分が多々ある．両氏に心からお礼を申し上げる．

2023 年 3 月

真山達志

索　引

著者紹介

真山 達志（まやま たつし）

同志社大学政策学部教授．1955 年生まれ．中央大学大学院法学研究科博士後期課程単位取得退学．茨城大学人文学部助教授，同志社大学法学部教授などを経て，2004 年 4 月より現職．

専攻：行政学，政策実施論．

著書に，『政策形成の本質―現代自治体の政策形成能力』（成文堂，2001 年），『スポーツ政策論』（共編著，成文堂，2011 年），『ローカル・ガバメント論―地方行政のルネサンス』（編著，ミネルヴァ書房，2012 年），『政策実施の理論と実像』（編著，ミネルヴァ書房，2016 年），『公共政策の中のスポーツ』（共編著，晃洋書房，2021 年），『大都市制度の構想と課題―地方自治と大都市制度改革』（共編著，晃洋書房，2022 年）など．

行政は誰のためにあるのか
行政学の課題を探る　　　　　　　　［シリーズ政治の現在］

2023 年 3 月 30 日　第 1 刷発行

著　者　真　山　達　志
発行者　柿　﨑　　　均
発行所　㈱日本経済評論社
〒101-0062 東京都千代田区神田駿河台 1-7-7
電話 03-5577-7286　FAX 03-5577-2803
E-mail：info8188@nikkeihyo.co.jp
http://www.nikkeihyo.co.jp
装幀・渡辺美知子　　　　　KDA プリント／誠製本

［シリーズ政治の現在］

自治のどこに問題があるのか：実学の地方自治論

野田遊　本体 3000 円

変化する世界をどうとらえるか：国際関係論で読み解く

杉浦功一　本体 3000 円

公共の利益とは何か：公と私をつなぐ政治学

松元雅和　本体 3000 円

戦争と民主主義の国際政治学

宮脇昇　本体 3000 円

自由を考える：西洋政治思想史

杉本竜也　本体 3000 円

政治と経済はどうつながっているのか：政治経済学の基礎

羽田翔　本体 3000 円

行政は誰のためにあるのか：行政学の課題を探る

真山達志　本体 3000 円

〈以下続刊〉

日本経済評論社